KB068810

부산대학교
다민족
다문화
연구 시리즈
5

다문화
수용성과 정책

MultiRacial
MultiCultural

부산대학교 사회과학연구원 편

박영사

서 문

유럽의 경우에는 이미 1960년대와 70년대에 국경을 넘어서 들어오는 이주민이 급속도로 증가하였으며, 미국은 이미 오래전부터 수많은 인종과 민족들이 미국으로 진입하였고, 또 진입하고 있다. 이러한 현상은 교통·통신의 발달과 함께 세계화·국제화가 진행되면서 더 빠르게 진행되고 있다. 이처럼 상이한 민족적·인종적·문화적 배경을 지닌 사람들이 하나의 영토 안에서 생활하게 되어 정치적·사회적 공동체를 형성하게 됨으로써 다양한 문제들이 제기되고 있다. 즉 이와 관련하여 소수 집단의 권리, 소속, 민족적 정체성, 단합 등에 대한 논쟁이 가열되었다. 이러한 논쟁의 중심에는 민족적·인종적·정치적 차별이나 분리, 그리고 경제적 빈곤 등과 맞물려 한층 더 심화되고 있다.

한국도 예외는 아니다. 한국도 1990년대 들어서면서 외국인 노동자를 중심으로 다문화 이주자들이 본격적으로 유입되기 시작하였다. 이들 노동자는 한국에서 부족한 노동 인력을 보충하기 위하여 한국에 입국하였다. 그리고 2000년대에 들어와서 국제결혼 이주자들이 급증하기 시작했다. 이들 다문화 이주자들은 한국 인구의 2%를 넘어설 정도로 규모가 커져버렸다. 최근 몇 년 사이에 발생한 이러한 급격한 변화는 한국도 이제 다문화 사회로 진입하고 있다는 증거이며, 한국에서 다문화가 주요한 흐름 중의 하나라는 사실을 보여주고 있다.

이러한 다문화 사회의 도래와 그에 따른 많은 난제들의 도출은 한국으로 하여금 더 이상 다문화 관련 문제를 간과하거나 방관할 수 없도록 만들었다. 다문화 관련 정책은 이제 중요한 국가 정책의 한 부분을 차지하게 되었다. 국가가 나서서 다문화 문제를 해결하여야 할 규범성이 대두한 것이다. 초기에는 NGO를 비롯한 민간단체를 중심으로 다문화 문제를 해결하기 위하여 많은 노력을 기울였다. 하지만 여러 가지 이유로 인하여 다문화 문제의 해결에 한계를 보이게 되었고, 이에 사회의 각 부문은 다문화 문제를 해결하도록 정부가 직접 나서야 한다고 주장하게 되었으며, 특히 노무현 정부 때 이전과는 비교할 수 없을 정도로 많은 정책들이 각 중앙 부처를 중심으로 나서게 되었다.

현재 한국은 중앙정부를 비롯하여 지방정부, 민간단체 등이 중심이 되어 다문화와 연관된 문제들을 해결하고 다문화 이주자들에 대한 지원을 위하여 여러 가지 정책과 지원책들이 형성되고 집행되고 있다. 하지만 이들의 대응책과 지원책은 각자 나름의 정보와 조직을 가지고 별개의 입장에서 별도로 추진되고 있는 실정이다. 즉, 정책의 일관성과 통합성이 결여되어 있으며, 부처 간 중복되어 집행되고 있고, 또 우선순위도 정해져 있지 않고 정하기도 어렵다. 이 때문에 정부 조직 사이에 혹은 정책들 사이에 갈등과 혼선을 초래하고 있다. 이러한 정책의 중복 현상과 일관성 잃은 정책은 다문화 현상에 대한 적실성을 현저히 떨어뜨리는 요인으로 작용하고 있다.

한국에서 다문화와 연관된 정책들이나 지원들이 왜 이렇게 별도로 이루어지고, 서로 공조하지 못하는가라는 점은 무엇보다도 현재 한국의 경우 다문화에 대한 철학적 · 이론적 배경이 일천하기 때문이라고 여겨진다. 한국에서의 다문화 현상은 극히 최근의 일임과 동시에 그 현상이 아주 급속도로 진행되었기 때문에 그 이론적 · 철학적 근거를 마련하기 위한 사회적 논의나 합의 과정이 없었다. 이뿐만 아니라 다문화는 단순히 다양성을 받아들이는 차원을 넘어서 이러한 다양성이 한 사회 안에서 어떻게 조화롭게 융합될 수 있는가에 대한 종합적 고려도 부족하였다.

이러한 이론적 근거의 부재로 인한 혼란을 극복하고 다문화적 상황에 적확하게 대응하기 위해서는 한국도 이제 이론 및 철학적 배경에 대해서도 심도있는 논의가 이루어지는 것이 필요하다. 한국적 상황에 적합하다고 판단되는 이론적 근거를 정립하고, 그것을 바탕으로 다문화 정책을 형성 · 집행해 나간다면 그 정책의 정당성은 더욱 높아질 것이다. 여기에 더하여 구체적 방안을 함께 모색할 필요가 있다. 즉 다문화 사회에 대비한 구체적 프로그램의 형성과 집행을 통하여 주류 사회의 소수 사회에 대한 소통과 인식의 수준을 높여 갈등과 단절을 막는 적절한 방법을 찾는 것이 요구된다 하겠다.

그리고 본 연구는 다문화 사회로 진입하고 있는 한국 사회를 분석함으로써 다문화 이주자와 주류 사회의 갈등 없는 결합의 방향을 모색하고자 하였다. 즉, 다문화 연구를 통하여 소수 다문화 이주자에 대한 민족적 · 문화적 인정을 받아들이고 존중할 수 있는 여건에 기여하고, 이들 다문화 이주자들이 한국 사회에 적용할 수 있고 또 사회적으로 연착륙할 수 있는 방안들을 찾아보고자 하였다. 소수라는 이유만으로 차별을 받거나 권리의 제한을 받는 것을 지양하고 한국 사회에 잘 적응함과 동시에 이들 소수 문화를 보존하고 지속하는 것이 한국 사회에 도움이 된다는 사실을 논하고자 한다. 이뿐만 아니라 소수 다문화 이주자들에게 정치적 참여를 높이고 경제적 부를 증진할 수 있도록 다양한 기회를 제공하여야 할 당위성을 지적하고자 하였다. 기회의 평등과 함께 결과의 평등을 보장하고 이주 사회의 언어를 보다 잘 습득할 수 있도록 지원하고 모국어에 대한 관심도 높일 수 있는 방안을 마련하여야 하고, 이를 통해 다문화 이주자들의 잠재적 능력을 향상시키는 대안들을 추구하고자 하였다. 그리고 소수 다문화 이주자에 대한 구조적 불평등이나 차별이 존재하게 된다면 사회적 갈등을 일으키는 중요 인자로 작용할 것임에 틀림이 없다. 이를 제거하기 위한 법적, 제도적 장치의 형성에 도움을 주고자 하였다.

　　이러한 논의를 위하여 우선 한국 사회에서 다문화와 관련된 이론적 · 철학적 논의가 있었는지의 여부를 살펴보고자 한다. 즉 제1장은 이론 및 철학에 대한 탐색적 연구이다. 여기서 이론적 근거의 부재로 인한 혼란을 지적하고, 또 이를 극복하면서 다문화적 상황에 적확하게 대응하기 위해서는 한국도 이제 이론 및 철학적 배경에 대해서도 심도있는 논의가 이루어지는 것이 필요하다는 점을 지적하고자 한다. 또한 한국적 상황에 적합하다고 판단되는 이론적 근거를 정립하고, 그것을 바탕으로 다문화 정책을 형성 · 집행해 나간다면 그 정책의 정당성은 더욱 높아질 것이다. 이러한 다문화 이론을 형성하기 위해서 기존의 사례, 즉 외국의 경우에 어떤 이론적 배경을 바탕으로 다문화적 현상에 대처해 왔는지를 분석하고자 한다. 이는 프랑스, 독일, 호주를 중심으로 사례연구 등의 나라에서 겪었던 다문화 관련 이론과 정책들이 다문화 사회에 직면한 한국에게 좋은 응용 사례가 될 수 있을 것이기 때문이다. 이러한 분석을 바탕으로 각국의 다문화 정책의 이론적 적실성 및 그 비판을 논하고자 한다.

　　제2장은 제1장에서 논한 내용을 바탕으로 한국이 다문화 현상과 연관하여 적

합한 정책적 모형은 무엇인가에 관한 연구가 될 것이다. 만약 이러한 논의가 없다면 다문화 정책에 대한 결정과 집행에서 상당한 혼란을 야기할 것이기 때문이다. 이론적 · 철학적 합의가 없는 상태에서 한국 정부가 수행하고자 하는 다문화 관련 정책은 부처 간에 혹은 정책 간에 혼선을 일으킬 것이기 때문이다. 다문화 정책이 우선순위를 바탕으로 일관성 있게 추진되기 위해서는 명확한 이론적 근거를 바탕으로 이루어져야 하며, 그렇지 않으면 각 부처마다 추진하는 정책의 내용이 다를 수 있고 또 정책상 혼란이 가중될 수 있으며, 앞뒤가 맞지 않는 모순된 정책이 추진될 가능성이 높다. 따라서 제2장은 다문화 국가로의 전이가 현재 진행되고 있는 한국적 상황에 적합하다고 판단되는 정책모형을 모색하는 것인데, 이러기 위해 우선 다문화와 관련된 기존의 주된 철학적 · 이론적 배경을 살펴보며, 이에는 차별(배제)모형, 동화모형, 다문화주의 등이 있고, 이들의 주된 내용과 문제점을 분석할 예정이다. 이와 함께 다문화적 상황에서 한국인들이 다문화 이주자를 바라보는 시각을 논의할 것이다. 즉, 한국인이 다문화 이주자들에 대하여 어떻게 바라보고 있는지의 여부와 그들의 시각이 다문화 이론의 형성과정에 어떤 영향을 줄 것인지를 파악하고자 한다. 이런 분석을 통하여 한국 사회에서 어떤 다문화 관련 이론 모형이 적용되는 것이 적합한지를 분석하고자 한다. 다문화주의를 비롯한 기존의 이론을 그대로 한국적 상황에 적용할 것인지, 아니면 새로운 정책 모형을 제시할 것인지에 대하여 심층적으로 논할 예정인데, 본 글에서는 기존 이론의 비판과 한국인의 다문화적 상황 인식을 바탕으로 새로운 다문화 정책 모형을 제시하고자 한다.

    제1장과 제2장은 다문화와 연관된 이론적 · 철학적 논의에 대한 필요성과 방향성을 제시한 것이라면 제3장부터 제5장까지는 이를 구체화한 내용을 적시할 것이다. 특히 현재 급증하고 있는 다문화 현상에 대하여 주류 한국인들이 어떻게 생각하고 있으며, 다문화 사회에서 어떤 역할을 수행할 것인가에 대한 논의를 진행할 것이며, 이들 실증적 · 계량적 분석으로 나타난 결과들은 향후 다문화 정책을 형성하고 집행하는 데 큰 도움을 줄 것이라 여겨진다.

2012. 8

연구진을 대표하여 박병현 씀

차 례

제 3 장   다문화주의와 한국인의 국민정체성: 설문조사 결과를 중심으로

제 4 장   국민정체성과 다문화태도의 관계: 한·중·일 대학생을 중심으로

제1장
다문화 정책 이론 확립을 위한 탐색적 연구

지종화 · 정명주 · 차창훈 · 김도경

제1장
다문화 정책 이론 확립을 위한 탐색적 연구*

Ⅰ. 문제제기

전세계적으로 지구화와 세계화가 급속도로 진행되고 있다. 국경을 초월한 인적 교류의 증가와 자본의 이동은 과거와는 다른 유형의 사회 형태를 창출하고 있는데, 우리는 이것을 다문화 사회라고 부른다. 다문화적 현상은 전지구화되고 있으며, 한국도 예외는 아니다.

한국도 1990년대 들어서면서 외국인 노동자를 중심으로 다문화 이주자[1]들이 본격적으로 유입되기 시작하였고, 2000년대에는 국제결혼 이주자의 증가로 한국에서 다문화 이주자의 수는 2008년 초에 이미 전체 한국 인구의 2%를 넘어설 정도로 규모가 커져버렸다. 최근 몇 년 사이에 발생한 이러한 급격한 변화는 한국도 이제 다문화 사회로 진입하고 있다는 증거이다.

이러한 다문화 사회의 도래와 그에 따른 많은 난제들의 도출은 한국으로 하여금 더 이상 다문화 관련 문제를 간과하거나 방관할 수 없도록 만들었다. 다문화

---

* 이 논문은 2007년 정부(교육인적자원부)의 재원으로 한국연구재단의 지원을 받아 수행된 연구임 (KRF-2007-411-J01101).

[1] 다문화 이주자는 국제결혼이주자, 외국인 노동자, 유학생, 장기체류 외국 기업인 등을 통칭하는 개념으로 정할 것이다. 다문화 정책의 대상으로 누가 포함되어야 하는가에 대해 상당한 논란이 존재한다. 모든 대상, 즉 청소년, 동성연애자, 탈북자(새터민) 등등 모두를 포함해야 하는가의 문제인데, 본 논문에서는 다문화 정책의 대상으로 국제결혼이주자, 외국인 노동자, 유학생, 장기체류 외국 기업인으로 한정하고자 한다. 이는 모든 인식 대상을 포괄하게 되면 연구의 접근방법상 문제가 있고, 특히 새터민 등과 같은 대상은 별도의 법과 이들을 다루는 정부 기관이 존재하기 때문에 다문화의 대상으로 포함하는 것은 중복의 의미가 있다고 판단된다.

관련 정책은 이제 중요한 국가 정책의 한 부분을 차지하게 되었다.

한국은 중앙정부를 비롯하여 지방정부, 민간단체 등이 중심이 되어 다문화와 연관된 문제들을 해결하고 다문화 이주자들에 대한 지원을 위하여 여러 가지 정책과 지원책들이 형성되고 집행되고 있다. 하지만 이들의 대응책과 지원책은 각자 나름의 정보와 조직을 가지고 별개의 입장에서 별도로 추진되고 있는 실정이다. 즉, 정책의 일관성과 통합성이 결여되어 있으며, 부처 간 중복되어 집행되고 있고, 또 우선순위도 정해져 있지 않고 정하기도 어렵다. 이 때문에 정부 조직 사이에 혹은 정책들 사이에 갈등과 혼선을 초래하고 있다. 이러한 정책의 중복 현상과 일관성 잃은 정책은 다문화 현상에 대한 적실성을 현저히 떨어뜨리는 요인으로 작용하고 있다.

한국에서 다문화와 연관된 정책들이나 지원들이 왜 이렇게 별도로 이루어지고, 서로 공조하지 못하는가 라는 점은 무엇보다도 현재 한국의 경우 다문화에 대한 철학적·이론적 배경이 일천하기 때문이라고 여겨진다. 한국에서의 다문화 현상은 극히 최근의 일임과 동시에 그 현상이 아주 급속도로 진행되었기 때문에 그 이론적·철학적 근거를 마련하기 위한 사회적 논의나 합의 과정이 없었다.

이론적 근거의 부재로 인한 혼란을 극복하고 다문화적 상황에 적확하게 대응하기 위해서는 한국도 이제 이론 및 철학적 배경에 대해서도 심도있는 논의가 이루어지는 것이 필요하다. 한국적 상황에 적합하다고 판단되는 이론적 근거를 정립하고, 그것을 바탕으로 다문화 정책을 형성·집행해 나간다면 그 정책의 정당성은 더욱 높아질 것이다.

이러한 다문화 이론을 형성하기 위해서 기존의 사례, 즉 외국의 경우에 어떤 이론적 배경을 바탕으로 다문화적 현상에 대처해왔는지를 분석하고자 한다. 이는 각국에서 겪었던 다문화 관련 이론과 정책들이 다문화 사회에 직면한 한국에게 좋은 응용 사례가 될 수 있을 것이기 때문이다. 우선 다른 여러 나라에서 시행하고 있는 다문화 정책을 분석할 것인데, 프랑스, 독일, 호주를 중심으로 사례연구를 실시하고자 한다.[2] 이 연구에는 각국이 적용하고 있는 다문화 이론의 유형을

---

[2] 미국, 일본, 싱가포르, 캐나다 등 다문화적 현상에 직면하고 또 이에 대한 대응책을 운용하고 있는 여러 국가들을 대상으로 다문화 현상을 분석하는 것이 옳은 연구방법이지만, 지면상의 부족 등으로

포함하여 정책요소, 정책수단 등도 함께 비교분석할 것이다. 이러한 분석을 바탕으로 각국의 다문화 정책의 이론적 적실성 및 그 비판을 논하고자 한다.

이와 함께 한국에서 현재 진행 중인 다문화 정책의 현황과 그 특성을 분석하고자 한다. 기존의 한국의 다문화적 상황에 대한 논의는 기본적인 철학적 논의와 그에 따른 사회적 합의도 없이 다양한 이론적 배경, 즉 차별모형, 동화모형, 다문화주의 등이 혼재되어 진행되고 있는 실정이다. 이러한 연유로 정책 또한 중앙의 각 부처 혹은 지방의 각급 정부는 일관성을 잃은 다문화 관련 정책을 형성하고 있다. 또한 다문화와 관련된 여러 논문이나 저서들도 다문화와 관련된 철학적 혹은 이론적 논의가 없고 또 이에 대한 학문적 합의나 토의 과정이 없이 개별 학문 분과별로 혹은 개인별로 다양한 이론을 혼재하여 연구가 이루어지고 있는 실정이다. 그러므로 본 논문은 이러한 이론적 혼재나 일관성 없는 정책을 벗어나 다문화와 관련된 철학적 혹은 이론적 논의를 통해 사회적 토론과 합의를 이끌 필요성이 있음을 지적할 것이다. 이런 연구를 통해 한국에서 다문화 정책과 관련하여 어떤 이론적 논의가 바람직하고, 또 정책의 방향은 어떤 것이 되어야 하는가를 제시하고자 한다. 그러므로 본 논문은 계량적 연구나 모형을 형성하는 연구가 아닌 다문화적 상황에 대한 새로운 이론이나 철학의 형성을 모색하는 탐색적 연구가 될 것이다.

Ⅱ. 이론적 배경

1. 다문화 관련 이론의 전개

다문화 국가는 과거와는 달리 여러 민족과 다양한 문화를 한 국가 안에 포함한 형태로 이루어져 있으며, 한 민족으로 구성되어 있는 국가라 해도 문화교류와 여러 다양한 목적을 가진 이민자 등으로 그 국가는 여러 다양한 인종과 문화를 포함한 복합적 구성요소를 가지고 있다(김범수 외, 2007). 이러한 현상은 교통 통

___
인하여 차별모형, 동화모형, 다문화주의를 대표적으로 실시하고 있는 것으로 판단되는 국가를 하나씩 선별하여 분석을 진행하였다.

신의 발달과 함께 세계화가 진행되면서 수많은 문화적 교류 현상이 발생하면서 나타난 새로운 사회적 현상이다.

다문화 국가가 발생하게 된 사유는 크게 세 가지 경우가 있는데(홍기원, 2006), 첫째, 이주노동에 의해 다인종 사회로 진입한 유형으로 독일이 대표적인 나라로서, 독일은 부족한 노동력을 충당하기 위해 1960년대 스페인, 그리스, 포르투갈 출신의 노동자들을 방문 노동자 형식으로 초청하기 시작하면서 다인종 사회로 접어들기 시작했다.[3] 둘째, 이민에 의해 다인종 사회로 진입한 유형인데, 노동력이 부족했던 미국, 캐나다, 호주가 이 유형에 속한다. 이들 국가는 부족한 노동력을 채우기 위해 전 세계로부터 다양한 인종의 영구 이민을 확대하는 정책을 추구해 왔고, 그 결과 이들 나라들은 다인종 사회로 급격하게 변화하였다. 셋째, 구식민지와의 포스트 식민주의 상황에 의해 다인종 사회로 진입한 유형으로서 영국, 프랑스 등이 이 유형에 속한다. 이들 유럽국가는 구식민지 국가 출신들이 이들 국가로 이주하면서 다인종 사회로 진입한 유형이다.

이처럼 다양한 원인과 유형으로 발생한 다문화·다민족 사회에 대응하려는 각국의 이론 모형은 여러 가지로 나타나고 있으며, 이를 적용한 국가의 정책도 나라별로 상당한 편차를 보이고 있는데, 주요한 것으로 차별(배제)모형, 동화모형, 다문화주의 등이 있다.

차별(배제)모형은 한 국가 내의 인종적 소수인은 인정하지 않고 단지 국민의 단일성을 위협하는 요인으로 소수 인종과 소수 문화를 인식하고 있다(홍기원, 2007). 이 정책모형은 인종적 소수자를 제거하거나 최소화하는 것을 정책목표로 설정하며, 인종청소를 통해 인종적 소수자의 배제를 꾀한다. 외국인 노동자 정책의 경우, 이주 노동자를 단기간 취업시킨 후 국내의 부족한 노동력을 메우고 계약이 종료되면 다시 본국으로 귀국시키는 교체순환정책이 이에 해당한다. 이것은 이주 노동자의 정주를 원칙적으로 인정하지 않는 것이며 외국인을 위한 일자리라

---

[3] 아울러 한국도 1960년대에 독일에 탄광근로자, 간호사 등을 파견하였다. 이 유형은 한국의 경우에도 적용할 수 있다. 1990년대 이후 한국의 노동력 부족, 특히 3D업종에서의 심각한 노동력 부족을 많은 외국 노동자의 고용을 통하여 해결하고자 하였다. 또한 2000년대 들어서는 농어촌의 심각한 배우자 부족으로 인하여 외국인 결혼이주자의 급증이 나타났다. 이러한 과정을 통하여 한국에서도 다문화적 현상이 2000년대 들어서 두드러지게 대두되었다.

도 일정하게 내국인과 구분되고 분리된 특정 업종에 국한시키고 있다(황정미·김이선·최현·이동주, 2007).

이러한 차별(배제)모형과 함께 동화모형이 있다. 이것은 소수 문화를 주류적 문화에 흡수하고 동화하려는 모형이다. 이것은 소수인종, 이민자, 외국인 노동자 집단이 이주한 지역의 주류 문화에 동화되는 것을 정책목표로 설정한 것이다(홍기원, 2007). 동화주의는 각 문화를 존중하고 고유한 가치를 인정하여 문화 간의 우월관계를 부정하는 것이 아니라, 강한 문화가 약한 문화를 흡수하는 것을 목표로 설정한다. 즉, 한 국가내에 공존하는 주류문화와 비주류문화 중에서 주류문화를 통한 사회통합을 그 목표로 하는 것이다(한승준, 2008). 이는 소수 다문화 구성원들이 다수집단이라는 커다란 사회 속으로 융해되는 것을 의미하는데, 이 과정에서 문화적·사회적 적응을 목표로 하기 때문에 소수의 다문화 이주자들은 자신의 정체성을 잃게 되고, 사회의 주류에 의해 정의된 다수문화에 적합한 형태로 융해되어 바뀌는 것이다(김범수 외, 2007). 이때 동화에 대한 선택은 개인의 문제로 치부된다. 따라서 국가는 이들 소수에게 사회 적응을 위한 정책을 제시하지 않는다. 물론 소수 다문화 이주자들에게 그들 나름의 문화를 포기할 것도 강요하지 않는다. 이것은 소수 인종이 언젠가는 다수를 점하는 주류문화 속으로 융화될 것이라는 예측을 가지고 있기 때문에 가능한 것이다. 이민의 경우에는 동화주의를 채택한 국가에서는 비교적 쉽게 이민을 받아들이지만, 출신국의 고유 문화를 탈피해 문화적으로 적응해야 함을 강조하고 있다. 이 모형에서 국가정책은 문화적 적응과 정체성의 전이가 용이하도록 지원하지만, 소수 문화 고유의 전통을 지키기 위한 법적, 제도적, 재정적 지원은 하지 않는다.

2. 다문화주의의 의의

동화주의와 차별(배제)모형은 다문화, 다인종 사회에 적합하지 않은 것으로 비판받으면서 다문화주의가 등장하였다. 다문화주의는 동화주의가 사회통합보다는 종족 간, 민족 간 갈등의 원인이 된다고 보고 이에 대한 대안적 방안으로 나타난 것이다. 이것은 다양한 문화와 인종으로 구성된 국가의 복잡한 상황에 대하여 사회적으로 어떻게 통합할 것인가라는 필요성에서 대두되었다고 볼 수 있다.

일반적으로 다문화주의는 인간사회의 다양성, 인구학적이고 문화적인 다양화를 설명하기 위해 사용되며, 단순한 관찰을 넘어서는 현실을 지칭하는 것이며, 수많은 사회적·정치적·철학적 답변으로 연결된다(윤진 역, 2007). 그렇기 때문에 다문화주의에 대한 논의는 상당한 논쟁을 불러일으키고 있다. 오늘날 다문화주의는 국가, 인종, 민족 등의 거시적인 차원에만 국한되지 않고 사회내의 소외계층이나 소수인종, 세대 간 갈등, 성역할의 차이 등과 같은 미시적인 문제를 포함하는 매우 광범위한 주제이기 때문에 하나의 의미로 정의내리는 것은 불가능하다고 하겠다.[4]

Kymlicka(1995)는 다문화주의는 선결 조건으로서 자유민주주의에 대한 광범위한 합의와 지지가 있어야 하고 이것을 바탕으로 다양한 문화적 주체들의 특수한 삶의 권리를 보장하는 것이라고 정의하고 있다. 이는 소수 다문화 이주자들에 대한 문화적, 정치적, 사회적 차이를 인정하고 이들에게 정당성을 부여하는 것을 뜻한다. 따라서 다문화주의는 각 인종, 민족의 전통적 문화, 언어, 생활습관을 국가가 적극적으로 보호하고 유지하기 위해 공적 원조를 하는 것과 더불어 인종차별금지, 적극적 차별시정조치를 도입하여 각 집단 간의 불만의 축적을 예방하고자 한다(한승준, 2008).

이는 Kymlicka가 언급했듯이 문화적 차이를 극복하고 차이에 대한 '인정의 정치'를 의미한다(장동익 역, 2005). Kymlicka가 말하는 다문화 국가의 특징은 세 가지로 요약할 수 있다(황정미·김이선·최현·이동주, 2007). 첫째, 하나의 민족집단이 국가를 소유한다는 과거의 관념을 배척하며 국가는 모든 시민에게 동등하게 속한다고 본다. 둘째, 소수집단이나 비지배집단 구성원들을 동화시키거나 배제하려는 국민 형성 정책을 배척한다. 셋째, 다문화 국가는 소수-비지배 집단에게 행해진 역사적 불의를 인식하고 그것을 치유하고 바로잡으려는 의지를 표출한다. 이처럼 다문화주의는 지금까지 지속된 특정 문화의 지배를 종결짓고 소외당하거나 주변에 있던 다른 소수집단의 정체성을 존중하고 그들의 고유문화가 독자적으

---

[4] 다문화주의는 현재 상당히 광범위하게 사용되고 있으며, 이에 대한 개념 통일도 쉬운 일이 아니고, 또 현실 적용상에서도 상당한 혼란을 겪고 있는 것이 사실이다.

로 차지할 수 있는 시,공간을 인정하고 수용하는 것이다(강휘원, 2006).

이러한 다문화주의는 한 국가 혹은 사회 내에서 여러 가지 문화가 함께 존재하는 것으로서 문화적 다양성과 특수성을 논의할 때 사용되는 개념으로 다수 집단의 정체성과 이에 포함되지 않는 다른 소수집단의 정체성 간의 공존을 의미한다. 다문화주의는 다수 속에서 소수의 특수한 권리를 인정하고 이들의 예외성을 권리로서 받아들인다.[5]

다문화주의의 주요 정책은 문화적 이질성, 즉 다른 문화를 인정하고 보호하기 위한 것으로 다문화 이주자들의 자존감을 높여 주류사회에 대한 적응력을 높이고 의욕을 유발한다. 즉, 다문화주의는 다문화 이주자 및 그 문화에 대한 차별을 금지하고, 피차별자가 경쟁상 불리한 점을 인정하고, 재정적·법적 원조를 인정한다(이순태, 2007; 홍기원, 2007). 여기에는 기회평등의 보장을 비롯하여 결과의 평등까지 보장하는 것을 내포하고 있다.[6] 그렇기 때문에 정부의 역할은 아주 능동적이며 적극적이다. 즉, 불리한 입장에 처해 있는 소수 다문화 이주자에 대한 각종 원조나 우대 조치 등의 정책을 형성·추진하기 위해 정부는 상당한 관심과 많은 노력을 기울인다.

---

[5] 다문화주의의 유형에는 상징적 다문화주의, 자유주의적 다문화주의, 조합주의적 다문화주의, 연방제 다문화주의, 분단적 다문화주의 등이 있다. 이외에도 공간적 차원에 의한 유형화, 제도적·문화적 차원에 의한 유형화 등이 있다. 이에 대한 내용은 강휘원(2006), 홍기원(2007), 이순태(2007), 한승준(2008) 등을 참조할 것.

[6] 기회의 평등을 보장하기 위하여 공용 언어 학습을 장려하고, 주류사회의 문화를 이해하고 획득할 수 있는 기회를 보장하여 소수 다문화 이주자의 잠재능력을 발휘할 수 있도록 한다. 이를 위해 다언어방송, 다언어문서, 다언어 교육 등을 추진하는데, 이는 소수 언어를 사용할 수 있는 자유를 포함하여 의료 및 사회보장 서비스에서 소수 언어를 사용할 수 있게 하고 그에 따른 언어 지원, 즉 통역이나 다언어 직원을 배치하도록 법적·제도적으로 지원한다. 사적 영역을 비롯하여 공적 영역에서도 다문화적 상황을 받아들이고 보호한다. 특히 소수민족 학교나 해당 공공단체에 다양한 지원을 통하여 종교의 자유나 고유 문화에 대한 표현과 향유를 보장한다. 또 소수 다문화 이주자에게도 인구비례에 따라 취업의 장이 확대되고 확보되도록 배려하는데, 이들의 취업 기회의 적정화를 위하여 공공기관이나 공직에의 취직을 적극적으로 지원한다. 또한 직장에서 차별 없이 일할 수 있도록 하고, 그들의 능력을 정당하게 인정받고, 직업훈련도 적절하게 받을 수 있도록 법적으로 규정한다. 정책과정에의 참여를 통해 자신들의 의견을 완전하게 제시할 수 있고, 지방선거 등에의 참여를 보장하는 참정권도 부여한다. 이뿐만 아니라 소수 다문화 이주자들과 주류 문화 집단 사이의 교류를 확대하여 이들 간의 갈등을 완화하기 위하여 노력하고, 이를 위해 주류 사회의 국민들을 대상으로 다언어 및 다문화 교육을 적극적으로 추진한다.

소수 다문화 이주자 및 그 문화를 받아들이는 다문화주의는 캐나다, 호주 등 다문화적 현상을 경험한 몇몇 나라에서 적용되었고 그에 따른 다양한 정책들이 형성 집행되고 있다. 하지만, 다문화주의는 그 나름의 문제점도 함께 가지고 있다.

다문화주의는 소수 민족과 인종에 대하여 기존의 다수 문화 및 기성 문화에 대한 동화정책이나 소수인종이나 소수 민족을 배제하는 정책에 대한 반론으로 제시된 것으로, 여러 학자들의 지지를 받고 있는 것은 사실이지만, 그에 못지않게 다문화주의에 대한 비판이 존재하는 것도 사실이다. 이러한 비판은 여러 학문 분파에서 제시되고 있다.[7]

이러한 다문화주의에 대한 도전은 영미학계에서 대두되고 있는데, 이에는 개인성, 사회적 갈등, 분배의 문제, 소수자 중심의 사회 등의 문제들이 있다(이순태, 2007; 김범수 외, 2007; 윤진 역, 2007; 황정미·김이선·최현·이동주, 2007; 장동진 역, 2005; 곽준혁, 2007).

첫째, 개인성의 문제이다. 다문화주의는 개인의 문화적 정체성에 혼란을 가져오게 되어 문화미아를 발생시킬 가능성도 존재한다. 사회적인 시행의 문제이건 정치 혹은 이데올로기의 문제이건, 다문화주의는 개인을 한 문화적 집단에 귀속시키며 한 가지 정체성을 강제로 부과하는 것이다. 즉, 개인이 단 하나의 문화에만 소속되어야 한다는 배타주의적인 다문화주의 개념에 휩싸여 집단들 간의 경계를 명확하게 하고, 보호와 존속을 목표로 설정한 채 자신들만의 집단을 만들어 내는 것이다. 이러한 다문화주의는 개인을 하나의 문화적 집단에 귀속시키며, 한 가

---

[7] 다문화주의를 비판하는 여러 학문분파를 보면(곽준혁, 2007), 다문화주의의 등장을 개인주의의 극복과 공동체 문화의 복원이라는 점에서 받아들였던 시민적 공화주의 또는 공동체주의자들은 다문화주의를 시민적 덕성의 추락이라는 점에서 비판하고 있고, 소외된 계층의 목소리를 대변한다는 의미에서 다문화주의를 지지했던 사회민주주의자들은 부의 분배라는 보다 본질적인 정치사회적 과제를 도외시한 채 문화라는 추상적이고 심리적인 인정에만 주력한다고 지적하고 있다. 또 정체성이 상호주관적 관계 속에서 형성되고 변화되는 과정에 주목하는 인류학자들은 다문화주의를 집단 정론적이라고 비난하고 있으며, 이외에서도 다문화주의는 자기 입지를 구축하기 위한 종족적·민족적 소수집단 리더들의 전략적 선택일 뿐이라고 일축하는 합리적 선택이론자들, 새로운 영역을 개척해 자신들의 위치를 확보하려는 학문적 동기가 포스트모더니즘의 사회적 운동으로 위장된 것이라고 보는 자유주의적 교육학자들, 집단주의로 인해 파괴될 개인성에 더욱 주목해야 한다고 주장하는 자유주의적 평등주의자들, 그리고 사회적 결속을 위한 보편적 이념으로 민족주의를 내세우는 보수주의자들이 가세해 다문화주의에 대한 도전이 다방면에서 전개되고 있다.

지의 정체성을 강제로 부과하고, 그 집단 안에서 개인의 정체성 변화 등을 전혀 고려하지 않는다. 즉, 개인의 고립을 조장할 위험이 있다. 둘째, 사회적 갈등 문제로서 다문화주의가 사회적 연대를 저해하고 나아가 사회적 갈등과 분열을 조장할 우려가 있다는 비판이다. 유럽의 경우, 유럽 이외의 지역으로부터 밀려드는 다문화 이주자들은 사회에 기여하기보다는 도움을 받는 처지에 있으며, 경제에 대하여 기여를 하기보다 하층민의 생계를 위협할 뿐이며, 다문화주의와 이를 바탕으로 한 정책은 다문화 이주자들이 주류문화에 동화하는 과정을 방해하고 그 결과 사회적 분열을 조장할 것이라는 비판이다. 또한 현재 유럽의 다문화정책을 채택하는 국가에서 일부 나타나듯이, 다문화주의정책이 주류문화와 소수문화 사이의 경계선을 획정하는 정책이 될 수 있고, 이는 오히려 문화적 게토(getto)를 만들어 차별을 은폐하거나 고착화시킬 수 있다는 것이다. 즉, 국가수준에서 다문화주의와 그에 따른 다문화적 개혁은 개인 수준의 다문화적 지식, 욕구, 인센티브 등을 감소시킬 수 있다는 것으로, 예컨대 다문화 국가가 인종·민족적 소수자에게 자신들의 언어나 제도를 사용하도록 허용한 경우, 각 소수자 집단이 별도의 '병렬적 사회(parallel societies)'를 만들어 같은 국가에 거주하는 다른 인종, 민족 집단과의 상호작용이 거의 없어지는 결과가 나타날 수 있다는 주장이다. 예를 들면 영어권 캐나다인들은 불어권 캐나다인들의 생각이나 태도에 대해 관심이 없으며 불어로 발행되는 매체나 방송을 전혀 보지 않기 때문에 사실상 교류하기가 매우 힘들다는 것이다. 이런 경우에는 차라리 동화주의적 정책을 통해서 하나의 문화로 편입시키는 것이 법적·문화적 차별을 방지할 수 있다는 역설이 존재할 수도 있다.[8] 셋째, 다문화주의가 분배의 문제에 무관심함으로써 사회경제적 불평등을 심화시키고 있다는 시각이다. 이는 다양성의 논쟁과 추상적인 문화라는 관점에 관심을 집중함으로써 사회적·경제적 불평등을 은폐하고 있다는 주장이다. 다문화주의가 소수 집단의 고유한 문화적 유산에 대한 인정만을 고집하기 때문에 계급의 역사적 의미와 분배의 문제에 소홀했다는 것이다. 넷째, 소수자 중심의 사회이다. 소

---

8) 이뿐만 아니라 다문화주의의 확대는 소수민의 민족적, 종교적 기원을 이루는 외부세력으로부터의 간섭을 배제할 수 없다는 점에서 국가주권에 대한 내정간섭의 문제가 발생할 수 있으며, 이 때문에 다문화주의 정책이 국론 분열과 국가의 결집력을 방해할 수 있다고 본다.

수의 다문화 이주자에 대한 다양한 지원과 보호는 다수를 점하는 주류문화의 구성원에 대한 역차별을 발생시킬 수 있다. 다문화주의 사회가 대두되고 다양성과 특수성을 가진 개인이나 소수집단에 대한 공적 지원과 이들에 대한 인정이 증가하면서, 소수집단의 종류와 수도 늘어나고 있다. 이들은 모두 다수집단에 의하여 자신들이 희생되고 억압받았다고 주장한다. 이처럼 너무나 많은 개인과 소수집단의 등장은 상당한 혼란을 낳을 수 있다. 이들은 자신들에게 특수한 정체성과 욕구를 충족하기 위한 공적인 인정과 재원, 특별대우 등을 요구하고 있으며, 이런 요구들이 때로는 기존의 상식을 넘어서는 것도 있다. 그리고 때로는 그것이 집단 간의 경쟁을 유발시키며, 집단 사이의 분열과 갈등을 조장한다. 또 그런 특별대우들로 인하여 사회의 다른 구성원이 차별을 받게 될 수도 있다.

종합하여 볼 때, 다문화주의는 민주주의와 번영을 이루면서 소수집단의 권리가 동등하게 존중되는 대단한 성공을 거두었지만, 다른 한편으로 소수집단과 다수집단간의 교류와 상호작용의 수준은 더욱 저하되는 실망스런 결과가 나타났다. 가장 좋은 경우 대다수 시민들은 타집단의 생활에 대해 무지하거나 무관심하며, 최악의 경우 다른 집단에 대한 분노와 불쾌감으로 표출된다. 다문화 국가의 정책이 다문화적 시민이 아니라 배타적인 시민을 만들어 내는 역설적 결과를 낳은 것이다.

Ⅲ. 외국의 다문화 정책 사례

1. 각국의 사례

1) 프랑스

(1) 다문화 국가로의 진행과정

프랑스의 다문화 이주자에 대한 사회통합은 프랑스 혁명의 기본정신인 자유, 평등, 박애를 중심으로 이루어지고 있다. 이러한 정신을 바탕으로 문화적·민족적 다양성을 하나의 가치로 융해하기 위하여 전통적으로 동화모형을 추구하고 있다.

프랑스의 동화모형은 공화주의에 기반을 두고 있는데, 공화주의는 프랑스 혁명이 있은 이후 정교분리의 세속주의를 원칙으로 하며, 민족, 문화, 종교 등이 지니는 특수성을 공적 영역에서는 인정하지 않는다는 것을 의미한다(김남국, 2004; 한승준, 2008). 프랑스는 공적 영역에서 개인의 종교적 표출을 허용하지 않는데, 이는 특정 종교에 대한 예외의 인정은 공화주의 원칙에 따른 단일의 국가를 유지하는 데 도움을 주지 않는다고 보았기 때문이다. 이때 공화주의 원칙은 프랑스 국경 안의 모든 세력들이 공화주의 정치문화라는 단일 기준에 의해 전적으로 통일되어야 함을 의미한다(김남국, 2004). 그러므로 프랑스에서는 다문화에 대한 특혜나 우대 정책보다는 보편적 가치, 즉 사회계약에 의해서 공통적으로 국가에 결합된 개인들의 총체만을 인정할 뿐이지, 특별한 종교나 문화에 의해 파편화되는 것을 원하지 않는다. 따라서 프랑스의 이민은 편입과 함께 공화주의 원칙에 동화를 의미하는 것이지 다문화적 상황을 전제로 하지 않는다.

　　프랑스는 외국인 노동자의 이민을 적극적으로 받아들이는 입장이었는데, 이는 경제성장과 그에 따른 노동력 부족을 해소하기 위해서였다. 하지만 1970년대 들어서면서 경제가 불황으로 접어들자 외국인 노동자에 대한 이민 정책을 수정하기 시작했다. 즉, 특별한 경우 이를테면 정치적 망명 등과 같은 경우를 제외하고는 이민자들을 본국으로 귀환하는 것으로 이민정책을 수정하였다. 그렇지만 프랑스로의 이민은 지속적으로 증가하였고, 이것은 주거부족문제, 실업문제 등과 같은 사회문제를 야기하였으며, 더나아가 정치적 문제로까지 비화되었다. 즉, 좌파와 우파 간에 이민에 대한 논쟁, 즉 불법 이민자의 합법화 문제, 입국 조건이나 기간 등에 대한 논란이 치열하게 전개되었다. 그러나 좌우파 간의 논쟁에도 불구하고 프랑스 이민의 기본 입장은 동화모형으로서, 다문화 이주자들에게 소수 문화나 종교 등에 대한 인정은 받아들이지 않는 것이었다.

　　다문화를 인정하지 않는 정책은 프랑스 사회 내의 소수 인종의 정치적, 경제적, 문화적 삶의 질적 수준을 프랑스 시민에 비하여 현저하게 낮게 하였다. 이러한 다문화 관련 문제에 대한 항의로 1983년 인종차별을 철폐하기 위한 무슬림과 프랑스 시민의 거리 행진이 있었지만, 프랑스 정부의 기본 입장은 전혀 변화가 없었다. 그 결과로 나타난 것이 2005년 10월에 발생한 다문화 이주자 2, 3세의 항의 소요사태이다. 한달 가까이 진행된 이 사건으로 프랑스 274개 도시가 피해를 입었으며, 다수의 차량과 수천 명의 관련자들이 체포되었다. 이 사건으로 프랑스는 2차세계대전 이후 본토에서는 처음으로 비상사태를 선포하기에 이르렀다. 이 사건은 프랑스의 동화모형에 입각한 이민정책이 큰 효과를 거두지 못했음을 보여주는 것이다.

(2) 다문화 정책 현황

프랑스는 공화주의라는 정치사상을 바탕으로 외국인이더라도 프랑스 사회에 편입된 이상 인권을 보장받고, 또 국적도 속지주의 원칙을 따르고 있으며, 외국인 노동자에게 동등한 노령연금 혜택을 부여하고 있고, 또 합법적 체류 노동자인 경우에는 본인뿐만 아니라 부양가족도 의료보험 혜택 및 가족수당을 받을 수 있다 (이성언·최유, 2006). 그렇지만 다른 서유럽 국가나 다문화주의를 표방하는 국가에 비하면 관심과 노력이 상대적으로 미미한 편이다. 그뿐만 아니라 다문화에 대한 정체성의 인정, 문화적 이해 등을 공적인 영역에서 적극적으로 인정하지 않고, 또 다문화 집단의 대표성 및 다문화에 대한 권리의 인정 등과 같은 다문화주의에 입각한 다문화 정책은 거의 없다고 볼 수 있다. 이는 프랑스가 다문화에 대한 대응 정책의 기조를 공화주의에 기초한 동화모형으로 삼고 있기 때문이다.

하지만, 2005년의 인종폭동 경험, 2007년 사르코지 대통령의 취임으로 소수인종에 대한 차별금지 및 우대정책에 관심을 기울이게 되었다. 사르코지 대통령은 2008년 12월 17일에 소수인종 포용정책을 발표했는데(조선일보, 2008년 12월 18일), 이 정책의 주요내용은 교육, 기업고용, 정당, 방송 등의 분야에 소수 인종 출신이 보다 많이 진출할 수 있도록 하는 것이다. 교육의 경우 프랑스 최고 엘리트 양성기관인 그랑제콜에 소수인종 학생이 보다 많이 진학할 수 있도록 2010년부터 그랑제콜의 예비학교 입학생 중 30%는 소수인종 중에서 장학생으로 선발할 예정이며, 기업 채용과정에서 인종차별을 할 수 없도록 100대 기업에 대하여 취업희망서에 이름을 적지 않는 '무기명 이력서'를 받도록 제안했다. 또 소수인종의 정치권 진출을 활성화하기 위하여 국가가 정당에 지급하는 보조금을 소수인종 채용실적에 따라 차등배분하기로 했으며, 방송분야에 소수인종의 진출을 돕기 위하여 일정비율 이상을 소수인종으로 선발하도록 강제할 계획이다.

최근에 프랑스는 교육부문에서 다문화주의를 받아들이는 정책들을 시행하고 있다(한승준, 2008). 2006년 3월에 교육과 고용에 관한 기회균등을 강화하기 위하여 '사회통합 및 기회균등처'를 성립하여 프랑스에 새롭게 이주한 다문화 이주자 학생들에게 특별교육과 학교 내에서의 차별방지 조치들을 시행하고 있다. 또한 초등학교 교육과정에 다문화 이주자 자녀를 위한 모국어 교육을 실시하고 있으며, 다문화 이주자 밀집지역의 학교에 필요한 예산을 지원하고 다문화 이주자와 같은 국가 출신의 교사를 임용하고 있다.

프랑스가 다문화 관련 정책을 최근에 와서 관심을 가지고 형성하는 것은 기존의 동화모형으로는 인종 간 갈등을 더 이상 해결할 수 없고, 공화주의를 기초로 한 동화모형이 한계를 보였기 때문이다. 현재 프랑스는 사회 모든 부문에서 다문화 관련 정책을 시행하고 있는 것은 아니며 극히 일부 부문(방송분야, 교육분야 등)에서 다문화 정책을 형성하고 있다.

2) 독   일

(1) 다문화 국가로의 진행과정

독일은 이주노동에 의해 다인종 사회로 진입한 유형이다. 즉, 노동력 부족이라는 이유로 1960년대에는 스페인, 그리스, 포르투갈, 터키 출신의 노동자들을 송출협약에 의한 방문 노동자 형식으로 초청하기 시작하면서 다문화·다인종 사회로 접어들기 시작했다(한형서, 2008; 홍기원, 2007). 또한 1990년대 초 통일 이후 동구권과 구소련의 붕괴로 인한 난민의 급증으로 외국인 증가가 가속화되고 있다. 이러한 외국인의 증가로 인한 다문화 국가로의 본격적 진입은 많은 정치적·경제적 갈등을 표출하고 있다.

독일은 다른 유럽 국가에 비하여 소극적이고 모순적인 이민자 사회통합정책을 실시하였다(이용일, 2007). 여타 서유럽국가들은 비교적 쉽게 시민권을 부여하였고 나름대로 사회통합에 박차를 가했던 반면, 독일은 속인주의 내지 혈통주의 전통과 단기인력수급 중심의 외국인정책을 고수하였고, 또 장기체류 이민자로의 체류형태 변화라는 현실을 받아들이지 못하고, 조속한 귀환프로그램, 즉 로테이션 원칙에 초점을 맞춘 소극적인 사회통합정책만을 실시하였다(이용일, 2007; 한형서, 2008). 이렇기 때문에 독일의 다문화 관련 정책은 여타 서유럽 국가보다 가장 미온적이며 폐쇄적이라고 할 수 있다. 더 나아가 이민 2, 3세들에 대한 이중국적 불허, 극단적 민족주의, 인종주의 등으로 독일의 다문화 관련 정책은 상당히 미비 된 것으로 판단된다. 이런 의미에서 독일은 다문화 이주자에 대한 차별(배제)모형 을 중심으로 다문화 정책을 형성하고 집행하고 있다고 판단된다.

이민 노동정책의 경우 1960년대에 '초청노동자'라고 불리던 이민자들은 노동 시장의 몇 분야에 별다른 어려움 없이 고용되었다(윤진 역, 2007). 하지만 종국적 으로 초청노동자들이 본국으로 귀국할 것이라고 보았기 때문에 독일 사회 내에 문화적으로 동화되는 것이 장려되지 않았다. 독일 정부는 이들에게 다양한 방법 으로 그들의 문화를 보존하고 유지하도록 도움을 주었는데, 이는 다문화를 인정 했기 때문이 아니라 이주 노동자들이 고향으로 돌아가는 것을 도와주고 그럼으로 써 독일의 문화적 단일성을 보존하기 위해서였다.

독일에서 소수 다문화에 대한 다수 주류 문화의 시각은 대체적으로 이민, 국 적 획득, 정치적 권리 등에 대하여 배타적이고 제한적인 태도를 보인다. 특히 1983년에 제정된 외국인 귀환촉진법은 독일의 제한적인 외국인 정책의 일면을 보 여주는 것이다.

일례로 독일은 체류기간제한규정, 즉 최고 2년의 노동허가 및 원칙적으로 2년 이상의 노동허가연장의 금지와 함께 가족동반금지와 같은 정주화를 막는 여러 차 별규정들이 포함된 협약을 터키와 맺었는데, 이것은 터키와 독일사회 사이의 심 각한 갈등을 표출하는 계기가 되었다. 이러한 독일의 외국노동자 정책은 독일이 다양성을 인정하기보다는 다문화 이주자들의 문화적 관습이나 전통을 경시하는 경향이 강하기 때문에 나타난 현상이다(한형서, 2008).

(2) 다문화 정책 현황

앞서 살펴본 바와 같이 독일은 다문화 정책과 관련하여 소극적인 자세를 취한 관계로 여타 서유럽 국가들에 비해서 사회통합의 노력이 적었음을 알 수 있다. 그렇다고 해서 독일이 다문화 정책을 전혀 사용하지 않은 것은 아니다. 독일은 다문화 정책을 통하여 얻고자 하는 것은 사회적 갈등 해소를 통한 사회통합이 가장 큰 이유이지만, 그 이면에 있는 경제적 측면도 중요한 정책목표라고 할 수 있다. 이는 독일의 이민정책이 초기에는 부족한 노동력을 보충하기 위해서 이루어졌고, 그 이후에는 IT 기술 등 고급인력을 보충하는 데 이민의 주안점을 두었기 때문이다.

하지만 독일은 다문화 이주자의 유입이 증가하기 시작한 1970년대부터 다문화 정책을 구상하기 시작했다(이용일, 2007). 빌리 브란트가 이끄는 사민당 및 자유당 연정 때인 1978년에 외국인 문제를 위한 특별관청이 신설되었고, 이 관청에서 "독일연방공화국의 외국인 노동자들과 그 가족들의 사회통합 상황과 전망"이라는 정책보고서를 발표하였다. 이 정책안은 이민자 2, 3세의 사회적 지위 상승 기회의 증대, 지자체에서의 외국인 선거권, 장기체류 외국인에 대한 용이한 국적 부여 등을 담고 있는 파격적인 것이었다. 하지만 1980년대 경기침체로 인하여 정권이 자유보수 연합정권으로 교체되면서 사민당/자유당 연정 때 추진되었던 이민정책의 개혁은 실행이 어렵게 되었다. 즉 자유보수 연합정권은 이민정책에 대한 개혁보다는 이민억제를 핵심으로 하는 이민정책은 수행하였다.

다문화 이주자들의 지속적 유입으로 인한 다문화 사회로의 진전은 독일 사회가 더 이상 이들을 방치하거나 무관심할 수 없었다. 특히 경제부문을 중심으로 외국인 노동자의 수가 계속적으로 증가하면서 이들에 대한 기본적인 권리를 도외시할 수 없었던 독일정부는 이들에게 독일인과 동등한 노동조건과 사회보장조건을 보장하게 되었다. 외국인 노동자의 경우, 1972년에 제정된 노동자대표법에 의한 노동자대표평의회에 외국인 노동자의 선거권과 피선거권을 부여함으로써 외국인 노동자의 경영공동결정에의 참여가 증가하였고(이용일, 2007), 교육문제와 관련하여 1964년에 외국인 노동자의 자녀에 대한 취학의무제가 도입되었고, 1971년에 외국인 노동자 자녀에 대한 학교통합 규칙이 제정되었다.[9]

또한 외국인 노동자를 포함하여 다문화 이주자에 대한 기본적 권리 부여와 사

---

[9] 이 규칙에 따르면, 외국인 아동들은 원칙적으로 독일학급에 통합시키되, 귀환할 때를 대비하여 모국의 언어와 문화를 병행하여 교육하였는데, 이것은 독일이 외국 이주자의 장기체류와 독일 내 정착을 막는 차별(배제)모형에 입각한 정책의 일환이다.

회적 통합을 위한 노력이 장기간에 걸쳐서 이루어졌다. 독일은 1997년에 외국인
법을 개정하여 외국인에 대한 통합정책을 연방정부의 책임으로 규정하였고, 1999
년에는 국적법을 개정하여 국적 신청 자격조건을 과거 15년 이상에서 8년 이상으
로 완화하였다(이용승, 2007b). 이어서 독일은 2001년부터 이민법 제정을 위한 논
의가 시작되어 오랜 논란 끝에 2005년 1월부터 이 법을 시행하고 있다.[10] 이러한
지난한 과정을 통하여 독일은 다문화와 관련된 정책을 형성하고 집행하게 되었
다. 하지만 독일은 여타 다른 서유럽 국가에 비하여 다문화 정책의 시행에서 그
기반을 다지고 있는 중이며, 아직 정책의 효과나 사회통합의 정도는 미미한 편이
다. 이러한 상황에서 전세계적 경제위기와 내부적으로 극우세력의 증가에 따른
외국인 혐오 현상이 발생하면서 다문화에 대한 독일정부의 대응방식은 상당한 어
려움을 겪고 있다.

이러한 독일의 일시적이고 미미한 다문화 정책은 2000년대에 들어서면서 서
서히 변하기 시작하였다. 2000년대 들어서면서 정권을 획득한 사회녹색연정은 독
일의 외국인 정책에 큰 변화를 가져오는 획기적인 조치를 취했다(이용일, 2007).
국적법이 2000년에 개정되었고, 상당한 논란을 일으켰던 이민법이 4년 만인 2004
년 헌법재판소의 중재로 타결되었으며, 이 법은 2005년에 시행되게 되었다. 이 법
의 시행으로 이민을 통한 정착이 가능해졌으며, 여러 행정기관으로 분리되어 있
던 이민관련업무를 이민청을 새로 신설하여 통합관리하도록 하였다.

2005년부터 다문화 이주자를 대상으로 독일의 언어, 역사, 문학강좌, 법제도
등을 통해 독일에의 적응을 돕는 사회통합과정을 연방정부의 주도로 시행하고 있
는데, 이것은 이민법 43조, 44조, 45조에 규정되어 있다(이용일, 2007; 한형서,
2008). 이 과정은 각 지역의 외국인청을 비롯하여 여러 관련 기관들이 도움을 주
고 있다.

종교와 관련하여 독일은 사회통합의 일환으로 타종교에 대한 이해, 특히 이슬
람에 대한 충돌을 방지하기 위하여 노력하고 있다. 독일은 연방정부의 대통령인
로만 헤르초그의 제안에 따라 이슬람 종교와의 지속적인 대화와 교류를 추진하였
다(이용승, 2007b). 독일 연방외무성은 2001년에 '이슬람과 대화'라는 정치적 이슈

---

[10] 독일 이민법에 대한 자세한 내용은 이용승(2007b), 이용일(2008)을 참조할 것.

를 형성하였다.

독일에서 다문화 이주자에 대한 정치적 참여는 유럽의 여러 나라와 비교하여 상대적으로 제한적이다(이용승, 2007b). 독일은 유럽회원국에 대해서는 지방선거의 참여를 자국민과 동등하게 허용하고 있지만, 비유럽회원국의 시민인 경우에는 참여가 제한적이다. 일부 주정부에서 외국인위원회를 두고 이를 통하여 의사를 표현하도록 하고 있다. 이처럼 독일은 오랜 기간 동안 수많은 논란을 겪으면서 다문화 이주자에 대한 사회통합정책을 점진적으로 형성하고 있다.

3) 호 주

(1) 다문화 국가로의 진행과정

현재의 호주는 국가 내에서 약 200여 개의 언어가 사용되고 있을 정도로 다문화적인 상황에 처해 있고(홍기원, 2007), 다문화 정책의 이론적 근거는 다문화주의이다(문경희, 2008; 이태주 외 3인, 2007; 이용승, 2007a; 홍기원, 2007). 호주는 중앙정부의 주도로 실시되었는데(이태주 외 3인, 2007), 국가주도의 통제와 관리 정책을 통하여 다문화 정책을 실시하였으며, 그 결과 다문화주의를 성공적으로 이끌었다고 평가받고 있다. 호주가 다문화주의를 채택하게 된 것은 경제적 합리주의와 실용주의, 인도주의라고 할 수 있으며, 이러한 생산적 다양성이라는 현실적 이상을 구체화시킨 것이 연방정부의 다양한 다문화 정책과 에스닉 위원회, 주정부의 이민관련 기구 및 프로그램 등이다(문경희, 2008; 이태주 외 3인, 2007).

물론 호주도 처음부터 다문화주의를 채택한 것은 아니다. 호주가 다문화주의를 채택하게 된 과정을 살펴보면(문경희, 2008; 이태주 외 3인, 2007), 이민 초창기인 19세기 말부터 백호주의를 통해서 이민을 철저히 통제하였고, 1960년대 중반이후 아시아계 이민이 증가하면서 비유럽인에 대한 문호를 개방하기 시작하였다. 1960년대 이전까지는 동화모형을 채택했는데, 이는 호주가 정치적, 사회적, 문화적으로 분리되지 않는 단일체를 추구했기 때문이다. 1970년대 들어서면서 이민차별정책을 폐지하고 인종차별철폐법을 제정하는 등 다문화를 인정하는 방향으로 정책이 전환되었으며, 결국 1978년 프레이져 내각에 의해 다문화주의를 공식적인 정부정책으로 공표하게 되었다(문경희, 2008; 이용승, 2007a; 이태주 외 3인, 2008).

(2) 다문화 정책 현황

호주는 갈등과 차별화를 해소하기 위한 다문화 정책을 다른 나라에 비하여 상대적으로 다양한 프로그램을 시행하고 있다. 중앙정부에서 다문화 관련 정책을 주도하는 것은 이민시민권부(Department of Immigration and Citizenship)가 주로 책임을 지고 있으며, 다문화 정책과 관련된 예산은 2007-2008년도에 호주달러로 12억 649만 달러를 이민, 난민, 문화 다양성 및 평등한 참여보장, 다양한 사회통합 혜택 등에 배분하여 사용하고 있다(이태주 외 3인, 2007).

반차별주의 입법으로는 인종차별법(1975), 인권 및 기회평등법(1986), 인종혐오금지법(1995)을 비롯하여 주정부 및 자치령 차원에서 인종적 차별을 금하는 법을 만들어 직, 간접적인 인종적 차별을 금지하고 있다.

1989년에 호주 정부는 '다문화적 호주를 위한 국가적 아젠다(National Agenda for a Multicultural Australia)'를 발표했으며,[11] 1999년에는 '새천년 호주다문화주의-포용을 향하여', 2000년에는 '다문화의 호주를 위한 위원회(Council for Multicultural Australia)'가 설치되었고, 2003년에는 '다문화 호주-다양성속의 통일 (Multicultural Australia: United in Diversity)'이라는 선언을 하였고,[12] 이것을 바탕으로 2006년까지의 전략적 방향을 제시하였다. 이러한 일련의 과정을 거치면서 호주는 다문화주의를 중심으로 다문화 정책을 형성하였다.

다문화 교육과 관련하여 호주는 '다문화 호주를 위한 국가 정책보고서(1989)' 와 '21세기 학교 교육의 국가목표선언(1999)'을 중심으로 다문화 교육을 실시하고 있으며, 이 선언에는 반인종주의적 내용을 담고 있다(이태주 외 3인, 2007). '21세기 학교 교육의 국가목표선언(1999)'을 바탕으로 주정부, 자치정부 등 교육 관계

---

[11] 이것의 주된 내용은 ① 개인문화 유산의 표현과 공유, ② 인종, 문화적 장벽의 제거 및 사회적 대우와 기회의 공평성, ③ 모든 국민들의 기술과 재능의 유지, 발전, ④ 국가에 대한 우선적 의무, ⑤ 호주라는 국가의 기본 구조 및 원리 수용, ⑥ 타인의 문화, 믿음에 대한 권리 수용 등이다.

[12] 이 선언은 ① 시민적 의무(civic duty), ② 문화적 존중(cultural respect), ③ 사회적 평등(social equality), ④ 모두를 위한 이익(다양성에서 파생되는 사회·문화·경제적 이익)이라는 4대 원리를 제시하였다.

자들이 만나 차별을 배제한 학교 교육을 강조하게 되었다. 호주의 영어교육은 연령별로 구분을 두고 국가에서 운영하는 지역별 교육기관과 민간에서 운영하는 지역별 교육기관이 있으며, 성인과 학생으로 구분하여 교육을 실시하고 있다(권순희, 2006). 문서번역 서비스, 전화통역서비스 등을 지원하고 있다. 호주는 언어(영어)교육을 강화하고 있는데, 이는 다문화와 관련된 사회적 문제가 언어 소통의 문제라고 보기 때문이다.

언론정책은 1991년에는 SBS(Special Broadcasting Services)법이 제정되었는데 (문경희, 2008; 홍기원, 2007; 이태주 외 3인, 2008), 이 법에서는 공영방송인 SBS사의 공식기능을 '다언어와 다문화 라디오 및 텔레비전'으로 정의하고, 동 방송사는 라디오에서 68종, 텔레비전에서 60종의 언어로 뉴스 등 각종 프로그램을 방영하도록 하였다.

이뿐만 아니라 중앙정부 차원에서 집단 간 조화를 위해 매년 3월 21일을 'Harmony Day'로 지정, 다양한 문화와 민족의 구성원들이 참여하는 행사가 전국적으로 개최되고 있으며, '문화적으로 다양한 사회에서의 공공서비스 헌장(Charter of Public Service in a Culturally Diverse Society)'을 1998년에 제정했다(홍기원, 2007). 이 헌장에는 공공서비스 제공자들의 기본소양, 고객대응방법, 훈련, 정보축적, 모니터링 및 보고 등 다양한 내용들이 포함되어 있으며, 이의 구체적 실천을 위한 가이드북도 만들어서 활용하고 있다. 또한 공동체 지원프로그램, 이민시민권부, 이민-다문화에 관한 장관급위원회, 지역사회관계위원회, 국가행동계획 지역사회 파트너십 등을 통해 다양한 문화 간의 통합을 시도하고 있다.

2. 특징적 분석

1) 프랑스

프랑스는 앞서 살펴본 바와 같이 다문화 정책의 기본 정신은 동화모형이다. 동화모형의 기본 정신은 모든 국민은 평등하다는 것으로 소수 인종을 특혜를 주거나 우대하는 정책을 펴지 않는 것을 뜻한다. 그러나 2005년의 인종 간 갈등 사건을 계기로 프랑스의 다문화 정책은 어느 정도 변화를 보이고 있다. 일부 교육 부문이나 고용분야에서 소수 다문화 이주자를 위한 정책이 시행되고 있고, 또 시 행될 예정지만, 아직까지 다문화를 인정하고 이들에 대한 적극적 지원을 위한 노 력은 미약해 보인다. 특히 이주 정책에 대해서는 오히려 규제를 강화하는 모습을 보이고 있다. 2006년에 제정된 '이주와 통합에 관한 법률'은 이주를 억제하기 위 한 보다 강력한 조치들이 포함되어 있다(한승준, 2008). 프랑스는 이 법에서 시민 권 획득에 관한 수입, 거주지, 거주기간에 관한 조건들을 강화하였다. 즉, 외국인 노동자들이 자기 가족을 프랑스로 데려오기 위해서 필요한 기간을 기존의 12개월 에서 18개월로 연장했으며, 10년동안 거주한 외국인에게 내국인과 동등한 권리를 인정하던 제도도 폐지하였다. 이외에도 선별적 이주정책, 불법이민 통제를 위한 단속쿼터제, 프랑스어 능력 배양과정과 시민성 함양을 위한 교육과정의 의무적 이수 등 다문화와는 다소 거리가 있는 정책을 형성하고 있다.

그러나 다문화에 대한 인정 정책이 전혀 없는 것은 아니며, 사르코지 대통령 이 2008년 12월에 발표한 소수인종 우대 정책은 다문화를 인정하기 위한 첫걸음 의 의미를 가지고 있다. 또한 문화 분야에서 다문화를 어느 정도 인정하고 지원 하려는 움직임은 있다(한승준, 2008). 즉 방송프로그램의 다문화성 개선조치 및 체계적인 환류시스템의 도입, 다문화성 확보를 위한 적극적 고용조치 등이 그것 이다.

이처럼 프랑스도 일부 부문이긴 하지만, 어느 정도의 다문화 인정 정책들이 도출되고 있으며 그 변화의 모습은 앞으로도 계속될 것으로 보인다. 하지만, 종교 간 갈등, 특히 이슬람과의 갈등, 공공영역에서의 종교적 표현의 자유 문제, 이민 2, 3세에 대한 신분상승을 위한 다양한 기회의 제공 여부, 다문화 이주자 본인뿐만 아니라 2, 3세의 실업률 증가 및 대응책 미비, 세계적 경기 침체에 따른 인종갈등 의 재점화 가능성 등과 같은 산적한 난제들을 해결해야 하는 국면에 처해 있다. 이것은 프랑스 사회통합의 중요한 원칙인 공화주의와 다문화의 대립관계를 해소 하는 것과 연결된다.

2) 독 일

독일은 다문화 국가에 대비하여 나름대로 여러 가지 정책을 시행하고 있지만, 다문화 이주자에 대한 공존 모색과 통합을 시도하려는 유럽의 다른 나라에 비하여 다소 배타적인 성향을 띠고 있다. 국적획득이나 사회적 분위기 등 앞서 살펴보았던 여러 가지 사항들을 고려해 보면 독일은 동화모형이나 다문화주의에 비하여 다소 차별(배제)모형에 가깝다고 볼 수 있다. 정치적 · 경제적으로 보면, 이민 1세대뿐만 아니라 2세대 혹은 3세대까지 독일인에 비해 낮은 정치적 참여, 경제적 빈곤 등으로 인한 불만이 표출되고 있다. 이뿐만 아니라 경제적 상황이 나빠지면서 인종차별주의가 지속적으로 나타나고 있음을 부인할 수 없다. 실업률의 증가, 정치적 · 문화적 · 사회적 갈등, 예산상의 어려움 등이 나타남으로써 독일은 다문화적 상황을 극복하고 사회적 통합을 이루려는 데 상당한 고충을 겪고 있다.

독일의 다문화 정책은 초기에는 차별적인 요소가 다른 서유럽국가에 비하여 강하였지만, 1970년대 들어서면서 다문화 정책을 전향적으로 검토하였다. 하지만 1980년대에 다문화 정책을 수행하던 사민당 연립정권이 자유보수 연합정권으로 교체되면서 다문화 정책은 실행에 옮겨지지 않았다. 이러한 다문화에 대한 기본적인 기조는 2000년대 초까지 지속되었다. 하지만 경제적으로 고급인력의 부족과 무슬림 이민자들의 사회적 불안감 등을 고려하여 2001년부터 다문화 정책에 대한 변화가 나타나기 시작했고, 상당한 사회적 논란이 있은 후 2005년 1월 1일부터 새로운 이민법을 시행하게 되었다.

독일은 현재 다문화 사회에 대비한 다양한 정책을 시행하고 있지만, 아직까지 구조적이고 근본적인 차별철폐나 평등을 기저로 하는 다문화 정책은 이루어지지 않고 있는 실정이다. 즉, 독일은 현재 다문화에 대한 대응 방향이 아직 초보적 단계에서 벗어나지 못하고 있으며, 완전하게 정착된 모습을 보이지 않고 있다. 특히 정치적 참여에서 독일은 여타 서유럽국가들에 비해서 제한적이며, 1992년 마스트리트 조약에 의해 유럽회원국의 시민이면 지방선거에서 투표권을 행사할 수 있지만, 유럽회원국의 시민이 아닌 경우에는 참여가 상당히 제한되어 있다. 이뿐만 아니라 2006년에 발생한 뤼틀리 실업학교의 폭력사태, 터키인에 대한 인종적 공격

등 인종 갈등 양상이 계속 나타나고 있다. 이러한 갈등 관계를 완화하기 위하여 독일은 2006년에 베를린에서 독일 정치인들과 이민자사회의 대표자들이 만나 사회통합 대표자회의를 개최하는 등 보다 많은 사회적 통합을 위해 노력하고 있다.

3) 호 주

호주는 1901년 영연방으로 창설되면서부터 이민제한법 등의 제정으로 대표되는 백호주의를 표방하였다. 하지만 1950년대와 1960년대에 접어들면서 아시아권과의 교류 증대 등과 같은 외부적 요인과 함께 경제적 실용주의와 인도주의, 인구 증가와 같은 요인 등으로 인하여 백호주의는 상당한 비판을 받게 되었고, 1970년대 들어서면서 본격적으로 다문화주의를 도입하게 되었다. 호주의 다문화주의 수용은 많은 시간과 수많은 논쟁의 결과였다.[13] 하지만 호주의 다문화주의는 보수주의자를 비롯한 여러 세력의 강력한 반대에 직면하고 있으며, 언론, 정치권 등에서 제기되는 다문화주의에 대한 비판은 호주의 다문화주의를 위기에 빠뜨리고 있다. 다문화주의에 대한 호주 내의 비판적 시각은 2001년 존 하워드 내각 때 발생한 아프간 난민과 관련된 '탐파위기'를 계기로 더욱 강화되었으며,[14] 2005년에 크로놀라 해변에서 발생한 레바논계와의 인종 갈등으로 인해 반다문화주의 정서가 팽배하게 되었다(문경희, 2008; 이태주 외 3인, 2007).

이러한 반다문화적 정서는 이민을 제한하려는 움직임으로 연결되어 '시민권 테스트(citizenship test)'의 도입을 시도하고 있고, 이민담당부서의 명칭을 '이주다문화부(Department of Immigration and Multicultualism and Indigenous Affairs)'에서 이민시민권부(Department of Immigration and Citizenship)로 변경하였다(이용승, 2007). 다문화주의라는 용어를 삭제함으로써 다문화주의를 지향하는 호주의 방향점이 사라져버린 것이다.

현재 호주가 다문화주의를 표방하고 있지만, 사회 구조적 문제에 대한 해소는 아직 요원하고 불평등의 상태에 놓여 있다. 호주는 다문화를 인정하고 확인하는 측면에서는 어느 정도 진전이 있었던 것은 사실이지만, 경제적 재분배의 측면 즉,

---

13) 상세한 내용은 문경희(2008), 이태주 외 3인(2007), 이용승(2007) 등의 논문을 참조할 것.
14) '탐파위기'에 대해서는 이태주 외 3인(2007), 문경희(2008)를 참조할 것.

〈표 1-1〉 각국의 다문화 정책

구분	프랑스	독일	호주
다문화 정책의 이론과 정향	다문화 관련 사회통합의 기본 이론을 공화주의를 기초로 한 동화모형에서 찾고 있지만, 동화모형의 문제점을 인식하고, 소수 인종의 차별적 대우를 철폐하고 갈등을 해소하기 위해 다문화 인정 정책을 일부 시행하고 있음.	다문화적 상황에 대처하기 위한 이론적 근거는 차별(배제)모형으로 다문화 이주자의 정주나 지원은 미약한 편임. 하지만, 인종적·사회적 갈등 해소를 위한 다문화 지원이 중앙 정부를 중심으로 이루어지고 있음.	다문화주의를 중심으로 다양한 다문화 정책을 시행중임. 이는 경제적 합리주의, 실용주의, 인도주의에 입각한 것이며, 생산적 다양성이라는 현실적 이상을 구체화시키기 위한 것.
다문화 관련 정책	교육과 고용에서 기회균등 강화를 '사회통합 및 기회균등처'를 설립. 초등학교의 모국어 교육. 다문화 이주자 밀집지역의 학교에 예산 지원. 다문화 이주자와 같은 국가 출신의 교사 임용. 그랑제콜에 소수 인종 학생 우대정책. 무기명 이력서. 소수인종 채용에 따른 정당보조금 차등배분. 방송분야에 소수인종 쿼터제.	외국인 문제를 위한 특별 관청, 노동자대표평의회를 통한 경영공동결정에의 참여가 증가. 새로운 이민법의 제정 및 시행. 이민청의 신설. 이민법에 의한 의무적 사회통합과정. 다문화 가정에 대한 교육·취업 등 지원. 타종교 특히 이슬람과의 대화와 종교적 교류 추진.	다문화언론, 다문화시민권, 반차별주의 입법, 공동체 지원프로그램, 이민시민권부, 이민-다문화에 관한 장관급위원회, 지역사회관계위원회, 국가행동계획 지역사회 파트너십 등 매우 다양한 정책.
다문화 정책의 특징	동화모형을 바탕으로 다문화에 대한 지원을 원칙적으로 인정하지 않지만, 최근에 와서 다문화에 대한 지원을 일부 부문에서 하고 있음.	이민법, 다문화 가정에 대한 지원 등 다문화 정책을 시행하고 있지만, 차별모형적 요소가 다른 유럽국가에 비하여 강한 편임.	다양한 다문화 정책을 실시하고 있으나, 근본적이고 구조적인 인종적, 민족적 문제점을 해결하지 못하고 소수에 대한 피상적 지원.

노동시장에의 균등한 접근과 경제적 자원에 대한 평등한 접근성을 담보하기 위한 물적 토대로서의 교육 등은 여전히 답보상태에 머물러 있다(이용승, 2007).

Ⅳ. 한국 다문화 정책의 각 중앙 부처별 현황과 특징

한국에서 다문화와 관련된 가장 기본적인 법은 헌법이다. 헌법의 총괄적 규정, 즉 인권, 사회권, 참정권, 행복추구권 등이 다문화와 관련하여 논의되는 중심적 개념이다. 헌법의 이러한 규정을 바탕으로 한국 정부는 각 부처를 중심으로 다양한 다문화 정책을 각종 법률과 함께 시행하고 있다. 다문화와 관련된 개별 법률을 살펴보면, 국가인권위원회법, 국적법, 출입국관리법, 외국인근로자의고용등에관한법률, 재한외국인처우기본법, 다문화가족지원법, 건강가정기본법, 아동복지법, 사회보장기본법, 국민연금법, 산업재해보상보험법, 정당법, 정치자금법 등으로, 그 관련 법안은 매우 다양한 것을 알 수 있다. 또한 국무총리실, 노동부, 법무부, 문화체육관광부, 보건복지가족부, 여성부, 지식경제부 등의 중앙부처를 비롯하여 인권위원회 등도 다문화와 관련된 정책을 시행하거나 자문을 주고 있다.

정부 각 부처의 정책과 법률들은 나름의 당위성을 가지고 다문화 관련 업무를 운용 중에 있다. 하지만 한국은 다문화 국가로의 진입이 다른 나라에 비하여 상당히 급속도로 진행되어 왔고, 그에 대한 대응책도 적절하거나 충분하다고 볼 수 없는 시작 단계에 있다고 판단된다. 그렇기 때문에 다문화 정책에 대한 이해와 긴요성 등에 대한 인식이 크다고 볼 수 없다. 또 각 부처별로 다문화 정책을 운용하고 있는데, 이들 정책들이 서로 중복되거나 일관성이 없으며 우선순위에 대한 기준도 없다. 이러한 한국의 다문화 정책의 현황과 특징은 다음의 두 가지 논점으로 나누어 살펴볼 수 있다.

1. 다문화 관련 이론의 혼재

한국은 사회적 논의와 합의를 거친 이론적 · 철학적 논거 없이 부처의 사정에 따라 다문화 정책을 형성하고 집행되고 있다. 이는 특정 부처에 따라 적용하는 이론에 차이가 있고, 운용상의 이론적 혼재 현상을 보이고 있기 때문이다. 노동부, 법무부, 국무총리산하 외국인력정책위원회[15] 등은 차별모형을 근거로 외국인 노동자 정책을 운용하고 있으며, 국제결혼의 경우에는 순혈주의를 중심으로 한 동화모형이 주를 이루고 있다. 그에 반해 문화체육관광부, 보건복지가족부, 여성부 등과 인권위원회는 다문화 이주자의 한국 사회에의 적응을 돕고 지원하는 업무를

---

15) 국무총리실은 다문화 관련 각 부처의 여러 정책들을 총괄적으로 관장하는 입장에 있는데, 특히 정책평가분석실에서 각 부처의 다문화 관련 정책들을 분석 · 평가 · 비판하고 있다.

시행하고 있으며, 이들 업무는 다문화주의적 성격을 띠고 있다고 볼 수 있다.[16]

먼저 차별모형적 성격을 띠고 있는 대표적 정책이 외국인 노동자 정책이다. 한국의 외국인 노동자 정책의 경우, 독일의 사례와 경험을 상당히 수용하였다고 볼 수 있다(이용일, 2007). 한국 정부의 외국인 노동자 정책은 단기 인력순환원칙을 기본으로 하고 있다. 즉, 사업장변경금지, 가족동반금지, 취업기간 최고 3년 설정, 그리고 불법체류자에 대한 지속적인 단속 등이 그것인데, 이러한 정책을 통해 장기체류 내지 장기 이주를 막는 정책을 실시하고 있다. 이들 정책은 외국인력정책위원회[17]에서 결정하는 중요한 사안인 '외국인력도입쿼터제',[18] 노동부[19]에서 담당하고 있는 고용허가제, 법무부[20]의 외국인 출입국 및 체류 업무 등과 연관이 깊다. 또 한국에서 영주권을 취득하는 경우도 상당히 까다롭다고 할 수 있는데, 차별모형을 채택하고 있는 나라들[21]과 같이 취득 기간이 비교적 긴 편이며, 취득

---

16) 이외에도 다문화 관련된 정책을 집행하는 기관으로 교육과학기술부는 외국인 유학생을 관리하고 다문화 이주자 자녀 교육을 지원하며 재외동포에 대한 교육기관의 설치 및 운영을 지원하고 있고, 한국어 교육을 위한 지원도 하고 있으며, 외국인 학교의 운영을 위한 여러 지원과 함께 문제점을 개선하기 위해 노력한다. 또 외국인 범죄와 관련하여 검찰 및 경찰청, 다문화 관련 업무를 담당하고 있는 공무원에 대한 교육을 맡고 있는 행정안전부, '외국인투자촉진법'을 통하여 외국인 투자유치 대책을 세우고 있는 등 외국인의 투자업무 및 투자지원을 총괄하고 있는 지식경제부 등이 있다.

17) 이 위원회의 주요 업무는 외국인근로자 관련 기본계획의 수립에 관한 사항, 외국인근로자 도입 업종 및 규모 등에 관한 업무, 외국인근로자를 송출할 수 있는 국가(송출국가)의 지정 및 해지에 관한 사항 등을 심의 결정한다.

18) 특히 이 위원회에서 하는 외국인 노동자 관련 정책은 '외국인력도입쿼터제'로서 매년 신규인력의 총 인원을 결정하는 것이다. 일례로 08년 3월에서 09년 2월까지의 외국인력도입쿼터는 7만2천 명이다.

19) 이 부처에서는 외국인근로자를 체계적으로 도입하고 관리하기 위하여 '외국인근로자의 고용 등에 관한 법률'을 운영하고 있으며, 외국 인력의 도입과 송출국가에 대한 선정 업무를 담당하고 있다. 특히 고용허가제를 운용하는 한편 불법고용에 대한 대책을 세우고 단속 등의 업무를 집행한다.

20) 이 부처는 외국인의 출국과 입국을 심사 및 허가하고, 난민에 대한 인정여부를 판단한다. 외국인 및 재외동포의 체류를 지원하는 업무를 시행하는데, 이에는 외국인 등록, 사증 발급, 재외동포의 거주지 및 주거지 신고 등이 있다. 또한 외국인 산업연수를 지원하고, 외국인 근로자의 인권을 보호하며, 외국인 보호소를 관리하고, 출국과 입국 시 각종 범죄기록을 조사하고, 또 외국인의 부동산 등기용 등록번호를 부여하거나 관리한다.

21) 다문화주의를 표방하는 호주는 직업이나 나이, 경력에 따라 차이가 있지만 2년에서 3년 정도 소요된다. 그에 반해 일본은 10년 이상 거주해야 하고 6년 동안 세금을 납부한 실적이 있어야 하며, 독일은 최소 6년 동안 세금을 납부한 기록이 있어야 영주권 신청자격이 주어진다(국적은 15년 이상 거주해야 신청 가능함). 홍콩은 최소 7년 이상 거주해야 한다.

과정도 상당히 까다롭다.[22] 짧게는 5년에서 길게는 12년까지 한국에 체류해야만 영주권을 획득할 자격이 부여된다. 외국인 노동자(산업연수)의 경우에는 출입국관리법상 체류기간이 2년으로 제한되어 있기 때문에 영주권을 신청할 자격을 받는 것이 상당히 어렵다. 귀화를 위한 일반요건도 한국에서 5년 이상 계속 거주해야 한다는 것이다. 예외규정으로 국제결혼 이주자가 귀화를 원할 경우에는 영주권이나 일반귀화보다 체류기간 2년으로 짧은 편이지만,[23] 이것은 특별한 경우에 불과하다. 이것은 한국이 이민이나 다문화에 대한 인식이 아직 보편화되어 있지 않고, 다문화에 대한 인정보다는 차별(배제)모형에 의거하여 다문화 이주자들이 본국으로 되돌아가도록 강제하고 있음을 알 수 있다.

이에 반해 다문화주의적 성격을 띠고 있는 정책들은 한국어교육, 상담활동, 다문화 이주자 차별방지 및 가정 내 폭력예방 프로그램, 다문화 활동 지원 등 여러 가지가 있는데, 이들을 각 부처별로 보면, 문화체육관광부는 다문화 정책팀을 중심으로 다문화 사회의 이해증진을 위한 홍보, 외국인정책 기본계획 수립, 다문화 이주자에 대한 문화활동 지원, 다문화 이주자 실태 조사 등의 업무를 진행하고 있다. 보건복지가족부는 다문화 가족과에서 다문화 관련 업무를 담당하고 있는데, '다문화가족지원법'을 중심으로 다문화 업무를 운용하고 있다. 다문화와 연관된 주요 업무는 다문화 이주자에 대한 한국어 교육(집합교육, 방문교육, 온라인교육, 방송교육), 종합생활정보 제공 및 통역·번역 서비스 제공, 다문화 이주 여성들의 피해상담 및 보호를 위한 긴급전화 및 전용쉼터 마련, 영농 및 정보화 교육 등을 통한 취업 능력 향상을 위해 노력하고 있다. 또한 외국인 및 재외국민에 대한 건강보험 지원 업무를 수행하고, 외국인에 대하여 무료진료 사업도 시행하고 있다. 여성부는 다문화 이주자 가족에 대한 지원, 외국인 여성에 대한 지원 등의 업무를 행하고 있다. 즉 일반적인 여성의 권리를 신장하기 위한 정책을 통해 다문화 이주 여성의 인권과 권리의 보호와 향상을 위하여 다양한 정책을 형성하고 있다. 다문

---

[22] 영주권에 대한 신청 연한은 출입국관리법 제18조 2항과 관련하여 시행규칙상 별표1의 체류자격별 체류기간의 상한을 참조할 것.

[23] 국적법 제6조(간이귀화 요건) 2항에 따르면 배우자가 대한민국의 국민인 외국인으로서 그 배우자와 혼인한 상태로 2년 이상 계속하여 주소가 있는 자의 경우임.

화 가정 내의 양성평등과 가정 내 폭력방지 등을 위한 정책 등을 통해 다문화 이주 여성과 그 자녀에 대한 체계적이고 포괄적인 지원을 위해 노력하고 있다. 또한 이주 여성, 혼혈인에 대한 사회적 편견을 없애고 다문화에 대한 이해를 증진하는 다양한 프로그램을 추진하고 있다. 국가인권위원회는 한국의 인권 상황을 개선하기 위하여 인간의 존엄과 기본권을 구현하는 데 큰 역할을 하고 있다. 특히 국가인권위원회는 기존의 차별과 연관된 법률의 문제점을 지적하면서 이를 시정하고 보완하는 '차별금지법'의 제정을 촉구하고 있다. 국가인권위원회는 이 법을 통하여 인종차별금지 등 사회적 소수자의 인권 보호 및 향상을 통해 사회통합의 방향을 제시하고 있다.

위에서 살펴본 바와 같이 한국의 중앙정부는 각각 개별 부처별로 다문화 관련 업무를 통합적 시각 없이 별도로 시행중에 있다. 즉, 한편으로는 다문화 이주자를 송출하려는 의지를 표방하면서 다른 한편으로는 다문화 이주자에 대한 지원을 강화하고 있는 정책들을 시행하고 있다. 한국의 정부는 다문화와 관련하여 서로 모순된 정책 정향을 보이고 있는데, 이는 한국이 아직까지 다문화와 관련된 이론적 · 철학적 거시모형이 없는 관계로 이론적 논거를 적용함에 있어 혼재와 혼란 현상이 나타나기 때문이다.

2. 업무의 중복과 혼선

다문화 지원을 위한 한국 정부의 다양한 정책들은 각 부처별로 운용중에 있지만, 그에 대한 문제점이 없는 것은 아니다. 다문화 정책을 담당하는 부처가 여러 군데로 나누어져 있을 뿐만 아니라 이들이 서로 중복되어 집행되고 있다. 문화체육관광부, 보건복지가족부, 여성부, 교육과학기술부 등의 업무가 서로 겹치고 있고 각 부처별로 별도의 다문화 정책을 형성하고 집행하고 있다. 일례를 들면, 한국어 교육의 경우, 교육정책을 주관하고 있는 교육과학기술부는 다문화를 전담하는 부서가 없어서 한국어교육은 보건복지가족부의 다문화가족지원센터 및 문화체육관광부의 국립국어원 등에서 중복적으로 운영하고 있고, 또 한국어교육이 다문화 이주자 1세대인 결혼이주여성의 기초 한국어교육 등에 편중되어 있기 때문에 다음 세대인 다문화 이주자의 자녀에 대한 교육지원대책은 상대적으로 미흡하다는 점이다.[24] 이런 관계로 정책의 통일성과 일관성을 기하기 어려울 뿐만 아니라 정책을 조율하는 데 문제를 나타냄으로써 정책의 우선순위를 결정하는 데도 애로를 겪고 있다. 이러한 업무의 중복성은 무엇보다 조직, 인력, 예산 등의 낭비로 이어져 정책의 비효율성을 높이고 있다는 점이다.

그뿐만 아니라 각 정부부처에서 현재 운영중인 다문화 관련 정책들은 다문화 이주자를 위한 실질적이고 보다 심층적인 프로그램을 찾기 어려운 것도 사실이다. 현재 다문화 정책의 경우, 정부에서 운영중인 다양한 다문화 관련 정책들은 각 시도의 다문화센터나 각 부처에서 공모를 통하여 채택된 프로그램이 주를 이루고 있으며, 정부 각 부처 차원에서 주도적, 적극적으로 개발한 것은 부족한 편이다. 또 다문화 관련 정책이 프로그램별로 중복되는 경우도 있을 뿐만 아니라 장기적이고 지속적인 성격을 가진 프로그램이 아닌 일시적이고 일회성에 그치는 프로그램 또한 다수 있는 것으로 파악되었다.[25] 이런 의미에서 한국 정부의 다문화 지원 프로그램은 적극적이거나 전문적인 수준이 아닌 기초 단계에 머무르고 있으며, 오히려 NGO 혹은 종교단체 등과 같은 민간단체가 중심이 되어 더 많은 활동을 하고 있다고 할 수 있다.

이는 다문화와 연관된 정책을 펴고 있는 정부 각 부처 혹은 지방정부에서 다문화 이주자에 대한 보다 정확한 실태 및 현황 조사 등 기초조사가 부족하기 때문이고 또 다문화적 현상을 대응하기 위한 이론적, 철학적 근거에 있어서 사회적 합의가 이루어지지 않고, 당위적인 측면에서만 다문화 현상을 바라보고 그에 대한 대응책을 제시하기 때문이다.

---

[24] 한국어 교육 예산도 상대적으로 미미하여 08년의 경우 보건복지가족부는 23,179백만 원, 교육과학기술부는 1,434백만 원 정도에 불과하다(국무총리실 홈페이지).

[25] 이에는 다문화 행사 혹은 축제 지원, 다문화 홍보 방송, 다문화 글짓기 대회, 다문화 체험행사, 다문화 캠프 활동 혹은 국토순례, 다문화 음식 체험 등과 같은 홍보성이 짙고 일시적인 프로그램들이 다수 있다.

V. 한국 다문화 정책의 이론 정립을 위한 제언

다문화 관련 이론을 보면, 여러 가지가 있지만 대표적인 것이 동화모형, 차별 (배제)모형, 다문화주의이다. 이들 각 이론은 나름의 장점과 단점을 가지고 있으며, 이들 이론의 각각을 적용하고 있는 것으로 판단되는 프랑스, 독일, 호주의 경우를 사례로 분석하였다. 아울러 한국 정부에서 시행중인 다문화 정책에 대한 내용을 분석하였다. 이러한 분석은 다문화 국가로 전이하고 있는 한국이 앞으로 어떤 방향으로 나아가야 하고 또 그 이론적 근거는 무엇인가를 파악하는 데 좋은 시사점을 제공하고 있다.

프랑스의 경우는 동화모형을 기본으로 하고 있지만, 2005년의 인종갈등을 비롯하여 크고 작은 다문화 관련 문제가 발생하고 있다. 이러한 문제점을 해결하고 사회 통합의 일환으로 소수 다문화 이주자에 대한 지원을 일부 부문에서 시행하고 있다. 그렇지만, 다문화를 적극적으로 인정하고 본격적으로 지원하기 위한 정책은 현재 운영하지 않고 있다. 독일은 소수 다문화 이주자를 위한 정책이 다수 존재하지만, 다른 유럽 여러 나라에 비하여 다문화 관련 정책이 적은 편이며, 이런 관계로 다문화를 적극적으로 인정하지도 않고 지원하지 않는 차별모형을 적용하여 운용하고 있다. 그에 비해 호주는 기본적으로 다문화주의를 근간으로 다양한 다문화 지원 정책을 시행하고 소수 다문화를 받아들이고 있다. 하지만 호주의 이러한 다문화 인정 정책도 사회 내의 구조적 문제, 즉 인종 간의 차별이나 갈등 문제를 근본적으로 해결하지 못하고 있다는 비판을 받고 있다.

이들 나라의 경우 정도의 차이는 있지만, 자국의 현실과 상황에 맞춰 다문화 이론과 다문화 정책을 실시하고 있다. 하지만 이들 모두 인종 간 갈등이 표출되지 않고 또 인종 간 차별이 없는 진정한 의미의 사회 통합을 이루지는 못하고 있다. 이는 특정의 다문화 이론들이 나름의 문제점으로 인해 다문화 관련 문제를 전적으로 해결하는 데 한계가 있고, 또 이를 현실에 적용하기 위한 여러 정책들도 그 시행에서 여러 가지 문제와 논란이 뒤따르고 있기 때문이다. 이처럼 다문화적 상황에 직면한 많은 나라들이 기존의 특정 이론을 바탕으로 다문화 문제를 해결하기 위한 노력을 기울이고 있지만, 그 효과는 만족스럽지 못한 실정이다. 이러한 사실은 단일의 다문화 이론만으로는 다문화적 문제 상황을 해결하기 어렵다는 것을 보여주는 것 이외에도 다문화 관련 이론을 새롭게 정립하는 것도 역시 상당한 난점이 있다는 것을 보여준다.

한국도 다문화 정책을 시행중에 있지만, 그 정도는 시작단계에 있고, 그 효과는 아직 크게 나타나지 않고 있다. 그리고 다문화 정책의 바탕이 되는 사안에 따라 여러 주체가 일정한 기준이 없이 다양한 정책들을 양산하고 있다. 그런 관계로 소수 다문화 이주자를 위한 능동적이고 적극적인 모습은 보여주지 못하고 있을 뿐만 아니라, 정책의 시행에 있어서 다문화를 인정하는 정책과 다문화를 인정하지 않는 정책이 혼재되어 운용되고 있다.

앞서 본 바와 같이 현재 한국의 다문화 관련 정책들은 각 중앙부처에 따라서 상이한 이론적 근거를 바탕으로 시행되고 있다. 이는 다문화적 상황에 처해 있는 한국이 아직까지 사회적 합의를 거친 철학적 근거나 큰 틀이 없이 다문화 정책을 결정하고 집행하고 있음으로 보여준다. 이러한 연유로 다문화 정책과 관련하여 정책 간의 갈등, 조직 간의 갈등이 발생하고 있으며, 또한 정책의 우선순위 역시 혼선을 보이고 있다. 이러한 부처 간 갈등을 완화하고 정책의 우선순위 및 정책의 일관성을 유지하기 위해서는 한국도 나름의 철학적·이론적 근거를 가지고 있어야 한다. 이는 다문화를 위한 정책을 형성하고 집행하기 이전에 한국 내에서 이론적·철학적 논의와 그에 따른 사회적 합의가 무엇보다도 먼저 선행되어야 한다. 즉, 다문화 현상을 설명하고 대응하기 위하여 기존의 다문화 관련 이론을 재검토 및 비판을 통해 그 이론들이 한국적 상황과 현실에 적합한지의 여부를 판단할 필요가 있고, 그렇지 않으면 기존의 다문화 이론과 다른 새로운 다문화 이론을 모색할 필요가 있다.

한국은 현재 다문화적 현상을 논의할 때 외국인 노동정책, 영주권 및 국적 취득, 출입국 관련 등의 정책들은 차별모형 혹은 동화모형을 적용하고 있으며, 여타 부서에서는 다문화주의를 중심으로 정책이 만들어지고 있는 등 기존의 다문화 이론들이 혼재되어 적용되고 있다. 이뿐만 아니라 민간 및 학계에서는 다문화적 현상을 논할 때 차별모형이나 동화모형을 비롯한 다양한 이론들에 대한 논의는 별로 없고 주로 다문화주의 이론을 단일적으로 논하고 있다. 즉, 한국의 경우 다문화주의로 나아가는 것이 바람직하다는 전제하에서 많은 논자들이 다문화 현상을 설명하고 있다. 다른 이론이나 이념에 대한 논의는 다문화주의에 비해서 현저히 적은 편이다. 하지만, 외국의 사례와 한국의 경우에서 알 수 있듯이 기존의 특정 이론만으로는 복잡한 다문화 현상을 설명하고 대응할 수 없다. 그렇기 때문에 한국도 이제 다문화와 관련된 기존의 이론들뿐만 아니라 한국적 상황에 적합하다고 생각되는 새로운 이론적 탐색 과정이 필요한 시기이다.

이러한 다문화의 이론적 · 철학적 합의를 위한 과정은 담론화와 함께 사회적 관심이 우선시되어야 하고 그에 따른 이슈화를 통한 이론적 · 철학적 정립을 위한 활발한 논쟁과 사회적 합의의 도출이라는 순서로 진행되는 것이 바람직하다. 이러한 논의에서 특정 이론만이 거론되거나 혹은 특정 이론이 의도적으로 배제되어서는 안 되며, 한국의 다문화 사회, 다문화 국가에 대하여 가능한 모든 철학적 · 이론적 논거가 논의되어야 할 것이다. 이는 특정한 이론을 가지고는 다문화 현상을 설명하기도 어렵거니와 이에 대한 대처방안으로서의 이론적 근거가 되기는 더욱 더 어렵기 때문이다. 사회적 합의를 위한 논의에서 정부가 모든 사항을 주도하여 나아가기보다는 민간과의 다양한 교류, 정보교환, 상호 협력 등을 통하는 것이 올바른 방향이다.

다문화와 연관된 이론적 · 철학적 논거를 형성하기 위해서는 무수히 많은 사항들을 논의에 포함해야 할 것이나, 본 글에서는 다음과 같은 내용을 중심으로 새로운 이론 정립의 논점을 전개하고자 한다.

첫째, 무엇보다도 우선시되어야 할 부분은 다문화를 이해하고 설명하기 위한 이론적 배경으로서 기존의 다문화 이론을 활용할 것인가 아니면 이들과는 다른 새로운 이론을 모색할 것인가이다. 기존의 이론들은 앞서 살펴본 바와 같이 장단점을 모두 가지고 있다. 이러한 문제점과 난점을 극복하고 수정하는 방향에서 기존의 이론을 활용할 수 있을 것이다. 즉, 이들 이론을 적용한 외국의 사례에서 본 바와 같이 운용상의 문제점이 다수 발견되었는데, 이러한 문제점들을 보완하여 한국적 상황에 적용할 수 있을 것이다.

한국의 경우 다문화를 어느 정도 인정하고 지원하는 정책을 시행하고 있다.

하지만, 이들 정책들이 소수 다문화를 적극적으로 인정하고 지원하는 다문화주의를 의미한다고는 아직까지는 볼 수 없다. 한국은 현재 다문화에 대한 인식단계가 시작에 불과한데, 이는 다문화주의에 대한 한국인의 인식태도가 아직 다문화 이주자를 긍정적이고 적극적으로 받아들이는 입장이 아니며, 또 다문화주의를 인정하는 보편적인 방법 중의 하나가 차별을 금지하는 법률을 제정하는 것인데, 한국은 그 단계까지 온 것은 아니기 때문이다. 또한 그 부문도 문화부문에 한정되어 있다. 실질적으로 중요한 의미를 지니는 노동부문 등과 같은 경제적 부문이나 기회 균등이라는 측면에서의 취업, 교육, 의료 등에서는 다문화 이주자를 위한 혜택이 취약한 편이다. 그런 의미에서 한국은 노동 분야 등에서는 차별모형을, 문화 분야에서는 다문화주의를 적용한 혼합적 다문화 정책모형을 활용하고 있다고 볼 수 있다.

덧붙여서 한국의 현실에 적합한 새로운 이론을 개발하는 것도 또 다른 방안이 될 수 있다. 새로운 이론은 기존의 이론을 수정한 것일 수도 있고, 아니면 기존의 이론과는 다른 것일 수도 있다. 문제는 한국적 상황을 얼마나 잘 이해하고 설명할 수 있느냐 하는 점이다. 그러므로 한국의 역사, 한국인의 다문화에 대한 인식태도, 사회적 거리감의 정도, 행정적·정치적 실현가능성 등 한국의 현실적 여건을 면밀히 고찰한 후 새로운 다문화 이론을 고려할 수 있을 것이다.

둘째, 인간의 보편적 권리로서 평등한 개인이 누려야 할 기본적 삶의 수준은 어느 정도 되어야 하는가와 관련된 것이다. 즉 인권 보호와 침해의 방지를 어느 선, 어떤 방향으로 결정할 것인가와 연결된다. 예를 들면 불법 체류 외국인에 대한 대응문제와 이들의 인권 보호의 문제를 비롯하여 국제결혼 이주자의 가정 내 폭력과 부적응 문제, 다문화 이주자에 대한 차별 방지를 위한 구체적 방안 등을 어떤 방식으로 풀어낼 것인가의 문제이다.

다문화 사회에서 다문화 이주자의 다양성을 인정하고 그들의 기본적 권리를 보호하는 것은 당연하다 하겠지만, 그 방식을 결정하는 것은 상당한 논쟁을 일으킬 수 있다. 하지만 한국의 현실적 상황을 고려하여 이들에 대한 지원 수준을 결정해야 할 필요성이 있다.

셋째, 경제적 문제이다. 경제적 문제는 다문화 이주자들에게 중요한 문제임과 동시에 이들이 한국에 이주하고자 하는 주된 요인이기도 하다. 다문화 이주자들은 한국에 경제적 기반이 거의 없는 상태에서 이주하기 때문에, 이들에게 있어서 경제적 지원은 절실한 문제이다. 그렇기 때문에 경제적 문제는 다문화 · 다민족 상황에서 한국에의 적응과 정착을 돕고 다문화 갈등을 극복하기 위한 가장 중요한 기본적 요소라고 볼 수 있다. 그러면 이들 다문화 이주자들에 대한 경제적 지원의 한계는 어디까지 잡을 것인가가 주요 논쟁으로 대두할 수 있다. 즉, 경제적 지원을 누구에게, 어떤 방법으로 어떻게 또 얼마만큼 지원하고 제공해야 하는가가 중요한 논의점이다. 이들에 대하여 일방적으로 지원할 것인가 아니면 스스로 자립을 할 수 있는 방향으로 지원할 것인가를 판단해야 한다. 하지만 그 이상을 넘어선, 이를테면 복지와 관련된 것으로 기회의 평등이냐 아니면 결과의 평등이냐라는 전통적 이념적 논쟁으로 이어진다면 이는 상당한 논란을 낳을 수 있다. 이를테면 교육, 의료, 언어 교육 등과 같은 한국 생활에 필요한 가장 기초적인 부분은 한국정부가 인도적 차원에서 지원할 수 있을 것이나, 이 범위를 벗어난 부분, 즉 결과의 평등까지 보장해야 한다면 이에 대한 선택은 어려울 수밖에 없을 것이다.

넷째, 정치적 참여와 관련된 것으로 다문화 이주자들에게 어느 정도까지 정치적 참여를 허용할 것인가이다. 일반적으로 정치 과정에의 참여는 개인의 자유를 실현하고 자율성을 확보하는 수단이며, 기회의 평등과 자립의 의지를 확보할 수 있는 중요한 원천으로 작용한다. 그렇기 때문에 다문화 이주자에게 정치적 참여 범위, 즉 참여 자격이나 사안들을 어떻게 설정하는가는 다문화적 상황에서 사회적 통합을 이루는 데 필수적인 결정상황일 것이다. 이뿐만 아니라 다수를 점하는 주류 문화의 구성원들에 의해 나타날 수 있는 다수자의 횡포 문제를 어떤 방법으로 막으면서 소수 다문화 이주자를 보호할 것인가도 함께 논의될 수 있을 것이다.

다섯째, 다문화 이론에 대한 큰 틀이 결정되면 구체적 내용으로 중앙정부의 역할, 지방정부의 역할, 민간단체의 역할 등을 새롭게 정립할 필요가 있다. 이를테면 중앙정부가 모든 것을 주도할 것인가, 아니면 중앙정부는 큰 원칙을 정하고 지방정부에게 권한을 위임할 때에는 어느 정도 범위에서 세부적 프로그램을 결정하도록 할 것인가도 정할 필요가 있다. 또 정부가 모든 것을 할 수 없기 때문에 민간단체에게 일정 업무는 생산하고 공급하도록 위임할 수 있는데 이러한 계약

관계는 구체적으로 어떻게 결정하고 누가 계약의 당사자가 될 것인가를 결정할 필요가 있다.

이들 논점을 중심으로 다문화 이론에 대한 사회적 합의가 형성된다면, 한국의 다문화 정책들은 정당성을 가질 수 있을 것이다. 이들 정책은 무엇보다도 한국 사회의 구조적 차별을 방지하고 또 주류 국민들의 정서적 · 문화적 편견을 극복할 수 있는 방향으로 도출될 필요가 있으며, 그렇지 않고 소수 다문화 이주자와 그들의 문화적 전통과 관습을 단순히 기념하고 존중한다는 데 관심을 두는 것은 바람직하지 않다. 즉 피상적이고 임시적인 정책이 아닌 실질적인 정책이 요구된다 하겠다. 그렇게 되면 중앙정부와 지방정부 간 혹은 부처 간 혼란이나 갈등을 줄이고 정책 일관성과 통일성을 기할 수 있으며, 또 민간단체들 간의 갈등이나 한국민의 다문화 이주자에 대한 배타적 시각 등을 줄여 다문화라는 새로운 사회적 현상을 적절히 대처해 나갈 수 있을 것이다.

Ⅵ. 결 론

전세계에 걸쳐서 다문화적 현상이 나타나고 있으며, 한국도 예외는 아니다. 한국 사회는 현재 이전의 모습과는 상당히 다른 다문화 사회로 변화되고 있고, 그 변화양태는 앞으로도 지속될 것이다. 이러한 다문화 사회로의 이전에 대응하기 위하여 한국 정부도 여러 가지 정책을 형성하고 있다. 하지만 이들의 대응책과 지원책은 부처별로 각각 독립적으로 추진되고 있다. 그렇기 때문에 정부 조직 사이에 혹은 정책들 사이에 협조나 일관성이 없이 진행되어 서로 간에 갈등과 혼선이 일어나고 있다. 이러한 현상은 현재 한국에서 다문화에 대한 철학적 · 이론적 배경이 일천하기 때문에 일어난다고 볼 수 있다. 거시 이론을 마련하고 그에 따라 정책을 결정할 필요가 있다.

이런 문제의식을 가지면서 다문화적 상황을 오래전부터 경험했던 외국의 사례를 살펴보았고, 한국의 다문화 정책 상황도 함께 알아보았다. 이는 외국의 경험이 한국의 다문화 이론 정립에 어떤 시사점을 줄 것인가를 파악하기 위한 것이었고, 또 한국의 다문화 관련 정책을 분석해 봄으로써 한국의 다문화 정책의 문제점과 함께 앞으로의 정향을 논하기 위해서였다. 외국의 경우, 즉 프랑스, 독일, 호주 등이 어떤 다문화 이론을 가지고 다문화적 상황에 대처했는지를 분석하였는데, 이들 각국은 그들 나름의 이론을 가지고 있었으며, 이것을 중심으로 다문화 정책을 형성·집행하고 있었다. 그 결과 이들 국가는 다문화적 문제상황을 해결하는 데 일부 성과가 있었던 것도 사실이지만, 모든 문제를 해결한 것은 아니고 문제의 근원이 그 사회의 내부에 내재되어 있는 상태였다. 이는 기존의 특정 이론으로는 복잡한 다문화적 상황을 대응하기 어렵다는 것을 시사해 준다. 또한 한국의 경우도 이론적·철학적 근거 없이 여러 이론들이 혼재되어 다문화 관련 정책이 형성되고 있다. 외국인 노동자 정책은 차별모형에 근거하고 있으며, 소수 문화와 관련해서는 이를 인정하는 다문화주의를 근거로 하고 있다. 이러한 정책적 혼돈과 분열 상태는 정책 간 혹은 부처 간 정책 혼선과 중복 현상의 주요 원인으로 작용하고 있다. 이러한 한국의 현실적 상황을 타개하고 한국의 다문화적 정책의 적절성 및 효율성을 높이기 위해서는 한국적 상황에 적합한 다문화 이론을 모색하는 것이 바람직할 것이다. 다문화 이론을 확립하기 위해서는 다양한 계층의 사람들이 참여하는 사회적 담론화와 그에 따른 논의 및 합의가 필요할 것이다.

이와 함께 다문화와 연관된 이론적·철학적 논거를 형성하는 데 있어 무수한 논의사항이 있을 수 있지만, 본 글에서는 다음과 같은 몇 가지 내용을 새로운 이론 정립의 논점으로 제시하였다. 첫째, 다문화를 이해하고 설명하기 위한 이론적 배경으로서 기존의 다문화 이론을 활용할 것인가 아니면 이들과는 다른 새로운 이론을 모색할 것인가에 대한 논의, 둘째, 인간의 보편적 권리로서 평등한 개인이 누려야 할 기본적 삶의 수준은 어느 정도 되어야 하는가라는 점, 셋째, 경제적 문제로서, 다문화 이주자들에 대한 경제적 지원은 어느 정도 할 것인가에 관한 논쟁, 넷째, 정치적 참여와 관련된 것으로 다문화 이주자들에게 어느 선까지 정치적 권리를 허용할 것인가의 문제, 다섯째, 다문화 이론에 대한 큰 틀이 결정되면 구체적 내용으로 중앙정부의 역할, 지방정부의 역할, 민간단체의 역할 등을 새롭게 정립할 필요성에 대한 인식 등이 그것이다. 이러한 사회적 합의를 거친 다문화 이론의 확립과 그에 따른 정책의 형성은 그 행위의 정당성을 높이고, 더 나아가 사회적 통합을 촉진하는 계기가 될 것이다. 본 논문에서 주장하고자 하는 것은 다문화 사회·다문화 국가로 전이하고 있는 한국 사회에서 철학적·이론적 논거를 정립할 필요가 있다는 것이다. 철학적·이론적 논거를 기반으로 정책적 정향을 세우고 또 시대 변화에 맞게 새로운 제도를 개선하는 것이 다문화적 현상에 필수적 연구임을 강조하고자 한다.

참고문헌

강휘원. 2006. "한국 다문화사회의 형성 요인과 통합정책." 국가정책연구 20(2).

곽준혁. 2007. "다문화 공존과 사회적 통합." 대한정치학회보 15(2).

권순희. 2006. "다문화 가정을 위한 언어 교육 정책 모색." 국어교육학연구 27.

김남국. 2004. "영국과 프랑스에서 정치와 종교: 루시디 사건과 헤드스카프 논쟁을 중심으로." 국제정치논총 44(4).

_____. 2005. "다문화시대의 시민: 한국사회에 대한 시론." 국제정치논총 45(4), 97-121.

김범수 외 7인 공저. 2007. 「다문화 사회복지론」. 양서원.

김상학. 2004. "소수자 집단에 대한 태도와 사회적 거리감." 사회연구 1.

김성곤. 2002. 「다문화시대의 한국인」. 열음사.

김완진·송현호·이재율. 1997. 「공리주의·개혁주의·자유주의」. 서울대학교 출판부.

김이선·황정미·이진영. 2007. 「다민족·다문화사회로의 이행을 위한 정책패러다임 구축(Ⅰ): 한국사회의 수용 현실과 정책과제」. 한국여성정책연구원.

김태호 외 9인 공역. 2008. 「다문화 상담의 이론과 실제」. 태영출판사.

김한원·정진영 공편. 2006. 「자유주의: 시장과 정치」. 도서출판 부키.

김형인. 2007. "미국의 다문화주의의 향방: 세계화와 9.11의 여파." 국제지역연구 11(2).

문경희. 2006. "국제결혼 이주여성을 계기로 살펴보는 다문화주의와 한국의 다문화현상." 21세기정치학회보 16(3).

_____. 2008. "호주 다문화주의의 정치적 동화." 국제정치논총 48(1).

박병섭. 2006. "다문화적 소수자 문제에서 한국의 특수성." 사회철학 12.

박세일·나성린·신도철. 2008. 「공동체 자유주의: 이념과 정책」. 나남신서.

박수미·정기선. 2006. "사회적 소수자에 대한 편견적 태도에 관한 연구." 여성연구 70.

설동훈. 2006. "국민 민족 인종: 결혼이민자 자녀의 정체성." 「동북아 시대: 한국사회의 변화와 통합」. 동북아시대위원회.

오경석 외. 2007. 「한국에서의 다문화주의: 현실과 쟁점」. 도서출판 한울.

유승무·이태정. 2006. "한국인의 사회적 인정척도와 외국인에 대한 이중적 태도." 담론21 9(2).

윤진 역. 2007. 「현대사회와 다문화주의」. 도서출판 한울.

이근식. 2005. 「자유와 상생−새로운 시대정신을 찾아서」. 도서출판 기파랑.

이성언·최유. 2006. 「다문화 가정 도래에 따른 혼혈인 및 이주민의 사회통합을 위한 법제지원방안 연구」. 한국법제연구원.

이순태. 2007. 「다문화사회의 도래에 따른 외국인의 출입국 및 거주에 관한 법제연구」. 한국법제연구원.

이용승. 2004. "호주의 다문화주의." 동아시아연구 8.

_____. 2007a. "호주 다문화주의의 역진." 민족연구 30.

_____. 2007b. "독일의 다문화 가족 정책." 민족연구 31.

이용일. 2007. "이민과 다문화 사회로의 도전: 독일의 이민자 사회통합과 한국적 함의." 서양사론 92.

이태주·권숙인·Julia Martinez·Yamamoto Kaori. 2007. 「다민족·다문화사회 진전에 있어서의 사회갈등 양상과 극복과정: 호주와 일본의 사례」. 한국여성정책연구원.

장동익 역. 2006. 「자유주의 정치철학」. 철학과 현실사.

장돈진·장휘·우정렬·백성욱 공역. 2005. 「현대정치철학의 이해」. 동명사.

장인실. 2006. "미국 다문화 교육과 교육과정." 교육과정연구 24(4).

장태한. 2001. "한국 대학생의 인종, 민족 선호도에 관하여." 당대비평 14.

정희라. 2008. "영국의 자유방임식 다문화주의." 이화사학연구 35.

주경철. 2007. "다문화주의에서 '문화전쟁'으로: 네덜란드 이주민 통합문제." 이화사학연구 35.

한승준. 2008. "동화주의모델의 위기론과 대안론: 프랑스의 선택을 중심으로." 한국행정학회 하계학술대회발표논문.

한형서. 2008. "독일에서 외국인 증가에 따른 딜레마와 사회통합정책." 국제지역연구 11(4).

홍기원. 2006. 「다문화정책의 방향과 문화적 지원 방안 연구」. 한국문화정책연구원.

황정미 · 김이선 · 최현 · 이동주. 2007. 「한국사회의 다민족 · 다문화 지향성에 대한 조사연구」. 한국여성정책연구원.

황주홍 역. 2007. 「자유주의와 민주주의」. 민족과지성사.

동아일보, 한겨레신문, 조선일보, 중앙일보, 국민일보, 한국일보, 경향신문, 부산일보, 주간조선, 한겨레21, 월간동아, 월간조선, 뉴스위크.

국무총리실, 문화체육관광부, 법무부, 보건복지가족부, 노동부, 여성부, 교육과학기술부, 빈부격차차별시정위원회, 인권위원회 등 각 홈페이지.

국적법, 출입국관리법, 외국인근로자의 고용 등에 관한 법률.

Barry, B. 2001. *Culture and Equality: An Egalitarian Critique of Multiculturalism*. Cambridge: Harvard University Press.

Laden, A. S. & Owen, D.(ed.). 2007. *Multiculturalism and Political Theory*. Cambridge, UK: Cambridge University Press.

Kymlicka, Will. 1995. *Multicultural Citizenship: A Liberal Theory of Minority Rights*. Oxford University Press.

_____. 2004. Multicultural States and Intercultral Citizens. *Theory and Research in Education* 1(2). Sage.

Levy, J. 2000. *The Muticulturalism of Fear*. Oxford University Press.

Miles, Robert. 1993. The Articulation of Racism and Nationalism: Reflections on European History. In John Wrench & John Solomos(ed.). *Racism and Migration in Western Europe*. 17-34. Oxford, UK: Berg Publishers Ltd.

Rath, Jan. 1993. The Ideological Representation of Migration Workers in Eupoe: A Matter of Racialisation? In John Wrench and John Solomos(ed.). *Racism and Migration in Western Europe*. 215-232. Oxford, UK: Berg Publishers Ltd.

제 2 장
한국의 다문화 국가 현상과 새로운 정책모형

지종화 · 정명주 · 김도경

한국의 다문화 국가 현상과 새로운 정책모형*

Ⅰ. 들어가면서

  현재 한국 사회는 상당한 수의 외국인 노동자의 유입, 국제결혼의 증가 등으로 급격하게 변화하고 있다. 이것을 우리는 다문화 국가라고 부르고 있다. 이러한 사회적 현상은 교통 및 정보통신의 발달로 인한 국제 교류의 증가, 다양한 인종·민족·문화·종교 등의 지속적 유입과 함께 한국의 경제적 위상의 변화 및 상승에 따라 더욱 두드러질 것이라고 전망된다. 급변하는 국내외적 환경의 중심에 서 있는 한국은 이러한 시대적 흐름을 거스를 수 없는 입장이 되어 버렸다.

  전통적으로 한국은 순수 혈통을 강조하는 단일민족국가로 민족적 자긍심을 가지고 역사 이래 살아왔으며, 그와 함께 다른 민족에 대한 민족적 배타성을 유지하였고, 이러한 시각이 고착되어 왔다고 볼 수 있다. 하지만, 세계화에 따른 시대적 변화는 이러한 한국의 전통적 시각을 변화시키고 있다. 이러한 현상은 1990년대 초부터 본격적으로 시작되었는데, 이 당시 한국의 노동시장에 외국인 노동자가 들어오기 시작했고, 이들은 3D업종을 중심으로 한국의 부족한 인력시장을 보충해 나가기 시작했다. 이후 국제결혼 이주자의 증가와 더불어 이들 다문화 이주자1)의 한국사회로의 이입은 2000년대 초반 이후 두드러지고 있는데, 그 수는 2008

---

* 이 논문은 2007년 정부(교육인적자원부)의 재원으로 한국연구재단의 지원을 받아 수행된 연구임 (KRF-2007-411-J01101).

1) 다문화 이주자는 국제결혼이주자, 외국인 노동자, 유학생, 장기체류 외국 기업인 등을 통칭하는 개념으로 정할 것이다. 다문화 정책의 대상으로 누가 포함되어야 하는가에 대해 상당한 논란이 존재한다. 모든 대상, 즉 청소년, 동성연애자, 탈북자(새터민) 등등 모두를 포함해야 하는가의 문제인데, 본 논문

년말 현재 한국 전체 인구의 약 2%를 넘어서고 있다.[2]

다문화 국가는 인종, 사고방식, 생활방식의 다양성 등을 내포하는 개념이다. 기존의 문화에 속한 사람들은 새롭게 출현하는 다양성의 물결에 접하면서 자신과 다른 실체를 발견하게 되고 여러 면에서 문화적 충돌을 경험하고 있으며 또 이러한 현상을 당황한 시각으로 바라보고 있다. 이런 상황에서 한국 사회는 기존의 시각에서 벗어나 새롭게 변화된 시각을 가져야 하며, 또 이러한 사회적 변화를 적극적이고 능동적 자세로 대처할 필요가 있다. 이질적 문화의 유입과 그에 따른 공존의 필요성이 대두되고 있으며, 이는 단일민족이라는 다소 폐쇄적 시각에서 벗어나 다른 민족·다른 인종에 대해 개방적 태도를 지녀야 함을 의미한다.

한국사회에 다문화 이주자의 급증은 한국의 정책에도 많은 변화를 가져왔다. 이는 한국도 이제 더 이상 다문화 국가로의 변화 현상에 대하여 무관심이나 방치로 끝나서는 안 된다는 것을 의미하며, 급속한 외부 환경의 변화와 내부의 역동적 변동 상황에 적극적으로 대응할 필요가 있음을 나타낸다. 이런 연유로 현재 한국에서는 이전과 다른 새로운 다문화 관련 정책들이 중앙정부의 각 부처 및 지방정부를 중심으로 형성, 집행되고 있다. 또 각종 NGO, 여러 종교단체 등을 비롯한 민간단체에서도 적극적인 관심과 다양한 지원들을 하고 있다.

하지만 공공부문의 정책은 중앙정부와 지방정부가 각자의 정보와 조직을 가지고 별개의 입장에서 별도로 추진되고 있는 실정으로 간헐적이고 임시방편적인 지원에 치우치고 있다. 민간부문의 지원도 역시 서로 일관성을 찾아보기 어렵고, 개별적 차원에서 이루어지고 있다. 이처럼 이들의 지원이나 관심이 별도로 이루

에서는 다문화 정책의 대상으로 국제결혼이주자, 외국인 노동자, 유학생, 장기체류 외국 기업인으로 한정하고자 한다. 이는 모든 인식 대상을 포괄하게 되면 연구의 접근방법상 문제가 있고, 특히 탈북자(새터민) 등과 같은 대상은 별도의 법과 이들을 다루는 정부 기관이 존재하기 때문에 다문화의 대상으로 포함하는 것은 중복의 의미가 있다고 판단된다.

[2] 이들 다문화 이주자들의 증가추세를 보면 1990년에는 약 50,000명(전체 인구의 약 0.11%), 1995년에는 269,641명(전체 인구의 약 0.60%), 2000년에는 491,324명(전체 인구의 약 1.07%), 2005년에는 747,467명(전체인구의 약 1.55%), 2008년에는 약 116만 명으로 전체인구의 2%를 돌파하였다. 그리고 2020년에는 290만 명에 이를 것으로 추정하고 있으며, UN은 2050년에 한국 내 이민자와 그 자녀가 전체 인구의 21%에 도달할 것이라고 전망하고 있다(법무부 산하 출입국·외국인정책본부 홈페이지, 문화체육관광부 홈페이지 참조). 이처럼 앞으로 한국에서 다문화 이주자들이 지속적으로 증가할 것이라는 사실을 알 수 있다.

어지고 있고, 또 서로 공조하지 못하고 있는데 이는 무엇보다도 한국의 경우 다문
화에 대한 철학적, 이론적 배경이 일천하기 때문이라고 여겨진다.

한국은 최근에야 이러한 다문화 현상을 급속도로 접하게 되어 일관된 이론
적·철학적 근거를 미처 형성하지 못했다. 이러한 관계로 한국 정부의 다문화 관
련 정책은 부처 간에 혹은 정책 간에 혼선을 일으키고 있다. 다문화 정책이 우선
순위를 바탕으로 일관성 있게 추진되기 위해서는 명확한 이론적 근거를 바탕으로
이루어져야 하며, 그렇지 않으면 각 부처마다 추진하는 정책의 내용이 다를 수 있
고 또 정책상 혼란이 가중될 수 있으며, 앞뒤가 맞지 않는 모순된 정책이 추진될
가능성이 높다.[3)]

이런 배경 하에서 본 글에서는 다문화 국가로의 전이가 현재 진행되고 있는
한국적 상황에서 적합하다고 판단되는 정책모형을 모색하고자 한다. 이러기 위해
서 우선 다문화와 관련된 기존의 주된 철학적·이론적 배경을 살펴볼 것인데, 이
에는 차별(배제)모형, 동화모형, 다문화주의 등이 있으며, 이들의 주된 내용과 문
제점을 분석할 예정이다. 이와 함께 다문화적 상황에서 한국인들이 다문화 이주
자를 바라보는 시각을 논의할 것이다. 즉, 한국인이 다문화 이주자들에 대하여 어
떻게 바라보고 있는지의 여부와 그들의 시각이 다문화 이론의 형성과정에 어떤
영향을 줄 것인지를 파악하고자 한다. 이런 분석을 통하여 한국 사회에서 어떤 다
문화 관련 이론 모형이 적용되는 것이 적합한지를 분석하고자 한다. 다문화 주의
를 비롯한 기존의 이론을 그대로 한국적 상황에 적용할 것인지, 아니면 새로운 정
책모형을 제시할 것인지에 대하여 심층적으로 논할 예정인데, 본 글에서는 기존
이론의 비판과 한국인의 다문화적 상황 인식을 바탕으로 새로운 다문화 정책모형
을 제시하고자 한다.

본 논문은 우선 다문화와 관련된 다양한 이론들을 분석하기 위하여 문헌조사
를 실시하고, 기초조사로서 정부 통계자료를 비롯하여 각종 통계 자료를 활용할

[3)] 노동부, 법무부, 국무총리산하 외국인력정책위원회 등은 차별모형을 근거로 외국인 노동자 정책을 운
용하고 있으며, 국제결혼의 경우에는 순혈주의를 중심으로 한 동화모형이 주를 이루고 있다. 그에 반
해 문화체육관광부, 보건복지가족부, 여성부 등과 인권위원회는 다문화 이주자의 한국 사회에의 적응을
돕고 지원하는 업무를 시행하고 있으며, 이들 업무는 다문화주의적 성격을 띠고 있다고 볼 수 있다.

예정이다. 또한 각종 언론의 다문화 관련 보도내용과 여러 인터넷 매체에서 다룬 내용도 포함될 것이다. 이에 더하여 다문화를 연구하는 전문가 및 일반시민에 대한 면담 등이 본 논문의 연구 분석에 이용될 것이다. 본 연구는 연구의 성격상 양적, 계량적 연구보다는 주로 문헌적 연구를 중심으로 이루어진 질적 연구로 진행될 것이다.

II. 이론적 배경

1. 다문화 관련 이론의 전개

다문화 국가는 여러 민족과 다양한 문화를 한 국가 안에 포함된 형태로 이루어져 있으며, 한 민족으로 구성되어 있는 국가라 해도 문화교류와 여러 가지 목적을 가진 이민자 등으로 인해 그 국가는 여러 다양한 인종과 문화를 포함한 복합적 구성요소를 가지고 있다(김범수 외, 2007). 이러한 현상은 교통 통신의 발달과 함께 세계화가 진행되면서 수많은 문화적 교류 현상이 발생하면서 나타난 새로운 사회적 현상이다.

다문화 국가가 발생하게 된 사유는 크게 세 가지 경우가 있는데(홍기원, 2006), 첫째, 이주노동에 의해 다인종 사회로 진입한 유형으로 독일이 대표적인 나라로서, 독일은 부족한 노동력을 충당하기 위해 1960년대 스페인, 그리스, 포르투갈 출신의 노동자들을 방문 노동자 형식으로 초청하기 시작하면서 다인종 사회로 접어들기 시작했다. 둘째, 이민에 의해 다인종 사회로 진입한 유형인데, 노동력이 부족했던 미국, 캐나다, 호주가 이 유형에 속한다. 이들 국가는 부족한 노동력을 채우기 위해 전 세계로부터 다양한 인종의 영구 이민을 확대하는 정책을 추구해왔고, 그 결과 이들 나라들은 다인종 사회로 급격하게 변화하였다. 셋째, 구식민지와의 포스트 식민주의 상황에 의해 다인종 사회로 진입한 유형으로서 영국, 프랑스 등이 이 유형에 속한다. 이들 유럽국가는 구식민지 국가 출신들이 이들 국가로 이주하면서 다인종 사회로 진입한 유형이다.

이처럼 다양한 원인과 유형으로 발생한 다문화 다민족 사회를 설명하고 이해하는 데 적용되는 이론에는 여러 가지가 있는데, 이 중 주요한 것이 차별모형, 동화모형, 다문화주의 등이 있다.4) 이들에 대한 주요 특징과 문제점은 다음과 같다.

차별모형은 한 국가 내의 인종적 소수인은 인정하지 않고 단지 국민의 단일성을 위협하는 요인으로 소수 인종과 소수 문화를 인식하고 있다(홍기원, 2007). 이 정책모형은 인종적 소수자를 제거하거나 최소화하는 것을 정책목표로 설정하며, 국적의 취득에 있어서는 속인주의를 취하고 있다(오경석 외, 2007). 이것은 주류 문화의 보존을 위하여 인종적 소수자의 배제를 꾀한다. 이 모형은 이주 노동자를 단기간 취업시킨 후 국내의 부족한 노동력을 메우고 계약이 종료되면 다시 본국으로 귀국시키는 교체순환정책이 주를 이룬다.5) 이것은 이주 노동자의 정주를 원칙적으로 인정하지 않는 것이며 외국인을 위한 일자리라도 일정하게 내국인과 구분되고 분리된 특정 업종에 국한시키고 있다(황정미·김이선·최현·이동주, 2007).6) 이것은 다문화적 상황에 대한 인정과 수용보다는 다문화 이주자들을 추방하거나 제거함으로써 주류 문화의 기득권 보전과 함께 인종적 편견과 차별의 표출이라는 측면에서 상당한 비판을 받을 수 있다. 그렇기 때문에 이 모형은 다문화적 상황에 적합하지 않은 것으로 판단된다.

그리고 동화모형은 소수 문화를 주류적 문화에 흡수하고 동화하려는 모형이다. 이것은 소수인종, 이민자, 외국인 노동자 집단이 이주한 지역의 주류 문화에 동화되는 것을 정책목표로 설정한 것이다(홍기원, 2007). 동화모형은 각 문화를

---

4) 다문화적 상황에 직면한 여러 국가들은 이들 이론 중 그들 나라의 상황에 적합하다고 판단되는 이론을 정하고, 이를 기반으로 각종 다문화 관련 정책을 시행하고 있다.

5) 한국은 외국인 노동자 정책을 교체순환원칙에 따른 고용허가제로 운용하고 있기 때문에 차별모형에 가깝다고 할 수 있다.

6) 예를 들어 독일 경우, 1960년대에 '초청노동자'라고 불리던 이민자들은 노동시장의 몇 분야에 별다른 어려움 없이 고용되었다(윤진 역, 2007). 하지만 종국적으로 초청노동자들이 본국으로 귀국할 것이라고 보았기 때문에 독일 사회 내에 문화적으로 동화되는 것이 장려되지 않았다. 독일 정부는 이들에게 다양한 방법으로 그들의 문화를 보존하고 유지하도록 도움을 주었는데, 이는 다문화를 인정했기 때문이 아니라 이주 노동자들이 고향으로 돌아가는 것을 도와주고 그럼으로써 독일의 문화적 단일성을 보존하기 위해서였다. 이렇게 되면 다문화에 대한 다수 주류 문화는 소수 다문화 이주자들에 대한 이민, 국적 획득, 정치적 권리 등에 배타적 제한적 태도를 보인다.

존중하고 고유한 가치를 인정하여 문화 간의 우월관계를 부정하는 것이 아니라, 강한 문화가 약한 문화를 흡수하는 것을 목표로 설정한다. 즉, 한 국가내에 공존하는 주류문화와 비주류문화 중에서 주류문화를 통한 사회통합을 그 목표로 하는 것이다(한승준, 2008). 이는 소수 다문화 구성원들이 다수집단이라는 커다란 사회 속으로 융해되는 것을 의미하는데, 이 과정에서 문화적·사회적 적응을 목표로 하기 때문에 소수의 다문화 이주자들은 자신의 정체성을 잃게 되고, 사회의 주류에 의해 정의된 다수문화에 적합한 형태로 융해되어 바뀌는 것이다(김범수 외, 2007). 이때 동화에 대한 선택은 개인의 문제로 치부된다. 따라서 국가는 이들 소수에게 사회 적응을 위한 정책을 제시하지 않는다. 물론 소수 다문화 이주자들에게 그들 나름의 문화를 포기할 것도 강요하지 않는다. 이것은 소수 인종이 언젠가는 다수를 점하는 주류문화 속으로 융화될 것이라는 예측을 가지고 있기 때문에 가능한 것이다.[7] 이 모형은 기본적으로 다문화 이주자를 수용하는 것에는 동의하지만, 그 조건은 기존의 주류 문화에 융합되고 동화되어야 한다는 것을 전제로 하고 있다. 그렇기 때문에 다문화적 상황을 인식하는 것은 아니며, 또 다문화 이주자의 권리를 인정하지 않는다. 단지 주류 문화만이 인정될 뿐이다. 다문화 이주자를 위한 특별한 대우가 없기 때문에 다문화적 현실을 받아들이기보다는 거부하고 억압하는 태도를 보이고 있다.

2. 다문화주의

1) 의　의

　　동화모형과 차별모형은 다문화, 다인종 사회에 적합하지 않은 것으로 비판받으면서 다문화주의가 등장하였다. 즉, 다문화주의는 동화모형이 사회통합보다는 종족 간, 민족 간 갈등의 원인이 된다고 보고 이에 대한 대안적 방안으로 나타난

---

[7] 예를 들면 미국의 경우 주거, 고용, 보건 등의 사회정책은 사회 구성원인 시민들의 인종적, 문화적 배경을 고려하지 않고 시행되며, 그것은 하나의 통합적이고 안정적인 사회를 만들어 가기 위한 방법이다(김범수 외, 2007).

것이다. 이것은 다양한 문화와 인종으로 구성된 국가의 복잡한 상황에 대하여 사회적으로 어떻게 통합할 것인가라는 필요성에서 대두되었다고 볼 수 있다.

일반적으로 다문화주의는 인간사회의 다양성, 인구학적이고 문화적인 다양화를 설명하기 위해 사용되며, 단순한 관찰을 넘어서는 현실을 지칭하는 것이며, 수많은 사회적·정치적·철학적 답변으로 연결된다(윤진 역, 2007). 그렇기 때문에 다문화주의에 대한 논의는 상당한 논쟁을 불러일으키고 있다. 오늘날 다문화주의는 국가, 인종, 민족 등의 거시적인 차원에만 국한되지 않고 사회내의 소외계층이나 소수인종, 세대 간 갈등, 성역할의 차이 등과 같은 미시적인 문제를 포함하는 매우 광범위한 주제이기 때문에 하나의 의미로 정의내리는 것은 불가능하다고 하겠다.

다문화주의는 소수 다문화 이주자들에 대한 문화적, 정치적, 사회적 차이를 인정하고 이들에게 정당성을 부여하는 것을 뜻한다. 따라서 다문화주의는 각 인종, 민족의 전통적 문화, 언어, 생활습관을 국가가 적극적으로 보호하고 유지하기 위해 공적 원조를 하는 것과 더불어 인종차별금지, 적극적 차별시정조치를 도입하여 각 집단 간의 불만의 축적을 예방하고자 한다(한승준, 2008). 이는 Kymlicka(1995)가 언급했듯이 문화적 차이를 극복하고 차이에 대한 '인정의 정치'를 의미한다(장동익 역, 2005). Kymlicka가 말하는 다문화 국가의 특징은 세 가지로 요약할 수 있다(황정미·김이선·최현·이동주, 2007). 첫째, 하나의 민족집단이 국가를 소유한다는 과거의 관념을 배척하며 국가는 모든 시민에게 동등하게 속한다고 본다. 둘째, 소수집단이나 비지배집단 구성원들을 동화시키거나 배제하려는 국민형성 정책을 배척한다. 셋째, 다문화 국가는 소수-비지배 집단에게 행해진 역사적 불의를 인식하고 그것을 치유하고 바로잡으려는 의지를 표출한다. 이처럼 다문화주의는 지금까지 지속된 특정 문화의 지배를 종결짓고 소외당하거나 주변에 있던 다른 소수집단의 정체성을 존중하고 그들의 고유문화가 독자적으로 차지할 수 있는 시,공간을 인정하고 수용하는 것이다(강휘원, 2006).

이러한 다문화주의는 한 국가 혹은 사회 내에서 여러 가지 문화가 함께 존재하는 것으로서 문화적 다양성과 특수성을 논의할 때 사용되는 개념으로 다수 집단의 정체성과 이에 포함되지 않는 다른 소수집단의 정체성 간의 공존을 의미한

다. 다문화주의는 다수 속에서 소수의 특수한 권리를 인정하고 이들의 예외성을 권리로서 받아들인다.[8]

2) 다문화주의의 내용과 주요 정책

다문화주의는 문화적 이질성, 즉 다른 문화를 인정하고 보호하는 것으로 다문화 이주자들의 자존감을 높여 주류사회에 대한 적응력을 높이고 의욕을 유발한다. 즉, 다문화주의는 다문화 이주자 및 그 문화에 대한 차별을 금지하고, 피차별자가 경쟁상 불리한 점을 인정하고, 재정적·법적 원조를 인정한다(이순태, 2007; 홍기원, 2007). 이것은 우선 기회평등을 보장하기 위하여 공용 언어 학습을 장려하고, 주류 사회의 문화를 이해하고 획득할 수 있는 기회를 보장하여 소수 다문화 이주자의 잠재능력을 발휘할 수 있도록 한다. 이를 위해 다언어방송, 다언어문서, 다언어 교육 등을 추진하는데, 이는 소수 언어를 사용할 수 있는 자유를 포함하여 의료 및 사회보장 서비스에서 소수 언어를 사용할 수 있게 하고 그에 따른 언어 지원, 즉 통역이나 다언어 직원을 배치하도록 법적·제도적으로 지원한다.

사적 영역을 비롯하여 공적 영역에서도 다문화적 상황을 받아들이고 보호한다. 특히 소수민족 학교나 해당 공공단체에 다양한 지원을 통하여 종교의 자유나 고유 문화에 대한 표현과 향유를 보장한다. 또 소수 다문화 이주자에게도 인구비례에 따라 취업의 장이 확대되고 확보되도록 배려하는데, 이들의 취업 기회의 적정화를 위하여 공공기관이나 공직에의 취직을 적극적으로 지원한다. 또한 직장에서 차별 없이 일할 수 있도록 하고, 그들의 능력을 정당하게 인정받고, 직업훈련도 적절하게 받을 수 있도록 법적으로 규정한다.

정책과정에의 참여를 통해 자신들의 의견을 완전하게 제시할 수 있고, 지방선거 등에의 참여를 보장하는 참정권도 부여한다. 이뿐만 아니라 소수 다문화 이주자들과 주류 문화 집단 사이의 교류를 확대하여 이들 간의 갈등을 완화하기 위하

---

[8] 다문화주의의 유형에는 상징적 다문화주의, 자유주의적 다문화주의, 조합주의적 다문화주의, 연방제 다문화주의, 분단적 다문화주의 등이 있다. 이외에도 공간적 차원에 의한 유형화, 제도적·문화적 차원에 의한 유형화 등이 있다. 이에 대한 내용은 강휘원(2006), 홍기원(2007), 이순태(2007), 한승준(2008) 등을 참조할 것.

여 노력하고, 이를 위해 주류 사회의 국민들을 대상으로 다언어 및 다문화 교육을
적극적으로 추진한다.

이러한 일련의 조치들은 결과의 평등을 보장하는 것이다. 이런 측면에서 정부
의 역할은 아주 능동적이며 적극적이다. 즉, 불리한 입장에 처해 있는 소수 다문
화 이주자에 대한 각종 원조나 우대 조치 등의 정책을 형성 추진하기 위해 정부는
상당한 관심과 많은 노력을 기울인다.

3) 다문화주의 비판

소수 다문화 이주자 및 그 문화를 받아들이는 다문화주의는 캐나다, 호주 등
몇몇 나라에서 적용되고 그에 따른 다양한 정책들이 형성·집행되고 있다. 하지
만, 다문화주의는 그 나름의 문제점도 함께 가지고 있다. 다문화주의에 대한 문제
점과 비판은 사회민주주의자, 합리적 선택이론가, 자유주의적 교육학자, 자유주의
적 평등주의자, 보수주의자 등 여러 학문 분파에서 제시되고 있다(곽준혁, 2007).[9]

이러한 다문화주의에 대한 비판은 주로 개인성의 문제, 사회적 갈등, 분배의
문제, 소수자 중심의 사회, 이데올로기 문제 등을 중심으로 제기되고 있다(이순태,
2007; 김범수 외, 2007; 윤진 역, 2007; 황정미·김이선·최현·이동주, 2007; 장동
진 역, 2005; 곽준혁, 2007).

첫째, 개인성의 문제이다. 다문화주의는 개인의 문화적 정체성에 혼란을 가져
올 수 있다는 것이다. 사회적·정치적 문제의 여부를 떠나서, 다문화주의는 개인
을 한 문화 집단에 귀속시키고 또 하나의 정체성을 의무적으로 강요하는 것이다.

---

[9] 구체적으로 보면, 다문화주의의 등장을 개인주의의 극복과 공동체 문화의 복원이라는 점에서 받아들
였던 시민적 공화주의 또는 공동체주의자들은 다문화주의를 시민적 덕성의 추락이라는 점에서 비판
하고 있고, 소외된 계층의 목소리를 대변한다는 의미에서 다문화주의를 지지했던 사회민주주의자들은
부의 분배라는 보다 본질적인 정치사회적 과제를 도외시한 채 문화라는 추상적이고 심리적인 인정에
만 주력한다고 지적하고 있다. 또 정체성이 상호주관적 관계속에서 형성되고 변화되는 과정에 주목하
는 인류학자들은 다문화주의를 집단 정론적이라고 비난하고 있으며, 이외에서도 다문화주의는 자기
입지를 구축하기 위한 종족적·민족적 소수집단 리더들의 전략적 선택일 뿐이라고 일축하는 합리적
선택이론가들, 새로운 영역을 개척해 자신들의 위치를 확보하려는 학문적 동기가 포스트모더니즘의
사회적 운동으로 위장된 것이라고 보는 자유주의적 교육학자들, 집단주의로 인해 파괴될 개인성에 더
욱 주목해야 한다고 주장하는 자유주의적 평등주의자들, 그리고 사회적 결속을 위한 보편적 이념으로
민족주의를 내세우는 보수주의자들이 가세해 다문화주의에 대한 도전이 다방면에서 전개되고 있다.

즉, 개인이 단 하나의 문화에만 귀속되어야 한다는 배타주의적 다문화주의 개념에 사로잡히게 된다는 것이다. 이렇게 되면 집단들 간의 경계가 더욱 명확하게 되어 보호와 존속을 목표로 설정한 자신들만의 집단을 만들어 내는 것이다. 이러한 다문화주의는 개인을 하나의 문화적 집단에 귀속시키며, 한 가지의 정체성을 강제로 부과하고, 그 집단 안에서 개인의 정체성 변화 등을 전혀 고려하지 않는다. 이것은 개인의 고립을 조장할 위험성이 크다고 볼 수 있다.[10]

둘째, 사회적 갈등 문제로서 다문화주의가 사회적 연대를 저해하고 나아가 사회적 갈등과 분열을 조장할 우려가 있다는 비판이다. 이러한 비판은 토착주의와 자유주의적 보수주의자들의 논의에서 크게 부각되고 있다. 유럽의 경우, 유럽 이외의 지역으로부터 밀려드는 다문화 이주자들은 사회에 기여하기보다는 도움을 받는 처지에 있다는 점을 강조하여 다문화 이주자들이 주류문화에 동화하는 과정을 방해하고 그 결과 사회적 분열을 조장할 것이라는 비판이다.

또한 현재 다문화정책을 채택하는 국가에서 일부 나타나듯이, 다문화주의 정책이 주류문화와 소수문화 사이의 경계선을 획정하는 정책이 될 수 있고, 이는 오히려 문화적 게토(getto)를 만들어 차별을 은폐하거나 고착화시킬 수 있다는 것이다. 즉, 국가수준에서 다문화주의와 그에 따른 다문화적 개혁은 개인 수준의 다문화적 지식, 욕구, 인센티브 등을 감소시킬 수 있다는 것으로, 예컨대 다문화 국가가 인종·민족적 소수자에게 자신들의 언어나 제도를 사용하도록 허용한 경우, 각 소수자 집단이 별도의 '병렬적 사회(parallel societies)'를 만들어 같은 국가에 거주하는 다른 인종, 민족 집단과의 상호작용이 거의 없어지는 결과가 나타날 수 있다는 주장이다. 예를 들면 영어권 캐나다인들은 불어권 캐나다인들의 생각이나 태도에 대해 관심이 없으며 불어로 발행되는 매체나 방송을 전혀 보지 않기 때문에

---

10) 또한 다문화주의는 개인성을 크게 침해할 수 있다. 이것은 자유주의적 여성주의자들과 평등주의적 자유주의자들이 주도하고 있다. 전자의 경우는 다문화주의가 한편으로 집단 간의 차이에 대한 인정을 요구하면서, 다른 한편으로는 문화적 특성을 인정받음으로써 소수집단 내 구성원, 특히 여성의 인권과 기본적인 자유를 위협할 수 있다는 주장이다. 문화란 비공식적이고 폐쇄된 사적인 방식으로 전개되는 삶의 방식으로 이루어지는 과정이기 때문에, 다문화주의가 요구하는 소수 집단의 문화적 권리에 대한 예외적 인정은 특정 집단 내에서 이루어지는 집단 내의 물리적 폭력을 비롯한 다양한 인권침해행위가 나타날 가능성이 농후하다고 비판한다(곽준혁, 2007).

사실상 교류하기가 매우 힘들다는 것이다. 다중 언어를 인정하는 스위스나 벨기에에서도 다른 언어를 사용하는 국민들 간의 상호작용이나 교류가 거의 없는 편이다. 이런 경우에는 차라리 동화모형에 따른 정책을 통해서 하나의 문화로 편입시키는 것이 제도적·문화적 차별을 방지할 수 있다는 역설이 존재할 수도 있다.11)

셋째, 다문화주의가 분배의 문제에 무관심함으로써 사회경제적 불평등을 심화시키고 있다는 시각이다. 이는 다양성의 논쟁과 추상적인 문화라는 관점에 관심을 집중함으로써 사회적, 경제적 불평등을 은폐하고 있다는 주장이다. 다문화주의가 소수 집단의 고유한 문화적 유산에 대한 인정만을 고집하기 때문에 계급의 역사적 의미와 분배의 문제에 소홀했다는 것이다. 특히 다문화주의와 다양성에 관한 논의는 문화의 영역에만 한정되는 경우가 많기 때문에, 다문화 이주자인 개인이나 소수자가 겪고 있는 사회적, 정치적, 경제적 불평등을 숨기려고 한다는 것이다. 하지만 사회적 혹은 경제적 부조리와 불평등에 대한 논쟁은 다문화 사회건설을 위해서 반드시 포함되어야 할 논점이다. 이는 이주민이나 소수집단 대부분이 사회의 경제적인 하층민을 구성하고 있기 때문이다. 이들 소수집단은 그 사회의 사회적, 경제적 약자로 존재하는 경우가 많다. 그럼에도 불구하고 다양성을 인정하고 다문화주의의 확립을 이야기할 때, 개인이나 소수집단이 가진 사회적, 경제적 부조리와 불평등이 논쟁에서 제외되는 경우가 많다. 이러한 주장은 이주민들의 증가로 인한 저임금 계층의 빈곤화와 그 숫자의 지속적 증가로 인해 더욱 강화되고 있다.

넷째, 소수자 중심의 사회이다. 소수의 다문화 이주자에 대한 적극적 보호는 다수자에 대한 역차별을 발생시킬 수 있다는 것이 그 위험성으로 지적되고 있다. 다문화주의 사회가 대두되고 다양성과 특수성을 가진 개인과 소수집단을 위한 공적인 인정과 정책적인 지원이 늘어나면서, 다문화주의 논의와 정책에 참여하려는 집단의 종류와 수도 점점 늘어나고 있다. 그들은 모두 자신들이 사회를 이끌고 있

---

11) 이뿐만 아니라 다문화주의의 확대는 소수민의 민족적, 종교적 기원을 이루는 외부세력으로부터의 간섭을 배제할 수 없다는 점에서 국가주권에 대한 내정간섭의 문제가 발생할 수 있으며, 이 때문에 다문화주의 정책이 국론 분열과 국가의 결집력을 방해할 수 있다고 본다.

는 다수집단에 의해 희생되고 억압받는 소수집단이라 주장하고 있다. 이처럼 다문화주의의 영향으로 점점 더 다양한 집단들이 결집하여 사회의 한 구성원으로 등장하면서, 자신들의 특수한 정체성과 욕구를 충족하기 위한 공적인 인정과 재원, 특별대우 등을 요구하게 되었다. 그리고 이것은 집단 간의 경쟁을 유발시킬 수 있으며, 집단 사이의 분열과 갈등을 조장한다. 또 그런 특별대우들로 인하여 사회의 다른 구성원이 차별을 받게 될 수도 있다.

다섯째, 이데올로기와 연관된 문제로서 이는 문화와 정체성에 대한 본질적이고 근본적인 접근과 연관이 깊다. 다문화주의는 내적으로 동질성이 같은 집단이 가지고 있는 일관된 문화, 또 서로 명확히 구분되는 문화로 나뉘어진 사회체제를 상정하고 있다. 이는 문화적 상대주의로 나타나게 되는데, 이때 상대주의라는 것은 모든 믿음은 개별 사회에 대해 상대적인 것으로, 따라서 비교의 대상이 될 수 없다는 것을 의미한다. 그런데 이러한 형태의 문화적 상대주의가 극단적으로 되면 모든 문화에 동일한 가치를 부여하기 때문에, 모든 문화와 문화적 관행이 인정되어야 한다. 어느 문화나 가치 있고 정당하기 때문이다. 하지만 특정 문화에서 개인의 신체 중 일부를 훼손하는 것을 정당한 것이고 이는 고유의 문화로서 인정받아야 하고 당연한 것이라고 한다면, 이것은 받아들이기 어려운 주장이다. 이는 누구에게나 신체적이고 심리적인 완전성이 인간의 보편적인 가치로 보호되어야 하기 때문이다.

이뿐만 아니라 한 사회가 다문화주의를 도덕적이고 이데올로기적 준거로 받아들인 상태에서 다문화주의를 비판하거나 부정하는 세력은 올바르지 못하고 도덕적이지 못하다는 비난을 받게 된다. 이러한 현상은 다문화주의가 그 사회의 문화적·사회적 차별과 불공정을 해소하기 위한 것이 아니라, 새롭게 등장한 이데올로기로서 작용할 가능성이 높다는 점이다. 이처럼 다문화주의가 새로운 사회적·도덕적 기준이나 이데올로기가 된다면, 다문화주의의 문제점을 비판하고 그에 대한 대안책을 제시하려는 사람은 반인륜적인 혹은 비도덕적인 사람이 되어 버릴 수 있다.

다문화주의는 민주주의와 번영을 이루면서 소수집단의 권리를 존중하고 동등화하는 데 많은 성공을 거둔 것은 사실이다. 하지만 소수집단과 다수집단간의 교류와 상호작용의 수준은 더욱 저하되는 실망스런 결과가 나타난 면도 없지 않다.

가장 좋은 경우 다수 시민들은 타집단의 생활에 대해 무지하거나 무관심하며, 최악의 경우 다른 집단에 대한 분노와 불쾌감으로 표출된다. 다문화 국가의 정책이 다문화적 시민이 아니라 배타적인 시민을 만들어 내는 역설적 결과를 낳을 수 있다.

Ⅲ. 다문화 국가에 대한 한국인의 행태

다문화 국가의 도래로 직면하고 있는 한국적 상황에서 다수의 주류 문화를 이루고 있는 한국인들은 이러한 사회적 변화 현상에 대하여 어떤 시각과 행태를 보이는지 파악하는 것은 아주 긴요한 일이다. 이는 다문화 상황을 받아들이고 인지하는 주류 한국인들의 인식행태는 이론 형성에 상당한 영향을 미칠 것이기 때문이다. 이들 주류 한국인의 협조나 혹은 이들의 인식전환, 즉 다문화 이주자들에 대한 인정, 사회적 거리감의 괴리 축소 등이 전혀 이루어지지 않는다면 다문화적 상황을 극복하고 진정한 사회적 통합을 달성하기는 상당히 어려울 것이다. 따라서 이들의 인식 정도를 보다 정확하게 파악하고 있어야 그에 맞는 이론과 정책을 형성할 수 있을 것이다.

1. 다문화 국가에 대한 한국인의 인식현황

한국인의 외국인에 대한 사회적 거리감을 보면(황정미·김이선·최현·이동주, 2007), 한국과 교류가 빈번하거나 다문화 이주자의 출신국에 해당하는 외국인 집단을 미국, 일본, 중국, 동남아시아, 몽골, 남아시아를 비롯하여 새터민(탈북자), 중국의 조선족 등을 대상으로 측정한 결과, 응답자들은 미국인을 가장 가깝게 여기고 있었다. 이어서 새터민, 조선족의 순서로 나타났고, 가장 거리감을 멀게 느끼는 대상은 남아시아와 몽골사람이었다. 이러한 경향은 구미계를 선호하고 또 경제적으로 풍요한 나라의 국민을 선호하는 것을 뜻하며, 한국에서 다문화 이주자의 다수를 점하는 동남아시아계, 중국계 등에 대한 선호도가 떨어지는 것으로 보인다.

한국 사회의 인종문제에 대한 한 연구에서(장태한, 2001), 한국의 대학생들은 서구화 현상이 가속화되면서 백인 선호의식이 뚜렷하게 나타나고 있으며, 선호도의 순위는 미국과 서유럽인, 일본인, 동남아시아인, 끝으로 흑인과 아프리카인의 순으로 나타났다. 이것은 백인 선호 및 흑인 차별, 서구 선호 및 아시아계 차별을 나타내는 것이다. 또 지역별로 보면 부산 지역의 대학생들이 외국인에 대한 개방의 정도가 높았고, 대구나 광주지역의 대학생들은 외국인에 대한 거부감이 높은 것으로 조사되었다. 재미있는 사실은 지정학적 위치로 인해 강원도 지역의 대학생들은 북한인이나 조선족에 대한 인식이 타 지역에 비해 부정적인 것으로 나타났다. 이 연구는 비록 대학생을 상대로 조사된 것이지만, 일반인을 상대로 했다면 그 차별의 정도는 보다 더 높을 것으로 추정된다. 이는 대학생이 일반인에 비해서 상대적으로 보다 진보적이고 수용가능성이 높다고 인정되기 때문이다.

한국인들은 외국인을 동료, 이웃, 친구로 받아들이는 데에는 비교적 관대한 입장을 취하고 있지만, 결혼과 같이 새로운 가족으로 받아들이고 인정하는 것은 거리를 두고 있다(황정미·김이선·최현·이동주, 2007). 외국인에 대한 정서적 호감도를 보면, 호감도가 가장 높은 집단은 미국인이었으며, 다음으로 새터민과 조선족이었다. 그 반면 가장 호감도가 낮은 집단은 중국인으로 나타났고 그 다음 낮은 것은 남아시아인이었다.[12]

한국인은 유럽인에 비하여 다문화에 대한 찬성의 정도가 높게 나타났지만, 다문화 이주자들의 송환정책에 대해서는 관용적이지 못한 태도를 보였다. 이는 고용계약이 끝난 이주자들은 본국으로 돌아가야 한다고 생각하고 있으며, 이러한 외국인에 대한 태도는 이들이 한국국민이 아니라 일시 체류자로 보고 있다는 것

---

[12] 사회적 거리감에 대한 영향 요인을 연구한 논문에서, 김상학(2004)은 다음의 결과를 보여주고 있다. 첫째, 소수자 집단과 접촉한 경험은 그 집단에 대한 부정적 감정은 완화시키지만 이미 굳어진 고정관념을 완화시키는 데에는 별다른 영향을 미치지 못한다. 둘째, 소수자 집단에 대한 태도 차이는 인구학적 특징이나 가족적 배경에 영향을 받기보다는 개인의 정치적 성향 등과 같은 주관적 요인에 영향을 많이 받는 것으로 나타났다. 이를테면 자신이 진보적이라고 생각하면 소수자 집단에 대한 사회적 거리감이 줄어들었다. 셋째, 소수자에 대한 사회적 거리감은 인지적 요인보다는 감정적 요인에 더 큰 영향을 받는다. 이는 다른 문화 즉 다문화에 대한 인식의 전환이 상당히 어렵다는 점을 말하는 것이고, 또 다문화 및 그 이주자에 대한 한국인의 인식이 정확한 사실의 인지를 바탕으로 이루어지기보다는 개인의 감정에 치우칠 가능성이 크고, 환경적 여건에 따라 변할 수 있음을 의미한다.

이다(황정미 · 김이선 · 최현 · 이동주, 2007). 법무부에서 2008년 11월에 조사한 한 설문조사에서 '불법체류자 단속을 강화해야 한다'는 응답이 91.8%에 이르렀다.[13]

국제결혼 이주자의 태도를 연구한 것에 따르면(설동훈, 2006), 결혼 이민자 2세를 한국인 혹은 한민족으로 보는 것에서 국제결혼 이주자 가정의 부모와 일반 국민들 사이에 괴리가 있는 것으로 나타났다. 결혼 이주자 가족의 부모는 많은 경우 자신의 자녀를 한국인인 동시에 한민족이라고 답했는데, 그 비율이 97%에 이르렀다. 하지만 일반 가정의 부모는 한국인이라고 대답한 경우는 68%이고, 한민족이라고 답한 경우는 54.4%로 나타났다. 이것은 한국인들이 강한 혈통주의를 견지하고 있음을 보여주는 것으로 국제결혼 이주자의 2세들에 대하여 한민족 · 한국인으로 포함하는 데 주저하고 있는 것으로 파악된다.

국제결혼 여성 이주자의 경우, 한국의 부계혈통주의와 단일민족주의의 강고한 결합이라는 한국의 문화 특성에 많은 영향을 받고 있으며, 특히 출신국의 문화와 상이한 한국의 남성중심의 가족생활에 많은 어려움이 있다는 것이 사실이다. 이 결과 외국인 배우자에 대한 한국의 적응 프로그램은 한국 문화에의 동화를 강조하고 있는데, 이러한 사실은 국제결혼 이주자들의 적응의 어려움과 갈등의 소지를 내포하고 있다고 볼 수 있다.

외국인 노동자의 경우도 한국의 경제가 악화되면서 이들에 대한 부정적 시각이 서서히 대두되고 있다. 직장에서의 차별과 인종적으로 모멸감을 느끼게 하는 표현이 증가하고 있으며, 최근 외국인 범죄자가 증가하면서 이들에 대한 한국인들의 적대적 감정이 증가하고 있다. 이러한 적대감과 한국인의 폐쇄적 시각은 한국 사회에의 적응을 어렵게 하고 다문화 이주자들을 고립시키고 한국 사회에의 통합을 저해하는 큰 장애물로 작용하고 있다.

한국에서 적용되는 외국인 관련 법률의 기본적인 방침은 차별모형을 기본으로 하고 있는데, 특히 외국인 노동자 정책이 그러하다. 외국인 노동자와 관련이 깊은 법률 중 하나인 '외국인근로자의 고용 등에 관한 법률'의 주요 규정은 차별모형에서 주로 논의되고 있는 '외국노동자교체순환정책'을 담고 있다. 이 법률에

---

[13] 나머지 항목에 대한 응답비율은 외국 우수인력 유치를 위한 비자제도 개선 2.96%, 결혼이민자 등에 대한 사회통합지원 2.86%, 출입국 심사서비스 개선 2.36%로 나타났다.

서 외국인 근로자는 1년을 초과하지 않는 범위에서 근로계약을 사용자와 체결할 수 있으며(동법 9조), 입국한 날로부터 3년의 범위 내에서 취업활동을 할 수 있도록 규정하고 있다(동법 18조). 이는 취업기간이 지나면 다시 본국으로 돌아가야 하고, 그렇지 못하면 불법체류자로서 정부의 강력한 단속의 대상이 된다.[14)

2. 한국인의 다문화 국가에 대한 의식 및 행태와 그 해석

　　다민족 국가, 다문화 사회에 대한 앞선 여러 실증분석(황정미 · 김이선 · 최현 · 이동주, 2007; 장태한, 2001; 김상학, 2004)에서, 다문화 국가로 변하고 있는 현시점에서 한국인은 혈통주의를 중시하고 있음을 알 수 있다. 즉 한국시민과 한국민족이라는 구분이 실익이 없을 정도로 동일시되고 있다. 이는 다문화 국가를 구성하고 있는 다른 나라의 시각과 구분되고 있다.

　　이러한 사실들은 아직 한국인들이 다문화 · 다민족에 대한 인식이 부족하다는 것을 보여주는 것이다. 지금 현재는 소수의 다문화 이주민에 대하여 적극적 포용의 수준은 아니며 단지 동정심을 가지고 바라보고 있으며, 우리와는 다른 특별한 존재로서 인식하고 있다.

　　사회적 거리감이라는 측면에서 보면 한국인의 상당수는 서구인 특히 백인계통의 인종을 선호하는 것으로 나타나고 있다. 하지만 한국의 다문화 국가의 구성은 주로 동남아계 혹은 중국계로 대표되는 아시아계가 주류를 이루고 있다. 이러한 한국인의 생각과 시각은 상당한 문제를 내포할 수 있다. 다문화 이주자 본인(1세대)뿐만 아니라 2세나 3세에까지 그 영향이 미칠 수 있기 때문이다. 다문화 국가로 나아가고 있다고 하지만 한국인의 다문화에 대한 시각은 아직까지 다소 편협된 생각을 가지고 있는 것으로 판단된다. 이것은 한국인이 다문화 국가를 포용하고 받아들이는 데 상당한 시간과 노력이 투자되어야 함을 의미한다. 각종 언론이나 인터넷 매체에서 접하는 다문화 이주민들 중 일부가 한국에서의 삶이 상당

---

14) 한국에서 차별모형의 또 다른 사례는 중국 화교들로서, 이들은 기본적인 경제적 권리도 보장받지 못하였고 특히 정치적 권리는 거부되기까지 하였다. 이들은 한국에 정착하여 오랜 세월 동안 삶을 영위했음에도 불구하고 항상 한국인의 경계선 밖에 존재하는 국외인(outsider)이었다.

히 지난한 것으로 드러나고 있는데,[15] 이는 한국인들이 아직 소수 다문화 이주자들에 대한 인식과 포용의식이 부족함을 나타내는 것임과 동시에 다문화 이주자들이 한국에의 적응에 상당한 애로가 있다는 것을 함께 보여준다.[16]

특히 이민과 관련하여 이민을 받아들이지 않았던 전통을 가진 국가에서 외국인 혐오가 보다 심각하며, 또 정치적 갈등으로 비화될 가능성이 큰 것으로 나타나는데(박병섭, 2006), 이러한 사실은 한국에서 한국인이냐 아니면 비한국인이냐 라는 구분으로 고정화되었음을 의미하는 것으로 다문화 국가로 진행하고 있는 과정이 그렇게 쉽지 않을 것임을 뜻한다.

물론 중요한 것은 주류 문화를 형성하고 있는 한국인들의 다문화 국가에 대한 인식의 전환이다. 즉 한국인의 다문화 국가에 대한 호감도를 높이고 소수 다문화 이주자들의 여러 권리를 인정하는 의식수준의 전환이 기저에 깔려 있어야 한다. 하지만 역사 이래 단일민족으로 살아 온 한국인의 인식이 지난 몇 년 내에 급속하게 바뀔 것이라고는 생각할 수 없다. 한국인에 대한 의식전환을 위한 노력과 그에 따른 시간의 경과가 함께 이루어져야 다문화 국가에 대한 생각이 변할 것이다.

지금까지 살펴본 한국인의 다문화 국가로의 변화 과정에서 나타난 다양한 행동특성들을 살펴보았다. 이러한 한국인의 다문화 사회에 대한 인식과 속성으로 인해 다문화주의를 전적으로 받아들이기는 상당한 난점이 있다. 또한 다문화주의가 가장 잘 정착되고 시행되고 있다는 캐나다나 호주에서 조차 다문화주의에 의한 다문화 정책이 감소하고 있고 또 공식적으로 철회되기도 하였다(오경석 외, 2007).

---

[15] 긍정적인 면이 없는 것은 아니다. 전반적으로 학력과 소득이 높을수록 외국인에 대한 사회적 거리감은 줄어들고 있는 것으로 나타났으며, 또 다문화 이주자에 대한 한국인의 태도에서 종족적 배제주의를 살펴보면, 교육 수준이 높고 연령이 젊을수록 외국에 대해 보다 포용적이고 관대한 경향이 있다(황정미 · 김이선 · 최현 · 이동주, 2007). 이것은 성평등을 지지하는 사람, 단일민족에 대한 의식이 약한 사람, 북한에 대한 지원에 찬성하는 사람, 경제적 진보성을 지지하는 사람일수록 다문화 이주자에 대한 개방의 정도가 높았다. 이는 진보적 성향을 가진 사람의 경우 다문화 이주자에 대한 포용의 정도가 높다고 판단된다. 이러한 경향은 박수미 · 정기선(2006)의 연구에서도 나타났다. 즉 소수자 집단 중에서 학력이 높을 수록 장애인과 외국인 노동자에 대한 편견이 낮다는 것이다.

[16] 국제결혼의 수와 비율은 2003년 이후 비교적 안정된 추세를 보이고 있으나, 이들 중 이혼하는 사례는 지속적으로 증가하고 있다(한겨레신문, 2008.10.30). 2003년의 경우 국제결혼은 35,658건이었고, 이혼은 583건이었다. 2007년은 국제결혼은 38,491건으로 조금 증가하였지만, 이혼은 5,794건으로 10배 가까이 증가하였다.

Ⅳ. 다문화 국가와 새로운 정책모형의 논의

1. 정책모형의 제시

지금까지 다문화와 관련된 기존 이론들에 대한 설명과 비판, 그리고 한국인의 다문화적 상황 인식을 살펴보았다. 이러한 일련의 사실들을 바탕으로 아래 〈그림 2-1〉과 같은 새로운 다문화 정책모형을 제시하고자 한다.

본 모형은 앞서 설명한 바와 같이 다문화 국가가 발생한 배경, 다문화 현상이 나타난 국가에서 이에 대한 대처방안으로 활용한 이론들, 즉 차별모형, 동화모형, 다문화주의 등이 포함되어 있다. 그리고 이들 모형에 대한 각각의 문제점에 대하여 살펴보았다. 이에 더하여 다문화 국가 현상에 대한 한국민의 인식 행태를 논의했는데, 이는 한국인들이 다문화에 대하여 어떤 시각을 가지고 있는지를 알기 위해서였다. 이러한 논의를 종합하여 볼 때, 한국의 다문화적 상황에서는 기존의 이론적 분석모형으로는 설명에 한계를 가지고 있다고 볼 수 있다. 그렇기 때문에 본 글에서는 한국의 다문화 국가 현상에 대비한 새로운 정책모형을 제시하였다. 새

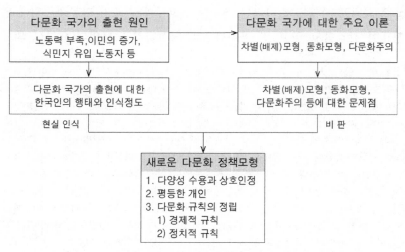

〈그림 2-1〉 새로운 다문화 정책모형의 모색

로운 다문화 정책모형에는 첫째, 다양성 수용과 상호인정 둘째, 평등한 개인으로서의 다문화 구성원 셋째, 다문화 규칙의 정립으로 이에는 경제적 규칙 및 정치적 규칙의 정립으로 구성된다. 본 모형은 현재 다문화 국가로 진행되고 있는 한국사회의 사회통합을 위한 거시적 모형으로서 작용할 수 있을 것이다.

2. 정책모형의 내용

한국의 다문화 사회, 다민족 국가의 도래는 새로운 시대적 변화이자 현상이다. 이러한 예상치 못한 사회적 변동의 시기에, 이에 대한 적절하고 적확한 정책의 모색은 아주 중요한 일이다. 또한 이러한 대응책과 함께 이의 바탕이 되는 새로운 이론도 함께 고찰되어야 함은 당연하다 하겠다. 이러한 이론으로는 앞서 살펴보았듯이 여러 이론들이 제시되고 적용될 수 있으나 각각의 이론들은 나름의 장단점을 보유하고 있다. 특히 다문화, 다민족 국가에 대한 중요한 이론으로 등장하여 적용하고 있는 다문화주의는 한국적 상황에도 적용할 수 있는 의미 있는 이론이라 하겠다. 그렇지만 다문화주의는 앞서 지적한 바와 같이 여러 가지 문제점과 약점을 노정하고 있다. 이에 대하여 여러 학문 분파에서 이를 비판하고 있다. 또 여러 학문분파들은 다문화주의에 대한 비판을 통해 그들 나름대로 새로운 대안을 제시하고 있다. 즉, 기존의 다문화주의에 대한 비판은 다양한 학문적 분파의 대안 모색에서 찾아볼 수 있는데(곽준혁, 2007), 이러한 대안들은 자유주의적 공화주의, 민족주의에의 회귀, 공동체주의, 지구적 연대 등의 대안적 이론들이 그것이다. 이러한 연구 경향과 함께, 한국도 다문화 국가가 도래하고 있는 현 시점에서 다문화주의에 대한 적용가능성과 함께 한국의 실정에 맞는 새로운 이론을 다문화주의와 별도로 혹은 다문화주의의 약점을 보완한 이론을 모색하는 것도 중요한 연구가 될 것이다. 현재 한국은 다문화 국가에 대한 이상적이면서 피상적으로 논의를 전개하고 있으며, 다문화주의를 중심으로 또 다문화주의에 대한 단일적인 논의가 지속되고 있다.

한국의 경우에는 앞서 살펴본 바와 같이 한국인의 행태와 다문화주의의 약점 등으로 판단해 보건대 다문화주의를 그대로 적용하기보다는 좀더 현실적이고 다

양한 이론적 논의의 일환으로 새로운 대안을 제시하는 것이 필요할 것이다. 한국
의 경우 상황이나 시대적 배경이 서양의 이론과 다소 상이한 면이 없지 않으며,
또 다문화주의를 적용한 여러 국가들에서 여러 가지 내부 운용상의 문제점들이
나타고 있고, 한국인들은 아직 다문화에 대한 정확한 인식이나 변화에 대한 적극
적 대응이 다소 미흡하다고 여겨진다. 따라서 일방적으로 특정 이론을 한국적 상
황에 적용하기보다는 한국적 상황에 적용할 수 있고, 응용 가능한 새로운 대안으
로서의 정책모형을 제시하는 것도 상당한 의의가 있다고 본다.

본 정책모형에서 논의될 수 있는 것은 다문화 국가로의 변화, 다양한 인종과
민족의 한국 사회로의 진입이 한국 사회에 갈등과 차별의 문제로 나타날 가능성
이 있고, 또 다문화 이주자들의 한국 사회에의 적응과 함께 인간다운 삶의 영위도
중요한 쟁점이 될 수 있다. 그리고 이러한 문제들과 동시에 나타날 수 있는 다양
성과 상호성의 인정 문제 및 그에 대한 한국인의 대응자세도 새로이 대두되는 논
점일 것이다. 다문화 국가에서 어떻게 이들 문제들을 해결하고 어떤 방향으로 사
회적 통합을 이끌 것인가가 본 글에서 중요한 논의점이다. 그러기 위해 제시한 것
이 첫째, 다양성 수용과 상호인정, 둘째, 평등한 개인으로서의 다문화 구성원, 셋
째, 다문화 규칙의 정립 등이다. 이들 속에 내포된 다양한 논점을 바탕으로 다민
족 국가, 다문화 사회로의 진입단계에 있는 한국의 상황에서 발생할 수 있는 다양
한 문제점들을 해결하고자 한다. 또 이러한 논점은 새로운 이론 개발을 위한 중요
한 시발점이 될 수 있을 것이라 판단된다. 현재까지 한국에서 다문화, 다민족에
대하여 논의할 때, 주로 활용된 이론이 다문화주의이며 이에 대한 면밀한 이론적
가설과 검증작업이 확실히 이루어지지 않은 상태이다. 앞으로 계속적인 다문화주
의에 대한 이론적 검증 작업이 진행되겠지만, 이 이론 못지않게 또 다른 대안으로
서 새로운 다문화 정책모형이 제시될 수 있을 것이다.

본 모형의 주요 근거가 되는 것은 자유주의이며, 이를 전제로 다문화 관련 이
론들에서 지적되고 있는 여러 가지 문제점들을 보완하는 방향으로 정책모형이 전
개될 것이다. 자유주의는 나름의 문제점과 약점을 가지고 있다.[17] 그렇기 때문에

---

17) 자유주의에도 문제점이 없는 것은 아니다. 무엇보다도 큰 문제는 재분배의 문제이고, 또 다른 문제점
   은 반동적 성격이라는 것이다. 반동적 성격이라는 것은 현실을 그대로 인정하는 것으로 잘못된 점이

이를 그대로 적용하기보다는 이를 보완하여 적용할 필요성이 있다.[18]

　　일반적으로 자유에는 두 가지 유형이 있는데 그 하나는 소극적 자유이고 다른 하나는 적극적 자유이다. 소극적 자유는 타인의 억압으로부터의 자유를 의미하고 적극적 자유는 어떤 목표를 달성할 수 있는 것을 의미한다(이근식, 2005). 본 글은 소극적 자유를 기본으로 하여 적극적 자유를 주요 지향점으로 한다. 자유주의는 그 바탕에 민주주의와 개인주의를 깔고 있기 때문에 소수자(국제결혼이주자, 이주노동자 등)들의 경제적 권리, 정치적 권리, 문화적 권리, 정책과정에서의 참여 보장 등을 주장한다. 특히 경제적인 측면에서 소수 다문화 이주자들이 한국 사회에 적응하고 기본적인 경제권을 확보할 수 있도록 다양한 제도를 활용하여 이들을 지원한다. 물론 이러한 개인의 권리 획득 및 확보는 제도와 법의 테두리 내에서 이루어진다. 다양성 수용과 상호성의 인정은 배제나 동화가 아닌 공생과 상생의 논리로서 소수에 불과한 이들의 차이를 인정하되 차별은 하지 않으며 이들과의 공존을 모색한다. 이는 이들 구성원이 모두 평등하다는 개인성을 기본적 전제로 두고 있기 때문이다. 다문화국가로 이행하고 있는 한국적 상황에서는 이러한 이론적 전제를 바탕으로 구체적 정책으로 형성되어야 하며, 이 과정을 통해 사회 분열이 아닌 사회통합의 방향으로 나아가야 한다. 즉, 최소한의 사회적 비용[19]을 통해 사회통합에 접근하는 것이 본 모형의 주요 목표이다.

1) 다양성 수용과 상호인정

　　상호인정은 서로를 받아들이고 인지하는 태도로서 자신과 차이를 보이는 타인을 인정하고 존중하는 것을 의미한다. 또 다양성은 역사적 · 문화적 의미를 내포하고 있어 인종 · 종교 · 국적 등 복수의 의미를 포괄하는 광범위한 개념이다(김

　발견되면 이를 고치려고 하지 않는다는 점이다. 이러한 분배의 문제와 반동적 성격은 문제의 정확한 진단과 인식을 바탕으로 한 사회개혁을 통해서 해결할 수 있을 것이다.

[18] 이러한 자유주의에 대한 수정으로 제시된 것은 J.S. 밀의 사회적 자유주의, 오위켄의 질서자유주의 등을 비롯하여 여러 학자들에 의해서 제기되고 있고, 이러한 수정되고 응용된 자유주의는 당시의 시대와 상황에 맞게 변화된 것이다. 본 논문에서 주장하고자 하는 정책모형도 역시 순수한 자유주의, 즉 자유지상주의라기보다는 현실적 상황에 맞게 수정한 것이다.

[19] 만약 다문화에 따른 사회적 갈등이 발생하고 더불어 폭력사태가 발생한다면 이를 해결하기도 어렵거니와 해결을 위한 비용이 상당히 많이 소요될 것이다.

헌민·김유미·박지현, 2007). 다양성은 다민족, 다문화라는 개념에서 알 수 있듯이 다양한 고유의 문화로 대표되며, 이에 대한 수용은 이들 문화에 대한 인식과 이들 문화를 주류 문화 속으로 독립적으로 받아들이는 것을 의미한다. 이와 같이 다양성 수용과 상호인정은 다문화적 상황을 고유의 축적된 삶의 방식으로 수용하고, 이를 통해 주류 사회에 최소한의 소속감을 갖도록 하는 것이다. 이런 의미에서 다양성 수용과 상호인정은 서로 일맥상통한다는 것이다.

다양성 수용과 상호인정은 관용을 주요 배경으로 하고, 관용은 인간의 불완전성을 전제로 한다. 인간은 완전할 수 없기 때문에 관용이 필요하다. 관용은 다른 사람의 의견이 나와 다를 수 있다는 것을 인정하고 용인하는 것으로 이것이 바탕이 되어야 자유로운 비판이 가능하다(이근식, 2005). 다른 사람의 의견이 나와 다르다고 비난하거나 부정할 것이 아니라 나 자신도 불완전하고 다를 수 있기 때문에 다른 사람의 의견을 경청하고 받아들이는 것이 관용의 기본 정신이다. 이를테면 다른 사람의 종교나 가치가 자기 자신의 그것과 다름을 인정하는 관용정신은 조화로운 사회를 위한 기본적 전제조건이다. 만약 관용이 부족할 경우, 오직 자신의 생각만이 옳을 것이며, 자신의 문화만이 우월하다고 사람들은 느낄 것이다. 이런 시각은 타인에 대한 배려는 커녕 소수 다문화에 대한 배척과 차별로 이어질 가능성이 있다. 그렇기 때문에 이러한 관용의 시각, 즉 특정한 하나의 가치관만을 주장하는 사상이나 이념을 배제하고 다양한 이념적·사상적 가치를 용인하면서 다문화 이주자들의 여러 가지 시각과 문화를 받아들여야 한다는 인식이 필요하다. 따라서 관용은 사회적 통합을 이루는 가능성의 인자로서 작용할 것이며, 이를 바탕으로 자유로운 비판이 형성되고 그런 사회는 보다 나은 방향으로 나아갈 것이다. 이러한 관용이 말로써 끝나면 소용이 없고, 구체적 정책으로 표현되어야 한다. 그렇지 않으면 사유적·철학적 논쟁에 불과하고, 말의 유희에 빠질 가능성이 있다. 구체적 정책으로 나타나고 이에 대한 결과(outcomes)를 낳기 위해 구체적 현실화가 이루어져야 관용의 진정한 의의가 완결된다.

다양성 수용과 상호인정은 개인들 간의 차이를 인정하지만, 이들에 대한 차별이 있어서는 안 된다는 것이다. 이때의 차이는 보편적 인간으로서의 가지는 권리나 가치의 차이가 아니라 기존의 사회를 구성하고 있는 다수와의 문화적 차이, 외모적 차이, 언어적 차이 등을 의미하는 것이다. 따라서 보편적 인간으로서 다문화 이주자들을 인정한다면 문화적, 외모적, 언어적 차이 등으로 인한 차별은 방지됨이 당연하다. 이처럼 편견과 이해관계에서 벗어난 자세로 다문화 이주자에 대한 이해의 정도를 높이고 이들과 함께 어울릴 수 있는 국민적 자세가 무엇보다도 요구된다. 이는 다문화에 대한 개방적 태도를 견지함과 동시에 열린 자세로 다문화를 받아들이려는 마음자세의 요청과 연결된다. 따라서 다문화적 시민의 태도에서 중요한 것은 다른 사람의 신념을 이해하거나 칭찬하는 것이 아니라, 다른 사람들이 우리와 다른 그들 나름의 신념을 가지고 있다는 사실을 이해하는 것, 다시 말해 차이 그 자체를 존중하는 것이다(황정미 · 김이선 · 최현 · 이동주, 2007). 따라서 다문화적 시민의 기본적인 소양은 문화에 대한 지식이 아니라 관용을 바탕으로 한 다양성 수용과 상호인정에 있다.[20]

2) 평등한 개인으로서의 다문화 구성원

개인적 존재로서의 인간은 보편적인 실체로서 동등한 권리를 소유하고 있으며, 일정한 합리적 · 감성적 능력의 세트를 공유한다고 본다. 이 점에서 모든 인간은 비록 완전하지는 않지만 근본적으로 평등하다(김완진 · 송현호 · 이재율, 1997). 불완전하지만 평등한 실체로서의 개인은 다문화 국가의 구성원으로서 다문화 이주자에 대한 상호인정과 동등의식 및 동류의식을 가진 존재이다.

이처럼 평등한 개인으로서의 다문화 구성원은 개인의 자유를 중시하고 모든 것에서 개인을 동등한 하나의 개체, 절대적 인격체로서 인정한다. 개인의 자유와

---

[20] 다문화에 대한 인정은 다양한 자유의 인정과도 연결된다. 신앙의 자유, 양심의 자유, 언론출판의 자유가 그것인데, 이러한 자유들을 바탕으로 다문화 이주자에 대한 폭넓은 인정이 이루어져야 한다. 다문화에 대한 상호인정은 개인의 사생활뿐만 아니라 공적생활에서의 인정도 포함된다. 공적생활에서의 인정도 무제한적으로 인정받는 것이 아니라 정교분리의 원칙에 준하여 이루어져야 한다. 특히 공직자 선출이나 인사고과, 승진 등과 같은 인사정책, 재원추출과 배분 등과 같은 재정정책 등에서 이러한 원칙은 철저히 지켜져야 한다. 물론 공적 생활이든 사적 생활이든 다문화에 대한 상호인정은 법과 제도라는 규칙의 틀 내에서 용인되는 것이며, 법과 제도의 범위를 벗어난 사안에 대해서는 제한을 받는 것이다. 이를테면 다문화주의의 약점으로 개인성을 침해할 가능성이 있다고 앞서 언급했는데, 이는 다문화의 인정을 이용하여 사적 생활 내에서 개인, 특히 여성에 대한 물리적, 정신적 위해를 가할 가능성이 있기 때문이다. 이러한 위해는 법과 제도라는 틀을 이용하여 방지하거나 제한할 수 있다고 본다.

평등성을 강조하기 때문에 개인을 수단시 할 수 없다. 이는 집단(민족, 조직 등)의 이름으로 개인을 희생시키는 것을 반대하는 것으로 모든 개개인의 절대적 인권을 존중하고 당사자의 의사에 반하는 개인의 희생을 반대한다(이근식, 2005). 이러한 인권의식은 개인의 생명, 신체, 재산의 보장을 포함한 인간의 기본권 전체를 인지한다는 것으로 이는 통상 사회적 자유에서 요구되는 자유이다. 이는 사회적 권력(정치권력, 종교권력, 언론권력, 신분에 의한 권력 등을 의미)의 부당한 침해로부터 개인의 자유를 보호하고 보존하기 위한 것이다.

이는 다문화 이주자에 대하여 동정심이나 한국인과 다른 특별한 존재로 보는 것이 아니라 보편적인 개인으로 다문화 이주자들을 본다. 이것은 역으로 다문화 이주자에 대하여 특별한 존재나 동정심을 가지고 보는 시각에 상당한 문제가 있음을 뜻한다. 즉, 다문화 국가의 구성원으로서의 개인을 하나의 독립된 개성체, 개별체로서 정당하게 상대해야지 그렇지 않고 동정심이나 우리와는 다른 별개의 존재로 인식한다면, 이는 추후에 큰 문제가 발생할 것이다. 이를테면 현재 경제적 정치적으로 다수의 기존 문화의 구성원들이 큰 어려움이 없거나 다수자 자신에게 해가 되지 않는다고 생각할 때는 문제가 되지 않는다. 하지만, 다수의 기존 문화의 구성원들에게 경제적으로 정치적으로 해가 된다고 판단되거나 아니면 국가적으로 큰 위기가 발생한다면, 이들 다수자들은 소수 다문화 이주민들에게 여러 가지 제약을 가할 가능성이 농후하다.[21] 특히 경제적 문제는 곧 생존의 문제로서 다수자들이 소수 다문화 이주민들이 자신들의 경제적 이해관계에 심각한 침해를 입혔다고 판단하다면 이들 간의 갈등의 골은 더욱 깊어질 수밖에 없다. 이러한 사회적ㆍ경제적ㆍ정치적 갈등의 원인은 외국인 혐오증이라는 시각과 함께 소수 다문화 이주자들을 동등한 개인이 아닌 하류민으로 취급하려는 시각이 있기 때문에 발생하는 것이다. 그러므로 다수인 기존의 문화 구성원들은 소수 다문화 이주자들을 편협된 시각이 아닌 평등하고 보편적 개인으로 이들 소수자들을 바라보아야 한다. 이러한 균형있는 관점으로 세상을 보고 또 이러한 논리를 제공하는 것이 평등한 개인관이며, 이러한 개인관이 정착된 사회가 다문화를 진정으로 수용할 수

---

[21] 이러한 예는 2008년 5월에 있었던 남아프리카 공화국에서 발생한 대규모 폭력사태(한겨레신문 5월 19일)의 원인은 경제적 이해가 근본적인 문제였다.

있는 건전한 사회일 것이다. 따라서 다수의 기존 문화 구성원들은 이들 다문화 이주자들에 대하여 보편적 개인(모든 권리와 의무가 동일한)으로 보는 시각이 필요할 것이다. 이러한 시각을 가져야만 다수 문화 구성원들과 다문화 이주자들과의 갈등관계는 발생하지 않을 수 있으며 또한 갈등이 발생하더라도 극단적 폭력 사태로 발전하지 않고 또 바람직한 방향으로 사회통합을 이끌 수 있는 중요한 모태가 된다.

평등한 개인으로서의 다문화 국가의 구성원은 법적으로 인정을 받은 구성원뿐만 아니라 법적인 자격이 주어지지 않았더라도 일정한 자격을 가진 자, 즉 일정 기간이 경과한 자 등도 있다. 이처럼 법적인 자격이 없는 다문화 소수자들은 투표권과 같은 정치적 권리의 부여는 제한될 수밖에 없다. 하지만 인간의 기본적인 삶을 영위할 수 있는 권리, 즉 경제적 권리, 문화적 권리의 향유 등은 이들에게 주어져야 한다.

이는 인간이 사회적 동기도 갖고 있다고 판단하기 때문이다. 원래 개인주의는 이기적 인간을 기본관으로 보고 있다. 하지만 인간에게 이기적인 감정뿐만 아니라 그의 사회성을 뒷받침하는 동감의 원리와 양심의 원리, 그리고 이타심의 원리도 부존되어 있다(김완진·송현호·이재율, 1997). 이 결과 인간은 이기적 개인으로 나타날 수 있지만 타인을 배려하는 이타적 인간의 모습을 보이기도 한다. 평등한 개인관은 자신의 이익을 추구하지만, 그 바탕에는 남을 고려하고 다른 사람의 입장을 받아들이는 사회적 감정과 속성을 내포하고 있다. 이처럼 평등한 개인관은 개별적 인격체로서의 개인을 중시하고 있으며, 한 사회를 구성하는 구성원이 다수이든 소수이든 상관없이 모두가 평등하고 동등하게 취급받아야 함을 말한다.

평등한 개인관은 이기주의와 명확히 구분할 필요가 있다. 이기주의는 타인에게 부당한 피해를 입히는 것에 개의치 않고 자신의 이익만을 추구하는 탐욕인 것이다(이근식, 2005). 자유란 모름지기 무제한적으로 주어지는 것은 아니며, 일정한 제한이 가해지게 되는데, 이것은 바로 이기주의적 인간행동을 방지하기 위한 것이다. 따라서 이러한 이기적 개인의 행동은 사회에 바람직하지 못한 결과를 낳거나 다른 사람에게 부적절하고 부당한 피해를 주기 때문에 엄격히 한정할 필요가 있다. 이러한 제한은 그 사회에서 정한 정당하고 적절한 절차를 통해서 형성된 규칙, 즉 법과 제도에 의해서 이루어져야 한다.[22] 이것은 결국 지나친 개인주의는 지양되고 배제되어야 하는 것으로 개인주의를 지향하되 그에 따른 문제점을 경계함을 의미한다.

3) 다문화 규칙의 정립

한국인의 경우 역사 이래 이처럼 다양한 인종과 민족, 문화 등을 접한 경험이 없다. 이러한 새로운 경험이 다양성을 인정하고 흡수하고 받아들여서 하나의 통합된 국가, 즉 다문화 국가로 나아갈 수도 있고 아니면 주류 문화 속으로 소수의 다문화가 흡수되는 것을 주장하는 동화모형의 강조로 이어질 수도 있다. 하지만, 소수문화를 다수의 주류문화에 흡수하는 동화모형으로의 진입은 한 사회의 다양성을 방해한다는 측면에서, 또 다수를 점하는 주류문화가 월등한 지위에서 소수의 의견을 받아들이지 않는 우월성의 현시라는 측면에서 바람직하지 않다고 판단된다. 그렇기 때문에 소수의 다양한 다문화를 인정하고 받아들이되 그 인정의 범위는 사회 공동의 합의를 바탕으로 한 규칙의 제정을 통하여 형성될 수 있을 것이다. 이는 획일성보다는 다양성, 독점보다는 경쟁, 소수 의견의 존중, 결정규칙의 변경 등을 통하여 이루어지는데, 이러한 규칙의 제정은 헌법적 수준에서부터 지방정부 수준에 이르기까지 여러 수준에서 이루어질 수 있을 것이다.

다문화 국가에서 논의하는 사회적 연대와 통합은 상당히 추상적 개념이며, 일반적 당위성을 주장하는 것이다. 이러한 추상성을 보다 구체화해야 올바른 정책과 집행효과가 나타날 수 있다. 이러기 위해서는 제도가 중요하다. 다양성 수용과 상호성을 보장하고 보호하기 위해서는 제도의 역할이 중요하다는 것이다.

다문화 이주자에 대한 문제를 소수의 문제로 치부하여 이들의 의견을 무시하거나 방치해서는 안 되며, 이들이 한국에서 잘 적응하고, 적절한 정책의 혜택을 받으며, 자신의 의견을 정책에 적극적으로 반영할 수 있는 여러 장치를 마련하는 것이 무엇보다도 선행되어야 한다. 현재 이주자들에 대한 의견은 아주 미미한 수준이며, 이들의 의견도 이주자 자신이 스스로 개진하는 것이 아니라, NGO 등의 시민단체에서 이들의 입장을 대변하는 정도에 그치고 있다. 하지만 이들의 의견

---

[22] 로크가 이야기했듯이 '법이 없으면 자유도 없다'라는 의미가 이에 해당된다고 본다.

을 대변하는 NGO조차 한국적 상황에서는 그 존재가 상대적으로 미미하기 때문에 정부 정책에 적극적으로 반영되기에는 많은 부분이 부족한 실정이다. 그렇기 때문에 소수 이주자의 요구를 잘 수렴하고 반영할 수 있는 제도적 장치가 무엇보다 요구된다.

다양한 제도적 장치 중에서 특히 규칙의 규칙인 헌법이 이러한 상황에서 중요한 역할을 할 것이다. 그러면 기존의 헌법을 그대로 두고 여러 대책을 강구할 것인가? 아니면 기존의 헌법을 변경하여 전혀 새로운 법체계를 형성하여 다문화 국가에 대응할 것인가가 문제가 된다. 새로운 변화의 시기에 맞게 최상위법인 헌법의 개정이나 수정이 이루어질 수 있을 것이다.[23] 하지만 헌법의 개정이나 수정이 현실적으로 어렵다면 다문화 적용과 관련하여 헌법에 대한 해석을 보다 적극적으로 할 필요성도 있다.

규칙의 정립 시에는 변경의 주체, 토론, 공청회, 담론, 방식, 범위, 게임의 규칙, 하위 법규의 정비방법 등을 함께 고려해야 한다. 규칙의 정립을 위해서는 절차와 내용이 공정하고 실질적이어야 한다. 절차는 특별한 소수나 특권층만이 참여하는 것이 아니라 해당 사회를 구성하는 모든 사람들이 참여할 수 있어야 하며, 이는 민주주의의 가장 기본적인 원칙이다. 이러한 제도의 정립이 이루어지는 것과 동시에 의식변화를 위한 노력, 즉 홍보, 다문화 교육, 태도 변화 유도를 위한 노력 등이 함께 병행되어야 한다. 이를 위해서 정부는 다문화 관련 부서의 신설과 같은 조직 개편, 예산 및 전문인력 등을 확보하여 다문화 국가에 걸맞는 면모를 갖추어야 할 것이다.

이처럼 공정한 규칙과 이를 준수하기 위한 준법정신이 다문화 국가에서 중요한 요소가 될 것이다. 이는 규칙의 실질적인 내용과 이의 집행을 위한 의지가 선결되어야 한다. 즉 다수 속에 소수를 흡수하는 동화모형이 아니라 보다 큰 틀에서 기회균등, 차별금지를 비롯하여 구체적으로 한국 사회에 적응을 위한 세부적 지원이 요구된다. 이는 기존의 문화적 틀에 살고 있는 대다수 한국인의 다문화 이주

---

23) 다문화에 대한 규칙이 정립되었을 때에는 이를 헌법에 명시하는 것이 필요하다. 그렇지 않으면 정치적 흥정에 의해서 이러한 규칙들이 변경될 가능성이 높기 때문에 규칙의 규칙이면서 개정이 어려운 헌법에 명시하는 것이 요구된다.

자들에 대한 차별을 막기 위한 것이다.

이러한 다문화 이주자들에 대한 차별을 금지하고, 나아가 현실적 차별을 막기 위한 방안은 다문화 이주자들이 한국의 현실에 잘 적응하고 또 그들의 삶의 질을 높이면서, 동시에 그들 고유의 다양한 문화를 유지하게 할 것인가와 연결된다. 이런 논의를 통해 다문화적, 다민족적 자율과 자유의 인정을 추구하는 것이 중요한 사안일 것이다.[24]

(1) 경제적 규칙

다문화 국가의 정착을 위한 제도적 측면은 크게 두 가지로 볼 수 있다. 하나는 경제적 측면이고, 다른 하나는 정치적 측면이다. 우선 경제적 측면을 보면 다음과 같다.

한국에서 다문화 국가의 발생원인은 경제적 발전과 그에 따른 필요성과 관련이 깊다. 1990년대부터 본격적으로 외국인 노동자들이 한국에 유입되었고, 이는 한국의 부족한 노동력을 보충한다는 의미가 깊었다. 그리고 국제결혼 이주자들, 외국인 유학생들, 외국인 기업인들의 면면을 보면 종국적으로 한국의 경제적 부가 늘어나고 축적된 결과로 나타난 현상이라 말할 수 있다. 한국의 경제적 부가 늘어나고 축적되면서 유입되기 시작한 다문화 이주자들은 한국에서 경제적 부의 향상을 기하고자 할 것이다. 이는 경제적 측면에서 이들 다문화 이주자에 대한 시각과 문제의식을 살펴볼 필요가 있음을 뜻한다. 즉, 경제적 문제가 다문화 이주자들에게 중요한 문제이고, 이들에게 경제적 지원이 무엇보다 절실하다는 것을 의미한다.

그렇기 때문에 경제적 문제는 다문화·다민족 상황에서 갈등을 극복하기 위한 가장 중요한 기본적 요소라고 볼 수 있다. 그러면 이들 다문화 이주자들에 대한 경제적 지원의 한계는 어디까지 잡을 것인가가 주요 논쟁으로 대두할 수 있다.

---

[24] 다문화 이주자에 대한 차별을 금지하고 다문화지원을 구체적 정책으로 형성한다면, 즉 공정한 규칙의 제정과 준수가 전제조건으로 주어진다면 이는 사회적 갈등을 방지하거나 갈등의 정도를 완화시킬 수 있을 것이다. 공정한 규칙은 최종적으로 법과 제도로써 구체화되고, 이 결과 소수의 다문화 이주자, 즉 약자의 생존권은 보장받을 수 있을 것이다.

즉, 경제적 지원을 누구에게, 어떤 방법으로 어떻게 또 얼마만큼 지원하고 제공해야 하는가가 중요한 논의점이다. 이들에 대하여 일방적으로 지원할 것인가 아니면 스스로 자립을 할 수 있는 방향으로 지원할 것인가를 판단해야 한다. 정부의 지원정책은 무한정으로 이루어질 수 없다. 어느 정도 지원의 한계가 정해져 있어야 하는데, 이러한 지원의 한도는 기회의 평등과 함께 다문화 이주자들이 스스로 일어설 수 있도록 하는 즉, 이들의 자립의지라는 측면에서 정해질 것이다.

우선 기회의 평등이다. 기회의 평등은 누구나 자신의 능력에 따라 적합한 지위를 담당할 수 있는 기회를 갖는 것이며,[25] 교육, 직업, 공직출마 등 모든 사회활동에 참여할 수 있는 기회가 모든 사람에게 동등하게 열려 있어야 함을 뜻한다. 그렇기 때문에 정부의 지원은 기회의 평등이라는 측면에서 다문화 이주자들이 한국에서 다양한 지위를 획득할 수 있는 능력을 배양하는 역량을 키우는 데 역점을 둘 필요가 있다.

기회의 평등이라는 측면에서의 정부의 지원은 독립심, 자립심을 키우는 방향으로 이루어지는 것이 요구된다. 이러한 경제적 자립을 위해서는 언어 교육과 적성에 맞는 다양한 기술교육이 선행되어야 한다. 또 한국의 문화를 이해하기 위한 문화와 관습에 대한 교육도 필요하다는 판단이다.[26] 한국의 문화 및 사회에 대한 교육은 한국사회에 대한 적응으로서의 교육이지, 동화나 배제를 위한 교육은 아니다. 따라서 이들 교육은 한국 사회에 대한 적응력을 향상시키기 위한 기초적인 지원이며, 경제적으로 보다 나은 삶을 살 수 있도록 하기 위한 기회를 주는 의미에서 이루어지는 것이다. 이러한 지원은 중앙정부 차원에서 통합적으로 논의가 이루어지는 것이 바람직하다. 사회 적응을 위한 지원은 무엇보다도 재정이 많이 소요되는 것이기 때문에 중앙정부 차원에서 예산을 확보한 후, 상황에 현실에 맞게 각 지자체에 배분하는 것이 좋은 방안이라 판단된다. 이러한 정부의 지원은 너

---

[25] 기회의 평등에 따라 얻어지는 결과는 차이가 날 수 있다(김행범 외, 2007). 그런데 아무리 기회의 평등이 주어져도 이 기회의 활용능력의 차이 때문에 불평등한 차이가 발생한다.

[26] 한국 문화와 사회에 대한 교육이나 습득이 없이 독자적인 고유의 문화와 언어만을 가지고 한국에 살아가는 것은 힘들 것이다. 무엇보다 이러한 삶은 문화적 게토(getto)로밖에 작용하지 않으며, 단절된 삶을 살 수밖에 없다. 이처럼 단절은 사회통합에 큰 도움이 되지 않는 것이다. 이런 연유로 문화적 교류와 통합을 위해서는 한국 사회에 적응하고 정착하는 것이 우선되어야 한다.

무 지나치면 문제가 될 수 있다. 이는 현재 한국의 주류를 이루고 있는 다수 기성 문화 구성원들에 대한 역차별로 나타날 수 있으며, 또 한국 사회 적응을 위한 스스로의 노력이 이루어지지 않고 외부의 지원에 의존하는 의타심을 조장할 가능성이 높다고 본다. 여기서 문제가 되는 것은 결과의 평등과 관련된 것인데, 이들 다문화 이주자들이 경제적 빈곤 상태에 놓이게 된다면, 각급 정부와 사회는 어떤 해결방식을 채택하게 될 것인가의 문제이다. 이러한 결과의 평등은 자유주의에서는 크게 문제시하지 않는다.[27] 즉, 개인의 문제로서 파악하지 국가의 문제라고는 생각하지 않기 때문에 국가가 나서서 이들의 문제를 해결하려고 하지 않는다. 이에 대해서는 이 두 가지 즉, 기회의 평등과 결과의 평등을 분리하여 논의해볼 필요가 있다. 다문화 이주자를 위한 지원에서 개인의 자립을 위한 것은 결국 기회의 평등으로 연결지을 수 있으며, 이것은 결과의 평등과는 별개의 문제로 취급하자는 것이다. 각급 정부에서 지원할 수 있는 것은 기회의 평등이라는 측면에 중점을 두는 것으로 결과의 평등은 다른 문제라는 것이다. 그러면 결과의 평등은 어떻게 해결해야 하는가? 이는 기존의 복지정책을 활용하자는 것이다. 경제적 수준이 빈곤선 이하일 경우에는 기존의 복지정책에 준하여 이를 적용한다면 가능할 것이다. 따라서 다문화 이주자와 관련된 정책이나 이의 기초를 이루는 이론에서는 결과의 평등을 논외로 하고 논의를 전개한 후, 결과의 평등이라는 문제가 발생하면 사회복지라는 측면에서 이 문제를 해결하기 위한 각급 정부의 지원이 이루어지는 것이 필요하다. 하지만, 종국적으로 볼 때 기회의 평등과 결과의 평등은 동시에 이루어지는 것이다. 이는 다문화 이주자들이 한국에서 삶을 영위하기 위해서는 기회의 평등과 결과의 평등 모두 필요하기 때문이고, 이들에 대한 정부의 지원도 역시 이 두 측면을 중심으로 이루어져야 하기 때문이다. 결국 주안점을 기회의 평등에 두자는 것이고, 이는 다문화 이주자들의 정착과 적응을 위한 기본적인 토대를 위한 것이다.

---

[27] 이러한 시각은 자유주의의 중요한 문제점이자 오류로서, 이에 대하여 많은 학자나 전문가들이 비판하고 있는 것은 사실이며, 자유주의의 이와 같은 문제점을 해결하기 위해 노력했던 인물 중의 한 사람이 존 롤즈이다. 하지만 이러한 존 롤즈의 생각에 반대하는 학자들 또한 다수 존재하는데, 대표적인 사람들이 공공선택론자인 Bucannan, Tullock 등이며, 노직이나 하이에크도 여기에 속한다(김행범 외, 2007).

이처럼 정부의 지원은 다문화 이주자들이 한국에서의 생활에 큰 어려움이 없이 잘 적응할 수 있도록 하는 것으로 일정기간동안 한국 정착을 위한 정부가 도움을 주고 보호하는 기간으로서의 의미가 깊다. 이러한 지원과 보호 기간이 경과한 이후에는 다문화 이주자들은 그들 스스로 독립과 자립의지를 가지고 한국적 상황에 적응하는 것이 요구된다. 물론 자신의 고유한 문화를 보존하고 유지하는 것은 다문화 이주자 자신의 판단 하에서 이루어진다.

현재의 한국적 상황, 즉 다문화적 상황은 잠재적으로 무관심적 평온 상태이다. 다문화 이주자에 대한 지원에 대하여 불만을 표출하거나 이에 대해 이의를 제기하는 경우는 거의 없고, 특별한 갈등적 상황이 나타나지도 않는 상태이다.[28] 하지만, 만약 경제적 문제, 이를테면 경제가 급속도로 악화되어 주류 한국인들의 경제가 상당히 나빠지게 된다면 한국인들이 다문화 이주자들에 대하여 어떻게 생각할 것인가가 문제이다. 한국인과 다문화 이주자들 사이의 이해관계에서 충돌현상이 발생하게 되면, 이들 소수자에 대한 한국인의 인식은 무관심적 평온 상태에서 벗어나 적극적 개입 상태로 전환될 것이다.[29] 이처럼 한국의 경제가 어려워지고 이들 외국인 노동자들이 자신의 일자리를 빼앗는다고 생각할 때, 특히 일자리가 한국인과 겹치는 직업영역에서 그 충돌 가능성은 커질 수밖에 없다. 이러한 상황이 발생하게 된다면 다문화·다민족에 대한 적극적인 인정, 다문화 국가의 다양한 민족과 문화에 대한 비교적 온건적 태도와 수용적 자세가 부인될 가능성이 있다. 이는 다른 나라의 사례, 이를테면 남아프리카 공화국, 독일, 영국, 프랑스 등의 사례를 통해 보면 짐작할 수 있다. 한국의 경제적 상황의 위기와 그에 따른 경제적 궁핍 및 실업률의 급증 등은 다문화 이주자들과의 사회적 갈등과 분열의 양태로 이어질 수 있으며, 이에 대한 방지 장치와 갈등을 최소화하기 위한 방지기제가 필

---

[28] 한국에서의 무관심적 평온상태가 서서히 무너지고 있다. 이미 인터넷의 일부 사이트를 중심으로 외국인 노동자에 대한 부정적 시각이 표출되고 있으며, 이들 사이트의 회원들은 거리행진 등과 같은 구체적 방안을 통해 외국인에 대한 적대적 행태를 표출하려고 하고 있다.

[29] 이뿐만 아니라 '다문화 정책반대'와 '외국인노동자대책본부' 등의 웹사이트에도 외국인에 대한 적대감을 노골적으로 드러낸 자료가 가득하다(동아일보, 2008년 11월 17일). 또 이들은 '불법체류 외국인 강력단속 및 외국인 범죄척결 범국민대회'를 열고 거리행진까지 계획하고 있다. 그리고 노동부 산하 한국외국인근로자지원센터는 최근 직장과 관공서 등에서 인종주의적 모멸감과 차별을 당했다고 호소하는 외국인이 계속 증가하고 있다고 밝혔다.

요하다. 문제와 갈등이 심각하게 대두되기 전에 초기에 해결 및 방지기제를 마련할 필요성이 절실하다. 이러한 해결 및 방지기제는 다문화 이주자에 대한 지원이 특혜 정책이 아니라 소수의 불안정한 상태를 안정된 상태로 전환하기 위한 최소한의 기본권이라는 인식을 다수 한국인에게 인지시킬 필요가 있다. 다문화 지원을 통해 다문화 이주자들이 한국에 적응하고 스스로의 삶을 이끌어 갈 수 있는 자립의지를 키운다면, 이들은 한 사회의 소중한 일원으로서 자리를 잡게 될 것이다. 다문화 이주자들이 사회의 일원으로서 인정받고 참여한다면, 다수와 소수의 교류는 증대할 것이고, 접촉의 증대는 상호의 문화에 대한 이질감을 완화시키는 역할을 하게 될 것이다. 이러한 과정을 통해 다수와 소수 사이에 서로 인정과 신뢰를 쌓을 수 있으며, 신뢰와 상호인정은 갈등의 방지와 갈등의 해결을 위한 기제로 작용할 것이다.[30]

(2) 정치적 규칙

정치적 규칙을 정함에 있어서 필수적 사항은 소수의 다문화 이주자들이 정치 과정에 아무런 차별 없이 참여하는 것이다. 정치 과정에의 참여는 개인의 자유를 실현하고 자율성을 확보하는 수단이며, 기회의 평등과 자립의 의지를 확보할 수 있는 중요한 원천으로 작용한다. 정치 과정에의 참여를 자연스러운 현상으로 받아들여야 하는 것으로 단지 이상적 제도만 설정하고 방치해서는 안 된다. 이러한

---

[30] 정부의 지원과 다문화 이주자들의 자립의지가 성숙된 이후, 이들 다문화 이주자들이 한국에 잘 적응할 수 있다면, 이들은 사회자본으로서 중요한 역할을 수행할 수 있을 것이다. 사회자본은 사람과 사람의 네트워크를 의미하는 것으로, 사회자본으로서 다문화 이주자들의 역할에 관심을 두자는 것이다. 이들에 대한 실질적이고 현실적인 지원을 해주고 이들의 한국에의 정착을 돕는다면, 이것은 이주자 본국과의 교류, 본국에서 한국에 대한 인지도 및 호감도의 상승 등과 같은 긍정적인 효과를 기대할 수 있을 것이다. 또한 이런 인적 네트워크는 이주자 본국과의 관계 설정뿐만 아니라 문화 교류라는 측면에서 상당한 의의가 있다. 이는 다문화 이주자들이 양쪽의 문화를 이어주는 다리 역할을 할 것으로 기대할 수 있기 때문이다. 이렇게 형성된 사회자본은 다문화적 지식의 습득과 체험 등을 통하여 세계화 시대에 대비한 경쟁력을 높일 수 있는 좋은 자원으로 작용할 수 있을 것이다. 다문화 이주자들에 대한 지원에 부정적 시각을 표출하는 경우도 있지만, 다문화 이주자에 대한 도움은 종국적으로 한국에 유리하게 작용할 것으로 판단된다. 이런 측면에서 다문화 이주자들은 한국의 다문화 국가로의 이행과정과 앞으로 진행될 세계적 수준에서 다자간협력체제의 기초로서 확고한 디딤돌 역할을 할 것이다.

이들의 참여는 자율적이며 자발적으로 이루어져야 하는데, 이러한 구성원들은 모두 동일한 정치적 조건을 기반으로 활용하여야 한다. 사회의 모든 구성원들은 정책결정 과정에 참여할 수 있어야 하고, 그들의 목소리가 대표될 수 있어야 한다는 정치적 규칙이 강조된다.

차별 없는 진정한 정치적 참여의 보장은 다문화적 다양성을 보호하고 인정하는 정치적 규칙의 제정으로 이어진다. 다문화 규칙의 제정은 다수의 입장만을 반영하기보다는 소수의 개인이나 집단의 참여를 통한 사회적 합의로 이루어져야 하는데 이러기 위해서는 참여의 보장이 선행되어야 한다. 이러한 참여와 함께 정치적 규칙의 제정을 위한 토론 내용도 실질적인 것으로, 그 내용이 미리 제시되거나 제한받지 않는 개방된 주제여야 한다. 결국 소수의 의견을 다수가 무시하지 않고, 이들의 요구사항을 심사숙고하여 정책 형성에 반영하여야 하며, 이러한 과정을 거쳐 형성된 정책은 존중받아야 한다.

이러한 과정에서 특히 문제가 되는 것은 다수결의 문제이다. 다수결은 민주주의의 대표적 의결제도이지만 이것도 역시 문제가 있다(이근식, 2005). 이런 의결방식을 이용하는 다수가 국가라는 이름을 빌려 합법적으로 소수의 기본권을 침해한다. 그러므로 민주주의의 의결제도도 기존의 결정방식인 과반수 제도에서 벗어나 사회적 약자인 소수 다문화 이주자들을 고려한 의사결정방식으로 변경될 필요가 있다. 다문화 다민족과 관련이 있는 사안에 대해서는 2/3방식이나 3/4방식, 더 나아가 만장일치제도를 채택하는 것이 소수 다문화 이주자들의 요구를 수용할 수 있을 것이다.[31] 이는 사회적 약자인 소수 다문화 이주자들을 보호한다는 의미이다. 과반수 제도는 기득권을 보호하고 소수의 의견을 무시하는 결과를 낳게 된다. 하지만 2/3방식 혹은 3/4방식의 의사결정제도 혹은 만장일치제도는 소수인 사회적 약자에게 유리한 결정을 내릴 수 있다. 이를테면, 중요한 정책결정(예를 들면 권리의 변경이나 재산권의 변동, 특정한 의무의 부과 등)을 할 때, 특히 다문화 관련 정책과 같이 소수를 위한 정책일 경우, 과반수를 하게 되면 그 정책이 무산될 가능성이 있고, 이는 제한되고 한정된 재원으로 인해 과반수는 자신을 위한 정책을 지지하기 때문이다. 다수의 시민들이 자신의 이득을 위하여 소수 시민의 이

---

[31] 이러한 의사결정규칙은 Buchanan과 Tullock의 연구에서 선도적으로 찾아 볼 수 있다.

익을 억압할 수 있어서 과반수의 횡포로 나타날 수 있다. 뿐만 아니라 정책결정의 중요한 참여자 중의 하나인 정치인에게 다수의 표가 중요하기 때문에[32] 소수를 위한 정책과 합의를 이끌어 내기 어렵다. 이러한 문제점을 방지하기 위해서는 소수의견의 참여를 적극적으로 보호하고 나아가 이들과의 갈등의 여지를 줄이는 방향으로 정책결정 규칙이 변경되는 것이 옳을 것이다. 이런 의미에서 다문화 소수를 위한 최소한의 장치로서 2/3방식이나 3/4방식의 의사결정제도를 도입하는 것도 하나의 좋은 대안이 될 수 있을 것이다.[33][34] 이러한 의사결정 규칙은 비용이 과다하게 소요되는 단점이 있다. 즉 해결과 합의를 위한 많은 시간, 많은 정보, 많은 인원 등이 동원될 것이고, 그러면 합의에 이르는 과정은 상당한 고통이 수반되는 작업이 될 것이다. 하지만 이렇게 힘든 과정을 거쳐 사회적 합의가 이루어진다면 이는 그만큼 사회적 갈등을 줄이는 계기가 될 것이고 사회통합을 위한 중요한 기초가 될 것임에 틀림없다.

　　다문화 이주자에게 정치적 권리, 특히 투표권과 같은 참정권의 부여를 언제, 어떻게 할 것인가도 주요한 논쟁으로 등장하고 있다. 국제결혼 이주자의 경우 2년이 경과하면 정치적 권리를 합법적으로 획득할 수 있다.[35] 하지만 다문화 이주자

---

[32] 정치인의 가장 중요한 목표 중의 하나는 재선이다. 재선을 위해서는 과반수 득표가 무엇보다 중요한데, 과반수를 확보하기 위해서 소수를 위하기보다는 다수의 의견을 중심으로 정책이 이루어진다. 이것은 '중위투표자'이론을 보면 더욱 자세히 알 수 있다.

[33] 가장 좋은 의사결정방식은 만장일치제일 것이나, 만장일치제는 그 사회적 비용이 너무 과다하게 소요된다. 이 때문에 만장일치제는 의사결정규칙으로 채택되는 경우는 드물다. 하지만 만장일치제가 적용되는 경우는 한국 국민참여재판의 배심원 평결, 미국의 배심원 평결 등에서 찾아 볼 수 있다.

[34] 의사결정에서 만장일치 등을 주장하는 것이 곧 공동체 사회를 뜻하는 것이라고 생각할 수 있다. 하지만 만장일치는 의사결정의 한 방식일 뿐이지, 정치적 체제를 의미하지 않는다. 이를테면 공동체 사회라고 하더라도 의사결정방식으로 만장일치가 될 수 있고, 또 과반수 혹은 3/4 방식으로 결정될 수 있다. 본 논문에서 만장일치를 주장하는 것은 우리 사회의 주된 의사결정방식인 과반수에 대한 문제를 지적하고 이를 시정하기 위한 것이다.

[35] 다문화 이주자들은 한국에서 다양한 폭력적 상황에 노출되어 있으며, 이에 대한 보호를 제대로 받지 못하고 있다. 일례를 들면 가정폭력에 시달리는 국제결혼 이주자의 경우 남편에게 폭력을 당하더라도 사법당국에 신고를 할 수가 없다. 국제결혼 후 2년이 경과해야 한국국적을 획득할 수 있기 때문에 이 기간 중에는 남편의 폭력에도 아무런 저항을 할 수 없다. 이는 만약 남편으로부터 이혼을 당하게 되면 본국으로 추방당하기 때문이다. 이처럼 2년이 경과하지 못한 경우라도 인권보호라는 측면에서 이들을 보호해야 하며, 특히 예외 규정을 적용하여 남편으로부터 격리할 필요가 있고, 또 본국으로 추방당하지 않도록 정부당국에서 관심을 기울임은 물론 적극적인 법 개정도 고려해 보아야 한다. 이

들 중 결혼 후 2년이 경과하지 않은 사람이나 이주노동자의 경우에 이들에게 정치
적 권리를 어떻게 부여할 것인가가 문제가 된다.[36] 이들에 대한 정치적 권리의 부
여는 제한될 수밖에 없다. 이는 한국 사회에 적응 가능성의 여부, 정착 가능성의
여부 등을 고려하여 판단할 수밖에 없는 사안이기 때문에 일정 기간 동안 유예하
는 것이 바람직하다고 판단하기 때문이다. 하지만, 이 기간 동안 이들에 대한 보
호조치는 이루어져야 한다. 정치적 권리가 없다고 해서 이들에 대한 의견을 무시
하거나 권리를 박탈하고 침해할 수 없는 것이다. 이들의 권리를 보호하기 위해서
는 보편적 인권의식이 우선적으로 고려되어야 한다. 이러한 인권의식을 중심으로
합법적 권리를 획득하지 못하고 신분적으로 위약한 상태에 있는 이들의 권리를
보호하는 것이 필요하다. 문화가 다르다는 이유로 혹은 인종적으로 다르다는 이
유로 발생하는 다양한 사회적 차별의 해소는 사회통합이라는 면에서 보면 아주
절실한 필요사항이다. 특히 차별과 억압은 사회통합을 저해하는 가장 큰 장애요
인이며, 이를 철폐하지 않고는 통합을 논할 수 없다. 이러한 차별과 억압을 해소
하기 위해서는 다문화 이주자들에게 정치적 권리의 부여를 통한 합법적 권리를
취득하도록 도움을 주고, 그렇지 못한 경우는 보편적 인권의식을 기반으로 이들
의 권리를 보호해 주어야 한다.

다양성 수용과 상호인정, 평등한 개인으로서의 다문화 구성원, 다문화적 규칙
의 정립 등이 중심이 되는 하나의 정책모형을 고려해 볼 수 있으며, 이 정책모형
을 바탕으로 하여 한국의 사회발전과 사회통합이 병립할 수 있는 방향으로 다문
화 관련 이론과 정책이 개발되고 형성될 수 있을 것이다. 본 정책모형은 우선적으
로 갈등을 방지하기 위한 기제로서 또한 작용할 것이며, 나아가 갈등의 발생 시
이를 해결하기 위한 방향타로서의 역할을 할 것으로 기대된다. 무엇보다 중요한
것은 자유와 평등의 확대이며, 자유와 평등의 확대는 사회적 억압의 감소와 차별

뿐만 아니라 이주 노동자 역시 악덕 업주의 폭행에 시달리고 있고, 산업재해를 당하더라도 제대로 된
치료를 받지 못하고 있는 실정이다. 이들이 이렇게 불이익을 감수하고 있는 것은 본국으로의 추방을
두려워하기 때문이다.

[36] 한국의 경우는 이 기간이 상대적으로 짧은 편이다. 홍콩의 경우에는 7년이 경과해야 합법적 신분이
되어 정치적 권리를 비롯한 다양한 시민적 권리를 인정받을 수 있다(Chinese University of Hong Kong
의 Liu 교수와의 인터뷰, 2008년 10월 20일).

의 감소를 의미한다. 이는 기존의 문화 구성원뿐만 아니라 다문화 이주자들에 대해서 중요한 점이다. 다문화 국가로의 진전은 다문화 이주자들과의 사회통합으로 완결될 수 있는데, 이러한 사회통합은 윤리적·감성적 통합도 중요하겠지만, 법과 제도를 통한 통합이어야 한다. 윤리나 감성은 불완전한 인간의 특성상 지속성이나 일관성을 찾기 어렵기 때문에 이러한 불완전성을 보완할 수 있는 법과 제도의 제정을 통한 사회통합이 올바른 방향일 것이다.[37)]

본 정책모형에서 주장한 다문화 국가의 대응기제는 다문화 시대의 새로운 정신을 형성하는 데 도움이 될 것이며, 이러한 정신을 중심으로 다문화 국가에서 발생할 수 있는 문제들을 정확하게 진단할 수 있을 것이다. 그리고 정확한 문제분석을 중심으로 이에 걸맞는 정책을 형성할 수 있고, 또 이런 정책을 공정하게 집행할 수 있을 것이다. 물론 그 결과는 엄정하게 평가되어야 하며, 그에 따른 환류와 시정조치가 요구된다 하겠다.

다문화 국가에 대비한 정부의 대응은 이처럼 매우 다양하고 복잡하다. 이러한 복잡다단한 변화 상황을 단순한 시각과 관점으로 보아서는 안 되고, 시간적으로 단기적 대응 방안을 제시해서는 더욱 안 될 것이다. 현재 각급 정부는 다문화 국가에 대비하여 수많은 정책대안들을 쏟아내고 있다. 이들 정책의 효율성과 형평성에 대해서는 아직 판단을 내리기가 어렵다. 보다 정확한 평가는 시간이 좀 더 경과해 보아야 알 수 있을 것이다. 그렇기 때문에 다문화 국가에 대비한 정책은 단기적 정책의 관점에서 벗어나야 한다. 일회성이나 임시방편적 조치에 그치기보다는 지속적인 관심으로 다문화 이주자들을 지켜보아야 한다. 이들이 가진 애로사항이 무엇인지를 계속하여 모니터링할 필요가 있고, 한국 사회에의 정착과 적응과정에 나타날 수 있는 여러 문제점들 또한 파악해야 한다. 이러한 지속적 관심과 모니터링은 이주자 본인뿐만 아니라 다문화 이주자의 2세, 3세에 대한 관심과 지원으로도 연결될 수 있다. 특히 2세, 3세의 경우 앞으로 한국의 주요한 정치

---

37) 안산시에서는 '외국인인권조례안'을 2008년 12월에 제정할 예정인데, 그 내용은 피부색, 인종, 민족, 언어 등이 다르다는 이유로 일상생활 및 공공시설 이용에 차별 및 불이익을 받지 않도록 한다는 것이고, 또 외국인 고용업체가 이들의 인권보호를 위해 노력하며 종교활동 등 고유의 문화를 존중토록 하는 내용도 포함되어 있다(동아일보 2008년 11월 17일).

세력으로 등장할 가능성이 농후하다. 2세, 3세를 포함한 다문화 이주자 모두에 대한 지원과 관심, 이를 통한 조화는 우리 모두의 역량을 집중해야 하는 과제이다.

V. 결 론

한국 사회는 현재 이전의 모습과는 상당히 다른 양상으로 변화되고 있는데, 그것은 다문화 국가로의 급속한 진전이다. 이러한 변화의 모습은 앞으로 지속적으로 진행될 것이며, 변화의 양태는 예측하기 어려울 정도로 급변할 것이다. 한국도 이러한 변화에 적극적으로 대응할 필요성과 함께 이에 대한 적절한 대책을 세워야 할 시점에 왔다. 또한 정책에 대한 이론적 기반으로써 어떤 정책모형을 탐색하고 적용할 것인가가 현 시점에서 필요한 논의점일 것이다. 이와 같은 사실에 주안점을 둔 본 논문은 우선 다문화 국가와 관련된 여러 이론 모형을 설명하였다. 대표적인 것으로 차별모형, 동화모형, 다문화주의가 그것이다. 다문화주의는 차별모형과 동화모형을 비판하면서 대두된 이론이다. 이 이론은 다문화 국가에 대한 이론과 대안을 적절하게 제시하였고, 일부 국가에서 이 이론을 바탕으로 정책이 시행되었다. 하지만 다문화주의도 나름의 약점과 문제점을 노정하고 있는데, 이에는 개인성 문제, 사회적 갈등, 분배 문제, 소수자 중심, 이데올로기 문제 등이 있다. 여기에 더하여 한국인의 다문화 이주자에 대한 생각은 과거보다 많이 나아졌다고 할 수 있지만, 아직 다문화 이주자에 대하여 충분한 마음의 문을 열지 않고 있다. 즉, 다른 민족과 문화에 대한 배제 및 차별은 아직까지 존재하고 있다. 이런 한국적 상황에서 다수 속에 소수의 특수한 권리를 인정하는 다문화주의를 그대로 받아들이기에는 상당한 애로점이 있다.

이러한 다문화주의에 대한 비판과 한국인의 다문화 이주자에 대한 태도를 바탕으로 본 논문에서는 새로운 정책모형을 제시하였는데 첫째, 다양성 수용과 상호인정, 둘째, 평등한 개인으로서의 다문화 구성원, 셋째, 다문화 규칙의 정립이 그것이다. 다문화는 특수를 인정하는 것이다. 이는 보편과 충돌할 가능성이 크다는 것을 내포하고 있다. 이러한 갈등 상황을 방지하고 갈등이 발생할 때 이를 얼마만큼 최소비용으로 해결할 것인가가 다문화 국가와 관련된 여러 논점 중의 하나이다. 이러한 갈등의 가능성과 표출은 다른 나라의 사례에서 충분히 관찰하였다. 이를 방지하는 것은 서로를 평등한 하나의 개인으로서 인정하고 상호의 문화를 받아들이는 것이 하나의 방법이다. 즉 타자에 대한 차별이 아닌 개방된 마음으로 다문화적, 다민족적 상황을 인식하는 것이다. 이러한 상호인정의 구체적 모습은 규칙의 정립을 통하여 나타나며, 이의 정립은 다문화 국가의 사회통합으로 이어진다.

현재 한국에서 다문화적 현상 전체를 포괄하는 이론이나 모형을 찾는다는 것은 상당히 어려운 일이다. 하지만, 현 상황에서 적용할 수 있는 최선의 모형을 모색하고, 이를 다문화적 사회의 변화 상태에 맞게 융통성있게 활용하는 것은 가능할 것이다. 문제는 계속적인 정보수집과 그에 따른 검증 작업을 거쳐 올바른 방향으로 이론이나 모형을 점검하는 것이다. 이러한 변화에의 대응과 이론의 모색은 사회 개혁의 차원에서도 중요한 의의를 가진다. 사회적 개혁의 일환으로서 다문화 국가에 대한 이론의 정립과 정책의 개발이 필요하다는 것으로, 이러기 위해서는 일관된 논리를 형성하고 이에 맞는 패러다임을 개발하는 것이 우선적으로 요구된다. 이러한 이론과 패러다임을 기본으로 하여 다문화 국가에 맞는 다양한 다문화 정책들을 개발할 필요가 있다.

참고문헌

강휘원. 2006. "한국 다문화사회의 형성 요인과 통합정책." 국가정책연구 20(2).

곽준혁. 2007. "다문화 공존과 사회적 통합." 대한정치학회보 15(2).

김남국. 2005. "다문화시대의 시민: 한국사회에 대한 시론." 국제정치논총 45(4), 97-121.

김범수 외 7인 공저. 2007. 「다문화 사회복지론」. 양서원.

김비환. 2006. 「자유지상주의자들 자유주의자들 그리고 민주주의자들」. 성균관대 출판부.

김상학. 2004. "소수자 집단에 대한 태도와 사회적 거리감." 사회연구 1.

김성곤. 2002. 「다문화시대의 한국인」. 열음사.

김완진 · 송현호 · 이재율. 1997. 「공리주의 · 개혁주의 · 자유주의」. 서울대학교 출판부.

김이선 · 황정미 · 이진영. 2007. 「다민족 · 다문화사회로의 이행을 위한 정책패러다임 구축(Ⅰ): 한국사회의 수용 현실과 정책과제」. 한국여성정책연구원.

김진준 역. 2005. 「총, 균, 쇠」. 문학사상사.

김태호 외 9인 공역. 2008. 「다문화 상담의 이론과 실제」. 태영출판사.

김한원 · 정진영 공편. 2006. 「자유주의: 시장과 정치」. 도서출판 부키.

김해성 · 조영달 역. 2007. 「자유주의와 공동체주의」. 도서출판 한울.

김행범 외 3인 공저. 2007. 「테마행정학」. 법우사.

문경희. 2006. "국제결혼 이주여성을 계기로 살펴보는 다문화주의와 한국의 다문화현상." 21세기정치학회보 16(3).

박병섭. 2006. "다문화적 소수자 문제에서 한국의 특수성." 사회철학 12.

박세일 · 나성린 · 신도철. 2008. 「공동체 자유주의: 이념과 정책」. 나남신서.

박수미 · 정기선. 2006. "사회적 소수자에 대한 편견적 태도에 관한 연구." 여성연구

70.

설동훈. 2006. "국민 민족 인종: 결혼이민자 자녀의 정체성." 「동북아 시대: 한국사회의 변화와 통합」. 동북아시대위원회.

심보선. 2007. "온정주의 이주노동자 정책의 형성과 변화." 담론21 10(2).

엄한진. 2006. "전지구적 맥락에서 본 한국의 다문화주의 이민논의." 「동북 "다문화" 시대: 한국사회의 변화와 통합」. 동북아시대위원회.

연수균 역. 2006. 「자유주의적 평등」. 한길사.

오경석 외. 2007. 「한국에서의 다문화주의: 현실과 쟁점」. 도서출판 한울.

유승무 · 이태정. 2006. "한국인의 사회적 인정척도와 외국인에 대한 이중적 태도." 담론21 9(2).

윤진 역. 2007. 「현대사회와 다문화주의」. 도서출판 한울.

이근식. 2005. 「자유와 상생: 새로운 시대정신을 찾아서」. 도서출판 기파랑.

이성언 · 최유. 2006. 「다문화 가정 도래에 따른 혼혈인 및 이주민의 사회통합을 위한 법제지원방안 연구」. 한국법제연구원.

이순태. 2007. 「다문화사회의 도래에 따른 외국인의 출입국 및 거주에 관한 법제연구」. 한국법제연구원.

이용승. 2004. "호주의 다문화주의." 동아시아연구 8.

이종열 · 황정원 · 노지영. 2008. "다문화정책의 거버넌스 접근: 인천광역시 사례를 중심으로." 한국행정학회 하계학술대회 발표문.

이태주 · 권숙인 · Julia Martinez · Yamamoto Kaori. 2007. 「다민족 · 다문화사회 진전에 있어서의 사회갈등 양상과 극복과정: 호주와 일본의 사례」. 한국여성정책연구원.

장동진 · 장휘 · 우정렬 · 백성욱 공역. 2005. 「현대정치철학의 이해」. 동명사.

장태한. 2001. "한국 대학생의 인종, 민족 선호도에 관하여." 당대비평 14.

한승준. 2008. "동화모형모델의 위기론과 대안론: 프랑스의 선택을 중심으로." 한국행정학회 하계학술대회 발표논문.

홍기원. 2006. 「다문화정책의 방향과 문화적 지원 방안 연구」. 한국문화정책연구원.

황정미 · 김이선 · 최현 · 이동주. 2007. 「한국사회의 다민족 · 다문화 지향성에 대한 조사연구」. 한국여성정책연구원.

황주홍 역. 2007. 「자유주의와 민주주의」. 민족과지성사.

동아일보, 한겨레신문, 조선일보, 중앙일보, 국민일보, 한국일보, 경향신문, 부산일보.

주간조선, 한겨레21, 월간동아, 월간조선, 뉴스위크.

외국인근로자의 고용 등에 관한 법률

문화체육관광부 홈페이지, 법무부 홈페이지, 출입국·외국인정책본부 홈페이지, 보건
복지가족부 홈페이지.

Barry, B. 2001. *Culture and Equality: An Egalitarian Critique of Multiculturalism*.
Cambridge: Harvard University Press.

Castles, Stephen. 1993. Migation and Minorities in Europe: Perspectives for the 1990s,
Eleven Hypotheses. In John Wrench and John Solomos(ed.). *Racism and Migration
in Western Europe*. 17-34. Oxford, UK: Berg Publishers Ltd.

Kymlicka, Will. 1995. *Multicultural Citizenship: A Liberal Theory of Minority Rights*. Oxford
University Press.

_____. 2004. Multicultural States and Intercultral Citizens. *Theory and Research
in Education*, 1(2). Sage.

Levy, J. 2000. *The Muticulturalism of Fear*. Oxford: Oxford University Press.

Miles, Robert. 1993. The Articulation of Racism and Nationalism: Reflections on
European History. In John Wrench and John Solomos(ed.). *Racism and Migration
in Western Europe*. 17-34. Oxford, UK: Berg Publishers Ltd.

Rath, Jan. 1993. The Ideological Representation of Migration Workers in Eupoe: A Matter
of Racialisation? In John Wrench and John Solomos(ed.). *Racism and Migration in
Western Europe*. 215-232. Oxford, UK: Berg Publishers Ltd.

Wrench, J. and Solomos, J. 1993. The Politics and Processes of Racial Discrimination in
Britain. In John Wrench and John Solomos(ed.). *Racism and Migration in Western
Europe*. 157-176. Oxford, UK: Berg Publishers Ltd.

제 3 장

다문화주의와 한국인의 국민정체성:

설문조사 결과를 중심으로

김도경 · 정명주 · 차창훈 · 지종화

다문화주의와 한국인의 국민정체성: 설문조사 결과를 중심으로*

I. 들어가는 말

21세기에 들어와 신자유주의, 세계화, 그리고 정보화의 물결 속에 국가의 경계선은 점점 허물어지고 있으며, 동시에 민족의 개념도 약해져 가고 있다. 20세기 민족국가 또는 국민국가(nation-state)[1]에 기초한 사회질서가 21세기에는 '이주의 시대'로 변화하고 있다.[2] 이러한 초국가적 이주는 '거주자-민족-시민의 삼위일체'를 전제로 한 근대 민족국가의 질서와 이를 가능하게 했던 동질성에 대한 상상과 신념이 더 이상 유지되기 어려운 상황을 가져왔다.

이러한 상황에서 한국도 더 이상 단일민족국가로 형성·유지되기는 힘든 현실에 직면해 있다. 즉, 자본과 상품의 자유로운 이동과 동시에 외국인의 이주 증가에 따른 '다문화적 도전(multicultural challenge)'[3]에 자유롭지 못한 실정이

---

* 이 논문은 2007년 정부(교육인적자원부)의 재원으로 한국연구재단의 지원을 받아 수행된 연구임 (KRF-2007-411-J01101).

1) 민족국가는 근대의 역사적, 정치적 산물로서 정치 공동체의 성원인 시민들 사이에 일정한 의무와 권리를 바탕으로 형성된 질서를 의미하는 동시에 동일한 혈통, 언어, 역사, 문화, 고향을 가진-보다 정확히는 그렇게 '상상'된-민족의 공동체이기도 하다. Benedict Anderson, *Imagined Communities: Reflections on the Origin and Spread of Nationalism* (London: Verso, 1983). 따라서 민족국가는 "자연적 (natural)인 것은 전혀 아니다. 전 세계에 단일 민족으로 구성된 국가는 거의 없다. 아이슬란드, 포르투갈, 한국은 자주 언급되는 단일민족 국가의 사례들이다." Will Kymlicka, "Multiculturalism States and Intercultural Citizens," *Theory and Research in Education*, Vol. 1(2)(2004), p. 149.

2) Steven Castles and Mark J. Miller, *The Age of Migration: International Population Movements in the Modern World* (New York: Builford Press, 1998).

3) Will Kymlicka, *Multiculturalism Citizenship: A Liberal Theory of Minority Rights* (Oxford: Oxford

---

다.[4] 특히 한국에서의 다문화의 도전은 과거에 경험하지 못했던 이주의 속도와 규모, 그리고 단기간의 압축으로 다가와 인식의 전환과 정책적 대응이 시급히 요구되고 있다. 세계적 추세와 비교해 한국사회에서의 외국인 이주와 정착은 다소 지연되어 시작되었지만, 일단 본격화된 이후 급격한 속도로 빠르게 증가하는 특수성을 보이고 있기 때문이다.

   최근 한국에서는 국제결혼의 급증[5]과 아시아인들을 중심으로 한 외국인 노동자의 수가 증가하면서 다민족·다문화 사회로의 이동이 논의되기 시작했다.[6] 2007년 8월 24일 법무부의 발표에 의하면 단기·장기·불법 등을 막론하고 국내 체류 외국인이 이날 기준 100만 254명으로 집계되어 전체 국내 주민등록인구(4913만 명)의 2%를 차지하며 처음으로 100만 명을 넘어섰으며, 이 중 약 5분의 1가량인 22만여 명이 불법 체류자로 조사되었다.[7] 또한 법무부는 인구 대비 외국인 체류자가 2010년 2.8%, 2020년 5%, 2030년 6%, 2040년 7.4%, 2050년 9.2%로 늘어 1000만 명에 육박할 것으로 추산하고 있다. 이는 이민사회로 분류하는 외국인 10% 시대[8]가

University Press, 1995); Richard Shweder, Martha Minow and Hazel Rose Markus, *Engaging Cultural Differences: The Multicultural Challenge in Liberal Democracies* (NY: Russell Sage Foundation, 2002).

[4] 2007년 8월 18일 유엔 산하 인종차별철폐위원회(CERD: UN Committee on the Elimination of Racial Discrimination)는 한국 사회의 다민족적 성격을 인정하고, 한국이 실제와는 다른 '단일민족 국가'라는 이미지를 극복해야 한다고 지적한 바 있다. 이러한 권고는 한국 사회의 다민족적 성격을 국제적으로 공인하는 동시에 한국사회가 극복해야 할 과제를 제시하고 있다.

[5] 2008년 5월 1일 현재 국내의 결혼이민자는 144,385명으로 전체 외국인주민의 16.2%에 해당한다. 국제결혼가정 자녀는 58,007명으로 전체 외국인주민의 6.5%로 매년 증가 추세다. 행정안전부 보도자료, 「2008년 지방자치단체: 외국인주민 실태조사 결과」, 2008년 7월 30일.

[6] 유엔 아시아·태평양 경제사회이사회(ESCAP)는 2008년 3월 27일 발간한 「2008 아·태 경제사회 보고서」를 통해, 역내 이민의 '여성화'가 진행되고 있다고 밝혔다. 2003년에 이미 인도네시아 이주민 가운데 여성의 비율은 80%, 필리핀은 70%를 차지한 것으로 나타났다. 이주민이 본국으로 보내는 송금액은 2007년 1060억 달러로, 전년에 비해 11% 늘어났다. 보고서는 1) 역내에서 상대적 부유국들이 고령화하면서 노년층을 돌 볼 여성인력 수요가 늘었고, 2) 국제결혼의 대부분이 외국인 여성과 자국 남성의 결합이라는 점 등을 이주민 여성화의 원인으로 분석했다. 한겨레신문, 2008년 3월 27일.

[7] 법무부 보도자료, 「체류외국인 100만 명 돌파!」, 2007년 8월 24일.

[8] 전체 인구에서 이민자의 비율 정도에 따라 이민사회 또는 다문화사회라고 분류하는 방법이 존재하지는 않는다. 다만 일반적으로 이민자 비율이 10%를 넘는 경우 이민사회 또는 다문화사회라고 부른다. 예로서 OECD 국가의 경우 이민자 비율은 프랑스(1999년 10%), 독일(2003년 12.9%), 영국(2004년 9.3%), 캐나다(2004년 18.9%), 미국(2004년 12.2%)이다.

그리 멀지 않았다는 것을 의미한다.[9]

그러나 대한민국은 반만년 공통의 언어, 역사, 문화와 인종으로 구성되어진 단일민족의 강력한 신념 또는 상상으로 현재에 이르고 있다.[10] '단일민족'이라는 믿음을 유지해온 한국 사회가 최근 외국인 이주의 증가세가 두드러지면서, 비이민전통국가인 한국사회는 혼란을 경험하고 있다. 특히 한국과 같은 비이민 전통국가이자 '단일민족'에 강한 신념을 유지하고 있으며, 제도적으로도 혈통과 민족적 단일성을 근거로 '국민인 자'와 '국민 아닌 자'를 명확히 구분하는 패러다임에 고착되어 있는 한국에서는 외국인 혐오가 보다 심각하고 정치적 갈등으로 비화될 우려도 크다고 할 수 있다.[11] 심지어 한국인의 인종과 민족관은 19세기의 전근대적인 수준에 머물러 있다는 주장이 제기될 정도이다.[12]

이러한 현실은 정치적 공동체 내에 문화적 다양성과 갈등을 수용할 수 있는 이념 및 제도와 문화가 필요함을 보여주고 있다. 외국 이주자뿐만 아니라 다가올 남북통일에 대비해서라도 사회적 불평등을 심화시키고 공동체 내부의 갈등과 불신을 증폭시킬 수 있는 요인들을 제거하고, 다양한 형태의 소수자들을 하나의 정치공동체에 통합시키기 위한 노력이 있어야 할 것이다.

본 연구는 이러한 추세에 따라 다민족 · 다문화 사회의 핵심 사안에 대해 부산지역에 거주하는 대학생들을 통해 그들의 의식과 태도를 조사하여, 간접적이나마 한국사회의 다문화사회에 대한 성향 및 인식을 살펴보고자 한다. 본 연구는 2008년 5월에 실시한 부산지역 대학생 1,000여명을 대상으로 한 "다민족, 다문화 사회에 대한 의식조사" 자료를 이용하여, 한국인들이 가지고 있는 국민정체성과 다민족 · 다문화주의[13]에 대한 지향성과의 연관성에 대해 알아본다. 일반적으로 국민

---

9) 송종호, "단일민족 환상 깨고 다문화주의로의 '전환시대'," 「민족연구」 30호(2007), p. 91.

10) 민족이나 국민은 근대화의 산물로서 앤더슨식으로는 '상상의 공동체'에 지나지 않는 것이다. Ernest Gellner, *Nations and Nationalism* (Oxford: Basil Blackwell, 1983). 홉스봄도 민족이라는 관념은 18세기 말 시민혁명 당시의 정치 엘리트가 권력의 장악과 행사를 정당화하기 위해 '창조한 전통'에 지나지 않는다고 본다. Eric J. Hobsbawm, *Nations and Nationalism Since 1780: Programme, Myth, Reality* (Cambridge: Cambridge University Press, 1992).

11) 박병섭, "다문화적 소수자 문제에서 한국의 특수성," 「사회와 철학」 제12집(2006), p. 108; 김현선, "국민, 반국민, 비국민: 한국 국민형성의 원리와 과정," 「사회연구」 12호(2006).

12) 장태한, "한국 대학생의 인종 · 민족 선호도에 관하여," 「당대비평」 제14호(2001), p. 101.

정체성 중 시민적 요소를 중시하면 다문화사회에 대한 개방성과 수용성이 높다고 알려져 있다. 이러한 사실을 경험적 분석을 통해 살펴봄으로써, 가까운 시기에 다가올 것으로 예상되는 다문화사회에 대한 조심스런 전망을 해 본다.

Ⅱ. 이론적 배경 및 선행연구

　'다문화주의(multiculturalism)'는 매우 다양한 의미로 사용되기 때문에 정의내리는 것이 쉽지 않다.[14] 그러나 대체로 한 사회 내 다양한 인종이나 민족 집단의 문화를 단일한 문화로 동화시키지 않고 서로 인정하고 존중하면서 공존하게끔 하는 데 그 목적이 있는 이념체계를 가리킨다. 따라서 기본적으로 한 사회 내의 모든 인종, 민족 집단이 문화적 차이에 상관없이 동등한 권리를 가지고 정치와 공동생활에 참여할 수 있도록 노력한다는 특성을 갖는다.[15]

　킴리카는 다문화주의를 자유민주주의에 대한 광범위한 합의와 지지가 선결된 조건에서, 다양한 문화적 주체들의 특수한 삶의 권리에 대한 제도적 보장이라고 정의하였다.[16] 이는 소수 다문화 이주자들에 대한 문화적, 정치적, 사회적 차이를 인정하고 이들에게 정당성을 부여하는 것을 뜻한다. 따라서 다문화주의는 각 인종, 민족의 전통적 문화, 언어, 생활습관을 국가가 적극적으로 보호하고 유지하기

---

13) 다문화 사회(multi-cultural society)와 다문화주의의 차이는 전자가 다양한 민족과 인종이 함께 살아가는 객관적 현실의 변화를 가리키는 것이라면, 후자는 다문화 사회에 대한 특정한 정치적 입장을 지칭하는 것이다. 엄한진, "전지구적 맥락에서 본 한국의 다문화주의 이민논의," 「동북아 "다문화"시대 한국사회의 변화와 통합」, 2006년 전국사회학대회 발표논문집(2006).

14) 이용승, "호주의 다문화주의," 「동아시아연구」 제8권(2004).

15) 유정석, "캐나다-다문화주의 제도화의 산실," 「민족연구」 제11집(2003), pp. 14-15; 강휘원, "한국 다문화사회의 형성 요인과 통합 정책," 「국가정책연구」 20집 2호(2006), pp. 10-12.

16) Kymlicka(1995). 비슷하게 캐나다의 철학자 테일러는 다문화주의를 문화적 다수집단이 소수집단을 동등한 가치를 가진 집단으로 인정하는 "인정의 정치(the politics of recognition)"라고 정의한다. 여기서 인정의 정치는 단지 소수집단이 다른 집단의 권리를 침해하지 않는 한도에서 자유롭게 사는 것을 인정하는 수준에 그치는 것이 아니라 다수집단이 소수집단의 문화가 존속하도록 적극적인 조치를 취하는 것을 포함한다. Charles Taylor, *Multiculturalism and 'The Politics of Recognition'* (Princeton: Princeton University Press, 1992).

위해 공적 원조를 하는 것과 더불어 인종차별금지, 적극적 차별시정조치를 도입하여 각 집단 간의 불만의 축적을 예방하고자 한다.[17] 킴리카가 말하는 다문화 국가의 특징은 세 가지로 요약할 수 있다. 첫째, 하나의 민족집단이 국가를 소유한다는 과거의 관념을 배척하며 국가는 모든 시민에게 동등하게 속한다고 본다. 둘째, 소수집단이나 피지배집단 구성원들을 동화시키거나 배제하려는 국민 형성 정책을 배척한다. 셋째, 다문화 국가는 소수-피지배 집단에게 행해진 역사적 불의를 인식하고 그것을 치유하고 바로잡으려는 의지를 표출한다.

이러한 다문화 국가가 발생한 사유로는 크게 세 가지 경우가 있다.[18] 첫째는 이주노동에 의해 다인종 사회로 진입한 유형으로 대표적인 나라는 독일이다. 독일은 부족한 노동력을 충당하기 위해 1960년대 스페인, 그리스, 포르투갈 출신의 노동자들을 방문 노동자 형식으로 초청하기 시작하면서 다인종 사회로 진입하기 시작했다. 한국도 1960년대에 독일에 탄광근로자, 간호사 등을 파견하였다. 이 유형은 한국에도 적용할 수 있는데, 1990년대 이후 노동력 부족, 특이 3D 업종에서의 심각한 노동력 부족을 많은 외국 노동자들의 고용을 통하여 해결하고 있다. 또한 2000년대 들어서는 농어촌의 심각한 배우자 부족으로 인하여 외국인 결혼 이주자의 급증이 나타났다.

둘째는 이민에 의해 다인종 사회로 진입한 유형인데, 노동력이 부족했던 미국, 캐나다, 호주가 이 유형에 해당된다. 이들 국가는 부족한 노동력을 채우기 위해 전 세계로부터 다양한 인종의 영구이민을 확대하는 정책을 추구해 왔고, 그 결

17) 한승준, "동화주의모델의 위기론과 대안론: 프랑스 선택을 중심으로," 한국행정학회 하계학술대회 발표논문(2008).
18) 홍기원, 「다문화정책의 방향과 문화적 지원 방안 연구」(서울: 한국문화정책연구원, 2006). Kymlicka (1995)는 다문화국가를 두 가지 유형으로 구분한다. 하나는 다민족(multinational) 국가이고, 다른 하나는 다인종(polyethnic) 국가이다. 다민족 국가는 비교적 독립적인 민족 집단이 하나의 국가로 통합된 경우를 지칭한다. 이것은 기존의 문화적 실체들이 새로운 한 국가 속에 통합되는 과정에서 문화와 정체성의 다양성으로 나타난다. 따라서 이때에 새로운 국가는 흔히 소수집단과 다수집단으로 칭해지는 국민집단들로 구성된다. 다인종 국가는 개인이나 가족단위의 대규모 이주에 의해 국가 내에 형성된 다양한 인종집단으로 구성된다. 이러한 집단은 국가가 처음 생겨날 때부터 존재한 것이 아니고, 따라서 그 국민을 이루는 구성체로 간주되지 않는다. 이러한 분류는, 예를 들어 미국의 흑인집단은 둘 중에서 어느 것에도 해당되지 않는다는 점에서 불완전하지만, 인간사회 안에 존재하는 다양한 정체성으로 형성된 다문화적 현실을 이해하게 해준다.

과 이들 나라들은 다인종 사회로 급격하게 변화하였다. 셋째는 구식민지와 포스트 식민주의 상황에 의해 다인종 사회로 진입한 유형으로서 영국, 프랑스 등이 이 유형에 속한다. 이들 유럽 국가는 구식민지 출신들이 이들 국가로 이주하면서 다인종 사회로 진입한 유형이다.

이러한 다문화에 대한 지향성은 다문화 사회로의 변화를 능동적, 긍정적으로 인식하고 다양성의 가치가 사회에 구현되는 것을 지지하는 태도라고 포괄적으로 정의할 수 있다. 이러한 다문화 지향성은 그 국가의 구성원인 국민들의 정체성과 의식과 연관성을 가지고 있다. 그러나 국민정체성의 내용과 강도, 다민족·다문화의 성향 그리고 이들 사이의 연관성 등에 관한 본격적인 연구는 많지 않다.[19] 특히 한국인의 단일민족 관념은 경험적 연구의 조사를 위해 측정하기 힘든 주제이며, 조사 방법과 범주에 따라 국민정체성에 대한 인지와 태도가 다르게 나타나서 연구결과를 일반화하기 어렵다고 알려져 있다.[20]

국민정체성은 "한 국가 구성원들이 '국민됨(nationhood)'에 대하여 생각하고 이야기하는 방식 혹은 그에 대한 자기 이해"로 정의할 수 있다.[21] 국민정체성은 불변하는 것이 아니라 정치적, 역사적 상황에 따라서 변화한다. 국민정체성은 다른 집단과의 끊임없는 상호작용 과정에서 그 내용과 지표, 강도가 변화할 수 있는 유동적인 성질을 가지고 있다.[22] 따라서 여기서 중요한 '국민'으로 인정받기 위한 자격요건들의 내용이 무엇이며, 어떤 요인을 강조하느냐에 따라 국민정체성의 성격이 규정된다고 볼 수 있다. 본 연구에서는 한국인의 국민정체성을 '국민됨(nationhood)'의 자격요건 평가를 통하여 경험적 분석을 시도한다.

기존 연구에 따르면 국민 정체성(national identity)은 혈통적-문화적 측면을 강조하는 '민족적 요인들(ethnic factors)'의 요소와 정치적-법적 측면을 강조하는 시

19) 장태한(2001).

20) 예를 들어, 정기선은 '국적'을 민족적 요소에 포함하였으나, 동아시아연구원의 조사에는 이를 '한국 국민'에 포함시키는 등 국민정체성의 요소를 분류하는 데에도 합의된 사항이 없다.

21) Rogers Brubaker, *Citizenship and Nationhood in France and Germany* (Cambridge, MA: Harvard University Press, 1992).

22) Fredric Barth(ed.), *Ethnic Group and Boundaries: The Social Organization of Cultural Differences* (Oslo: Universitets Forlaget, 1969).

민적 요인들(civic factors)'의 요소로 구성되어 있다. 민족적 요인들로는 민족 공동체(ethnic communities) 혹은 문화공동체에 기반이 되는 동일 조상의 후손, 전통과 문화적 유산의 공유, 공통의 정치운명에 대한 집단기억 공유 등을 포함하는 반면, 시민적 요인들은 시민으로서 동등한 권리 및 의무의 행사와 같은 정치적 의지와 자본주의 이해를 포함한다.

이러한 분류방법을 사용하는 것은 상당히 일반화되어 있다.[23] 이 중 시민적 요인이 정체성의 주요소가 되는 국민국가는 다인종주의와 다문화주의를 보다 쉽게 수용한다고 한다.[24] 혈통적-문화적 특성은 귀속적(attributive) 특징이므로 바꾸는 것이 불가능하거나 매우 어려운 반면, 정치적-법적 요소를 국민의 요건으로 생각하는 경우 타인종이나 문화적 배경을 가진 사람들도 동료시민으로 받아들일 가능성이 크다고 한다.[25] 국민 정체성과 다문화-다인종주의에 대한 개방성의 상관관계는 경험적으로도 프랑스의 개방성과 독일의 폐쇄성을 통해서도 확인되었다.[26]

한국인의 혈통주의적 정체성에 대한 경험적 분석은 많지 않다. 장태한은 한국 대학생의 인종·민족 선호도를 통해 간접적으로 한국인의 민족 정체성이 다의적인 의미를 가지고 있음을 보여주었고,[27] 설동훈·정태석은 북한과 북한 동포에 대한 태도를 세대별로 비교하여 한국인의 혈통적 민족 정체성이 무너져 가고 있음을 보여주었다.[28] 정기선은 한국의 국민 정체성을 혈통주의로 단순화하는 것에 대해 문제가 있다고 주장했다.[29]

비교정치적인 관점에서도 한국은 국민정체성의 혈통주의적 경향이 강하다고

---

[23] Anthony D. Smith, *The Nation in History: Historiographical Debates About Ethnicity and Nationalism*, The Menahem Stern Jerusalem Lectures (Hanover, NH: University Press of New England, 1991).

[24] Brubaker(1992).

[25] Smith(1991).

[26] Brubaker(1992).

[27] 장태한(2001).

[28] 설동훈·정태석, "새로운 세대의 등장과 민족정체성의 변화," 「사상」 54호(2002).

[29] 정기선, "한국인의 국가정체성 국제비교: 자격요건 평가를 중심으로," 「한국인의 국가정체성, 불평등지각, 노동지향, 가족가치: 국제사회조사(ISSP)와 한국종합사회조사(KGSS) 자료를 이용한 국제비교연구」, 성균관대학교 서베이리서치센터(2004).

할 수는 없다. 필리핀, 폴란드, 아일랜드 등의 국민이 혈통주의적 국민정체성을 가지고 있는 반면에, 스웨덴, 프랑스, 호주, 미국 국민들은 공화주의적 국민정체성을 가지고 있다고 한다. 이러한 분류의 이유는 각 국가별 '국민 형성(nation-building)'의 역사 및 방법과 어느 정도 일치한다. 즉 이민자들로 이루어진 국가나 복수의 민족이 형성한 국가들이 대체로 공화주의적인 국민정체성을 가지고 있는 반면, 식민지 상태에서 혈통중심으로 국민을 형성할 수밖에 없었던 국가들은 혈통주의적 국민정체성을 상대적으로 강하게 가지고 있다는 것이다. 이런 관점에서 한국은 단일민족이라는 동질적 구성원으로 구성되어 있고, 식민지 경험이 있기 때문에 혈통주의가 강할 것으로 가정되나, 현실은 공화주의적 국민정체성은 나타나지 않지만, 혼합적인 특성을 보여주고 있다.

정기선은 한국 국민의 자격요건에 대한 연구에서 국민정체성[30]을 민족적 요인들(ethnic factors)과 시민적 요인들(civic factors)로 나누어 분석했다. 여기서 민족적 요인으로 1) 한국에서 태어나는 것(출생), 2) 한국 국적을 갖는 것(국적 소지), 3) 생애의 대부분을 한국에서 사는 것(장기 거주), 4) 유교의 가르침을 따르는 것(종교) 등 4가지 요인으로 구성되어 있다. 시민적 요인으로는 1) 한국어를 말할 수 있는 것(언어), 2) 한국의 정치제도와 법을 존중하는 것(제도와 법 존중), 3) 한국인임을 느끼는 것(소속감) 등 3가지 요인으로 되어 있다. 연구결과 한국 국민의 정체성은 민족적 요인보다는 시민적 요인을 중시하나 타 국가와 비교하여 그렇게 높지는 않았다.

한국 국민의 정체성에 대한 본격적인 연구는 「2005년 한국인의 정체성」으로 볼 수 있다.[31] 동아시아연구원의 조사결과에 따르면 한국인은 자신을 한민족(64%)보다 한국 국민(77%)에 더 가까운 것으로 느낀다. 한민족이나 한반도 같은 혈연, 지연적 특성보다는 대한민국이라는 정치 공동체에의 소속감이 한국의 정체성을 만드는 핵심요소라는 의미로 볼 수 있다. 진정한 한국인이 되기 위한 조건으

---

[30] 정기선은 '국민정체성'이 아닌 '국가정체성'으로 표현하고 있으나, 그 의미에 큰 차이가 없기 때문에, 일관성을 유지하기 위해 이 글에서는 '국민정체성'으로 사용한다. 정기선(2004).

[31] 이 조사는 동아시아연구원과 중앙일보 공동으로 실시하였으며 2005년 8월 31일부터 9월 16일까지 전국 1,038명을 대상으로 면접조사를 실시하였다. 중앙일보, 2005년 11월 13일과 14일.

로 대한민국에서 '출생'(82%)하거나 '한국인의 혈통'(81%), '대한민국에서 평생 거주'(65%)하는 것보다 '대한민국 국적을 유지하는 것'(88%)을 더 중시하고 있었다. 또한 외국인이라 하여도 대한민국 국적을 취득한 경우는 한민족으로 본다(28%)는 관대한 의식이 일부 나타난 반면, 국적을 포기한 한국인을 한민족으로 보는 응답은 낮았다(9%). 이러한 분석 결과는 '대한민국 민족주의의 정체는 혈연 민족주의가 아니라 국적 민족주의'라는 내용으로 요약된다.[32]

Ⅲ. 자료와 분석방법

본 연구는 여러 가지 정치사회학적 변수들을 가지고 부산지역 대학생들의 국민정체성과 다문화에 대한 의식의 특성을 파악하고자 한다. 다양한 통계적 분석기법을 통해 부산지역 대학생들의 국민정체성과 다문화의식 형성에 영향을 미치는 요소를 찾아내는 탐색적 연구가 될 것이다.

연구에 사용되어진 자료는 부산지역 대학생들 1,081명을 대상으로 2008년 5월 15일 실시하였다. 부산지역의 대학생만을 여론조사의 대상으로 한 이유는 타 지역에 비해 부산지역의 젊은이들의 개방성의 정도가 높다고 알려져 있기 때문이다. 장태한의 인종문제에 대한 연구에서, 부산지역의 대학생들이 외국인에 대한 개방의 정도가 가장 높았으며, 대구나 광주지역의 대학생들은 외국인들에 대한 거부감이 높은 것으로 조사되었다.[33] 이는 부산지역이 항구도시로서 외국인과의 접촉이 빈번하게 일어나고, 외국문물의 직접적 접촉이 쉬운 지역적 특성에 기인한 것으로 추정된다.

이 연구는 비록 대학생들을 상대로 조사된 것이지만, 일반인을 상대로 했다면 그 차별의 정도는 보다 더 높을 것으로 추정된다. 이는 대학생이 일반인에 비하여 보다 개방적이고 진보적이어서 상대적으로 외국문물과 외국문화 그리고 다문화주의에 대해서 수용가능성이 높다고 인정되기 때문이다. 따라서 부산지역 대학생

32) 강원택 편, 「한국인의 국가정체성과 한국정치」(서울: 나남, 2007), pp. 15-38.
33) 장태한(2001), p. 109.

들의 상대적으로 높은 개방성이 가까운 미래의 한국 일반인 인식의 일정부분을 예측하는 데 도움이 되는 범주집단으로 간주할 수 있기 때문에 부산지역 대학생 집단으로 한정하여 여론조사를 실시했다.

표본추출은 비교적 동질적 집단인 대학생을 대상으로 하는 설문조사인 점을 감안하여 확률적 표집 방법 중 하나인 층화표집법과 비확률적 표집 방법인 할당 표집(quota sampling)법을 혼용하였으며, 설문조사방식은 대면설문조사였다. 설문 대상자는 부산시내 8개 주요 4년제 대학(경성대학교, 동서대학교, 동아대학교, 동 의대학교, 부경대학교, 부산대학교, 부산외국어대학교, 신라대학교)에 재학 중인 학생들로 성별, 학년 등 대학생 집단 내의 유층별 특성을 충분히 반영하여 설문대 상의 인구 구성적 분포에 편의가 없도록 하였다. 설문문항은 국민정체성, 다문화 주의, 외국인 노동자 문제와 국제결혼, 이들에 대한 참정권 부여 문제에 이르기까 지 다양한 이슈들을 중심으로 총 35문항에 걸쳐 실시되었다. 표본오차는 95% 신 뢰수준에서 ±3.0p이다.

전체 표본 응답자에 대한 개인별 특성을 살펴보면 〈표 3-1〉과 같다. 먼저 성 별에 있어서 응답자 1,081명 중 남자가 544명(50.3%), 여자가 537명(49.7%)으로 동 등하게 분포되어 있다. 나이에 있어서는 19세 이하가 254명(23.5%), 22세 이상이 507명(46.9%)으로 남학생들의 군대 복무와 최근 취업난으로 인한 여러 차례 휴학 등으로 22세 이상이 가장 높은 비율을 차지하고 있다. 종교에 있어서는 무교 등에 서 485명(44.9%)으로 가장 높은 비율을 차지하고 있으며 다음으로 불교에서 300명 (27.8%)이 차지하고 있다. 전공의 경우 인문사회 계열에서 과반을 차지하고 있다. 이는 인문사회계열 전공을 주로 가르치는 부산외국어대학교가 포함되어 있다고 하더라도 조금은 과대 대표된 측면이 있다.

정치적 성향에서는 진보적 성향의 학생이 보수적 성향의 학생들보다 10% 정 도 더 많으며 중도적 성향의 학생이 440명(40.7%)으로 가장 큰 비중을 차지하고 있다. 따라서 전체적으로 온건한 중도 진보적인 정치성향을 보였다. 출생지의 경 우 부산이 716명(66.2%) 그리고 인접한 울산, 경남이 205명(19.0%)으로 전체적으 로 약 85%를 차지하고 있다.

〈표 3-1〉설문응답자의 개인 특성 분포(단위: 명, %)

변수	구분	빈도	비율	변수	구분	빈도	비율
성별	남	544	50.3	가족 월평균 소득	300 미만	427	40.7
	여	537	49.7		301-500	438	41.7
나이	19세 이하	254	23.5		501 이상	185	17.6
	20세	169	15.6	부모님 교육수준	중졸 이하	47	4.3
	21세	151	14.0		고졸	529	48.9
	22세 이상	507	46.9		대졸	401	37.1
전공	인문사회계열	542	50.3		대학원졸 이상	103	9.5
	자연공학계열	381	35.3	종교	기독교	191	17.7
	예체능계열/기타	155	14.4		불교	300	27.8
출생지	부산	716	66.4		천주교	102	9.4
	기타	362	33.6		무교/기타	485	44.9
정치성향	진보	375	34.9				
	중도	440	40.9				
	보수	261	24.3				

Ⅳ. 분석과 결과

1. 국민정체성

〈표 3-2〉에서는 부산지역 대학생들이 생각하는 '진정한' 한국인의 정체성을 구성하는 요인들을 보여주고 있다. 이 연구에서는 부산지역 대학생들의 국민정체성(national identity)이 혈통적-문화적 측면을 중시하는지 아니면 정치적-법적 측면을 중시하는지를 파악하기 위해 "진정한 한국인이 되기 위해 중요한 점"으로 혈통적-문화적 요인(민족적 자부심, 부모님이 한국인인 것, 한국에서 출생하는 것, 외모와 피부색, 한국어 구사능력 등)과 정치적-법적 요인(한국에 대한 이해, 한국 국적의 취득, 한국의 발전에 대한 기여)으로 나누어 질문했다.

한국인으로 인정받기 위해서 가장 중요한 요소가 무엇인지를 묻는 설문에서 응답자들은 '한국에 대한 이해'(40%)를 꼽았으며, 다음으로 '민족적 자부심'(16%), '부모가 한국인'(13%), '한국 국적의 취득'(11%) 순이었다. 이러한 요인을 '혈통적-

〈표 3-2〉 진정한 한국인이 되기 위해 중요한 점(단위: %)

구분	'진정한 한국인'	빈도	비율	합
혈통-문화적 요소	민족적 자긍심	169	15.6	442 (41.2%)
	부모님이 한국인	136	12.6	
	한국에서 출생	92	8.5	
	외모, 피부색	26	2.4	
	한국어 구사능력	19	1.8	
정치-법적 요소	한국에 대한 이해	431	39.9	632 (58.8%)
	한국 국적의 취득	123	11.4	
	한국의 발전에 대한 기여	78	7.2	

문화적 요인'과 '정치적-법적 요인'으로 나누어 살펴보면, 정치적-법적 요인이 632명(58.8%)으로 혈통적-문화적 요인(41.2%)보다 17.6% 높은 비중을 차지하고 있음을 알 수 있다.

부산지역 대학생들은 혈통 중심의 민족적 요소만을 중시하지 않고 시민적 요소(법적, 제도적 요인)도 상당히 중시한다는 것을 알 수 있다. 이는 부산지역 대학생들이 생각하는 한국인의 정체성은 한국이라는 정치 공동체에 대한 소속감이 혈연, 지연적 특성보다 중요하다는 생각을 가지고 있음을 보여주는 것으로 동아시아연구원 조사결과와 유사한 결과를 보여주고 있다.[34]

이것은 젊은 세대의 국민정체성이 자유주의적 합리성과 개방성에 있다는 것을 보여준다.[35] 자유주의적 합리성은 대한민국의 법과 질서를 존중하고 대한민국에 기여한 만큼 시민적 권리를 행사할 수 있다는 사고방식을 가지게끔 한다. 이러한 논리선상에서 인종적-혈통적 국민정체성을 점점 약화시키고 있으며, 한국인의 정체성에 대한 개방적인 태도를 표출하도록 하고 있다는 것이다. 이러한 자유주의적 합리주의는 개방주의나 문화적 다원주의로 이어질 가능성이 크다.

그러나 이러한 결과가 단순히 대학생들이 혈통이나 민족과 같은 귀속적 요인보다는 법률적인 국적의 취득을 더 중시하고 있음을 증명하는 것은 아니라고 생

---

34) 황정미·김이선·이명진·최현·이동주, 「한국사회의 다민족·다문화 지향성에 대한 조사연구」, 한국여성정책연구원(2007).

35) 최현, "한국 시티즌십(Citizenship): 1987년 이후 시민권 제도의 변화와 시민의식," 「민주주의와 인권」 제6권 1호(2006).

〈표 3-3〉 정치적 성향과 국민정체성과의 상관관계

		정치적 성향			합
		진보	중도	보수	
국민정체성	혈통-문화 요소	138(36.9%)	188(42.9%)	115(44.4%)	441(41.2%)
	정치-법 요소	236(63.1%)	250(57.1%)	144(55.6%)	630(53.8%)
합		374(100%)	438(100%)	259(100%)	1071(100%)

주) Chi-square(2)=4.489; p=.106

각된다. 왜냐하면 한국 국민은 오랫동안 단일민족이라는 신화 속에서 살아왔기 때문에 '국민'과 '민족'을 동일시하는 경향이 있다. 따라서 '국적'이라는 제도적 요인을 중요시하는 태도에는 당연히 한국 국민은 한민족이라는 관념이 반영되어 있다. 따라서 대학생이 민족적 요소보다 법률적인 국적을 더 중시하고 있다고 해석하는 것은 조심스러우며, 자세한 연구가 추후 필요하다.

다음으로 부산지역 대학생들이 가지는 정치적 성향을 진보, 중도, 보수로 나누고 국민정체성과의 관련성을 살펴본 결과 통계적 의미성이 없는 것으로 나타났다. 상대적으로 진보적 성향을 가진 대학생이 정치와 법적 요인을 강조하는 정도 (63.1%)는 높았지만, 중도, 보수적인 정치적 성향을 가진 학생들도 진보적인 학생들과 마찬가지로 시민적 요인을 중시하고 있었다. 일반적으로 국가정체성에서 시민적 요소와 민족적 요소 중 어느 쪽을 중시하는가는 정치적 성향과는 관련성이 없다고 알려져 있다.[36)

2. 다문화 지향성

다문화 지향성은 다문화 사회로의 변화를 능동적, 긍정적으로 인식하고 다양성의 가치가 사회에 구현되는 것을 지지하는 태도라고 포괄적으로 정의할 수 있다. 그러나 이러한 변화가 정치적 공동체에서 균질하게 진행되는 것이 아니라 나이, 성별, 사회적 계급, 직업 등에 따라 다양할 것이고, 이러한 지지 혹은 반대하는 태도와 성향 또한 매우 복합적이고 다차원적일 것이다. 더구나 한국과 같이 아직

---

36) 정기선(2004).

〈표 3-4〉 한국이 다민족 국가라고 생각하나

	매우 그렇다	대체로 그렇다	보통이다	별로 그렇지 않다	전혀 그렇지 않다	N
%	3.1	20.2	32.1	37.5	7.2	1081

본격적인 다문화 사회에 진입하지 않은 국가의 경우에, 외국 이주민과의 갈등과 이익의 대립이 사회적 문제로 진입하지 않았기 때문에 응답자들의 태도가 분명하게 형성되어 있지는 못하고 있다. 따라서 그 결과 상호 모순된 결과가 발견될 수 있다. 그러나 성향에 있어서 내적 일관성이 발견되지 않아도 국민정체성과 다문화 지향성을 분석하여 일관성 및 비일관성의 측면을 드러내는 작업도 그 의미가 있다고 하겠다.

〈표 3-4〉에서는 한국이 다민족 국가라고 생각하느냐는 질문에 대해서 44.7%의 응답자가 부정적 응답을 했다. 긍정적 응답이 23.3%로 낮지는 않았지만 전반적으로 현재의 한국사회가 다민족 국가라고 하기에는 시기상조라는 입장을 보였다.

다음은 주요 변수 내에서의 단일민족과 다민족에 대한 성향의 차이가 있는지를 알아보기 위해 분산분석(ANOVA)을 실시했다. 〈표 3-5〉에서 보듯이 종교라는 변인을 제외하고 모든 변수에서 통계적으로 유의미한 차이점을 보여주고 있다. 연령에 있어서는 나이가 많아질수록 한국이 다민족 국가보다는 단일민족으로 간주하는 경향이 높음을 알 수 있다. 특히 22세 이상의 집단 학생들은 19세 이하, 20세, 21세 집단 구성원과는 뚜렷한 차이점을 보여준다. 이는 나이가 들수록 정치제도와 법에 대한 존중보다는 혈통을 중시하는 경향이 있다는 것을 보여준다.[37] 전공의 경우 자연공학 계열의 학생이 한국이 단일민족 국가라고 생각하는 경향이 가장 강했으며(평균=3.35), 다음으로 예체능 및 기타 계열의 학생(3.30), 인문사회 계열의 학생(3.18)이었다.

가족의 경제 수준에 따라서도 단일민족 여부에 대한 생각에 차이가 있었다. 전체적으로 가족 월평균 소득이 증가할수록 한국이 단일민족 국가라는 생각이 강했다. 부모님의 교육수준은 학생개인의 정치사회화에 가장 중요한 요인 중 하나임을 생각할 때 단일민족에 대한 정향에 일정부분 영향을 끼칠 것으로 생각된다.

---

[37] 황정미 외(2007).

〈표 3-5〉 주요 인구통계 변수별 다민족 성향 차이

변수		평균	표준편차	사례수	f	p	사후검증
나이	19세 이하	3.08	.981	254	10.075	.000	22세 이상>19세 이하, 20세, 21세
	20세	3.12	.914	169			
	21세	3.13	.877	151			
	22세 이상	3.42	.964	507			
전공	인문사회	3.18	.949	542	3.718	.025	자연공학>인문사회
	자연공학	3.35	.966	381			
	예체/기타	3.30	.976	155			
가족 월평균 소득	300만원 미만	3.17	.926	427	2.810	.061	
	301-500만원	3.29	.945	438			
	501만원 이상	3.35	1.064	185			
부모님 교육 수준	중졸 이하	3.28	1.057	47	3.544	.014	고졸>대졸
	고졸	3.35	.913	529			
	대졸	3.14	.970	401			
	대학원졸 이상	3.24	1.080	103			
종교	기독교	3.20	.932	191	1.991	.114	
	불교	3.30	.969	300			
	천주교	3.06	1.003	102			
	무교/기타	3.29	.953	485			
정치적 성향	진보	3.23	.997	375	6.594	.001	보수>진보, 중도
	중도	3.17	.913	440			
	보수	3.44	.969	261			

* 1=매우 그렇다, 2=대체로 그렇다, 3=보통이다, 4=별로 그렇지 않다, 5=전혀 그렇지 않다.

결과는 고졸의 교육수준을 가진 부모를 둔 학생이 단일민족 의식이 가장 강했으며(평균=3.35), 다음으로 중졸 이하(3.25), 대학원졸 이상(3.24), 대졸(3.14) 순으로 나타났다. 특히 고졸과 대졸 사이에는 통계적으로 유의미한 차이점을 보여주고 있다. 종교 변인에서는 불교를 믿는다고 밝힌 대학생이 가장 단일민족 의식이 높았으나, 통계적인 의미는 없는 것으로 나타났다. 마지막으로 정치적 성향도 단일민족 의식에 큰 영향을 주고 있는데, 보수적인 성향을 가진 학생이 단일민족 의식이 가장 강했다(3.44). 보수적인 학생은 진보와 중도적인 정치적 성향을 보인 학생 집단과 통계적으로 유의미한 차이점을 보여준다.

그리고 t-검증을 통해 남녀 집단 간 차이를 분석해보면, 여자가 평균 3.17로 남성의 3.34보다 다문화 지향성이 높았으며, 이는 통계적으로 유의확률 p⟨0.01에서 유의미한 결과가 나왔다. 즉 남학생은 상대적으로 민족주의적 성향이 강했으며, 여학생은 다문화주의에 대해 개방적이었다. 이는 기존연구에서 여성들이 남성에 비해 소수자에 대한 편견이 낮다는 결과들과 일치한다.[38]

다음으로 다문화 지향성에 영향을 미치는 결정요인을 분석하기 위해 사회경제적 변인과 국민정체성에 대한 인식, 그리고 정치적 이념 등을 독립변수로 포함시켜 분석했다. 기존 서구의 연구결과에 따르면 외국인 이주자나 인종문제에 대한 태도에는 응답자의 교육수준, 정치적 이념, 경제적 수준, 그리고 정치제도에 대한 신뢰 등이 영향을 미친다고 알려져 있다.[39] 또한 국내 연구에서도 소수자에 대한 고정관념이 학력이 높을수록 약화된다는 결과들이 많이 보고되고 있다. 학력이 높을수록 장애인과 외국인 노동자에 대한 편견이 낮다고 한다. 즉 교육수준이 높고 연령이 젊을수록 외국에 대해 보다 포용적이고 관대한 경향이 있다.[40] 이것은 성평등을 지지하는 사람, 단일민족에 대한 의식이 약한 사람, 북한에 대한 지원에 찬성하는 사람, 경제적 진보성을 지지하는 사람일수록 다문화 이주자에 대한 개방의 정도가 높았다. 이는 진보적 성향을 가진 사람의 경우 다문화 이주자에 대한 포용의 정도가 높다고 판단된다.

⟨표 3-6⟩은 단일민족 성향 정도를 종속변수로 놓고 다중회귀분석(multiple regression analysis)을 실시했다. 결과는 나이가 많을수록, 자연공학을 공부하는 학생일수록, 부모님의 교육수준이 낮을수록, 월평균 소득이 높을수록, 정치적으로 보수적 성향을 보일수록 한국이 다민족 국가가 아니라 단일민족 국가라고 생각하는 경향이 강했다. 이러한 단일민족 성향에 영향을 끼치는 독립변수의 상대적 크기에서 연령요인이 가장 강했으며(Beta=.171), 다음으로 월평균 소득(.089), 부모교육수준(-.076), 정치적 성향(.072), 전공(.064) 순으로 나타났다. 출생지역과 종교 요인은 단일민족 성향에 영향을 주지 않고 있는 것으로 나타났으며, 국민정체

---

[38] 장태한(2001), p. 107.

[39] Mikael Hyerm, "What the Future May Bring: Xenophobia among Swedish Adolescents," *Acta Sociologica*, Vol. 48(4)(2005).

[40] 황정미 외(2007); 박수미 · 정기선, "사회적 소수자에 대한 편견적 태도에 관한 연구," 「여성연구」 제70호(2006).

<표 3-6> 다문화주의의 결정요인들

	비표준화계수(b)	표준오차	표준화계수(Beta)	t	p
(상수)	1.461	.354		4.128	.000
나이	.070	.013	.171	5.501	.000
전공	.085	.041	.064	2.074	.038
출생지역	−.031	.063	−.015	−.492	.623
부모교육수준	−.100	.042	−.076	−2.384	.017
종교	.026	.025	.032	1.036	.300
월평균소득	.117	.042	.089	2.808	.005
정치적 성향	.091	.038	.072	2.374	.018
국민정체성	−.029	.060	−.015	−.484	.629

R 제곱	.052
수정된 R 제곱	.044
F 값	6.982(p<.001)
사례수	1036

주) 종속변수: 다문화주의

성이 혈통–문화적인지, 정치적–법적인지는 통계적으로 유의미한 영향을 주지 않는 것으로 나타났다.

이러한 결과는 외국의 기존연구와 일정 정도 차이가 있다. 즉 외국의 경우 전문직, 화이트칼라층, 수준이 높은 집단에서 외국 이주자에 대한 관용성이 높으며 생산직에서는 배타적 태도가 나타난다고 한다. 그러나 한국의 경우 외국과 달리 가구 소득이 높은 최상층이 중산층에 비해 오히려 더 배타적인 응답을 보여주고 있다.

3. 국민정체성과 다문화 지향성과의 관계

다음 <표 3-7>은 국민정체성과 다문화 지향성과의 관계에 대한 결과이다. 국민정체성은 혈통-문화적인 측면과 정치-법적 측면으로 나누었다. 다민족 국가에 대한 성향은 긍정, 보통, 부정으로 분류하였다. 다민족 국가에 긍정적 인식을 가

〈표 3-7〉 국민정체성과 다문화주의와의 관련성

| | | 국민정체성 | | 합 |
		혈통-문화적 요소	정치-법적 요소	
다민족 국가	긍정	98(22.2%)	153(24.2%)	251(23.4%)
	보통	144(32.6%)	202(32.0%)	346(32.2%)
	부정	200(45.2%)	277(43.8%)	477(44.4%)
합		442(100%)	632(100%)	1074(100%)

주) Chi-square(2)=.611, p=.737

진 사람은 국민정체성 중에서 혈통-문화적 요소가 22.2%, 정치-법적 요소가 24.2%로 거의 차이가 없다. 그리고 다민족 국가에 부정적 의견을 가진 사람도 거의 동등하게 혈통-문화적, 그리고 정치-법적 요소를 가진 집단으로 나뉘었다.

　독일과 프랑스에 대한 경험적 연구에서 나온 결과와는 달리 한국에서 어떠한 국민정체성을 가졌는가는 타 민족의 수용에 대해서 어떠한 행동행태를 보일 것이라는 것과는 전혀 관련성이 없는 것으로 나타났다. 이러한 결과가 보여주는 의미는 한국인, 최소한 부산지역 거주 대학생은 다문화사회로의 진입의 현실을 어느 정도 체감, 인지하고 있으며, 법과 제도의 변화, 외국인 이주자 지원정책의 필요성 등은 대체로 인정하고 있으나, 외국 이주자를 우리 국민이라는 내집단(ingroup)으로 수용하는 데에는 주저하고 있음을 보여준다. 즉 현실을 인지하는 것과 실질적 정서에 차이가 있음을 의미한다.

　한국인의 강한 동질성과 동질의식은 "다른 것=틀린 것"이라는 사고를 조장하여 이질적인 것에 대한 배타성과 소수자에 대한 편견과 비관용성을 키워왔다. 물론 과거에 비교해서 외국인에 대한 태도가 긍정적이고 관용적으로 변한 것은 사실이지만 출신국의 발전수준에 따라 여전히 차별적으로 대우하고, 외국인에 대한 온정과 시혜는 이들이 내국인과 경쟁하지 않고 한국의 문화와 사회체계에 도전하지 않는 조건으로 허용되는 인상이 강하다.

　본 여론조사 항목에서 이러한 결과의 원인을 찾기에 적절한 항목이 없어 정확한 판단을 유보할 수밖에 없다. 그러나 전체적인 맥락에서 외국인 이주자에 대한 판단이 여전히 복합적이라는 것으로 해석할 수 있는데, 실제적인 접촉과 노동시장에서의 경쟁이 외국인에 대한 부정적 이미지를 강화함으로써 개방성을 약화시

키는 경향이 있는 것으로 추론된다. 유럽에서의 다문화주의나 개방성에 관한 조
사 연구[41] 결과도 실제적인 접촉과 노동시장에서의 경쟁이 외국인에 대한 부정적
이미지를 강화함으로써 개방성을 약화시키는 경향이 있음을 보여주고 있다. 예로
서 한국인들은 외국인을 동료, 이웃, 친구로 받아들이는 데에는 비교적 관대한 입
장을 취하고 있지만, 결혼과 같이 새로운 가족으로 받아들이고 인정하는 것은 거
리를 두고 있다.[42]

사회적 거리감에 대한 영향 요인을 연구한 김상학은 다음과 같이 주장한다.[43]
첫째, 소수자 집단과 접촉한 경험은 그 집단에 대한 부정적 감정은 완화시키지만
이미 굳어진 고정관념을 완화시키는 데에는 별다른 영향을 미치지 못한다. 둘째,
소수자 집단에 대한 태도 차이는 인구학적 특징이나 가족적 배경에 영향을 받기
보다는 개인의 정치적 성향 등과 같은 주관적 요인에 영향을 많이 받는 것으로
나타났다. 이를테면 자신이 진보적이라고 생각하면 소수자 집단에 대한 사회적
거리감이 줄어들었다. 셋째, 소수자에 대한 사회적 거리감은 인지적 요인보다는
감정적 요인에 더 큰 영향을 받는다. 이는 다른 문화 즉 다문화에 대한 인식의
전환이 상당히 어렵다는 것을 말하는 것이고, 또 다문화 및 그 이주자에 대한 한
국인의 인식이 정확한 사실의 인지를 바탕으로 이루어지기보다는 개인의 감정에
치우칠 가능성이 크고, 환경적 여건에 따라 변할 수 있음을 의미한다.

이러한 결과를 간접적으로 살펴볼 수 있는 것이 〈표 3-8〉에 나타나 있다. 전
체적인 항목에서 정치-법적 요인이 혈통-문화적 요인보다 진보적이고 보다 수용
성이 높은 것으로 나타나고 있지만, 대부분의 항목에서 평균 2.5보다 높은 부정적
인 시각을 가지고 있음을 보여주고 있다. 한국에 거주하고 있는 외국인에 대해서
는 권리를 인정하고 배려를 해야 하지만, 그들이 한국에 장기 거주하고 투표권을
행사하는 것에 대해서는 반대하는 것으로 보인다. 특히 이주민에 대한 권리 부여
에 대한 태도에 있어 노동법적 권리나 인권 보호 등의 면에서는 비교적 긍정적인
데 비해 시민권의 핵심인 투표권과 가족 동반권 등에 있어서는 매우 소극적인 태

---

[41] EUMC, *Majorities' Attitude toward Minorities: Key Findings from the Eurobarometer and the European Social Survey*, (2005).

[42] 황정미 외(2007).

[43] 김상학, "소수자 집단에 대한 태도와 사회적 거리감," 「사회연구」 1호(2004).

〈표 3-8〉 다문화 사회에 대한 태도 비교

	외국인 자녀 입양	외국인 노동자	해외 동포 참정권 부여	외국인 지방선거 참여
혈통-문화적 요소	2.73	2.87	3.04	1.99
정치-법적 요소	2.59	2.78	2.93	1.88
t-test	p<.05	p<.1	p<.05	p<.001

주) 5점 척도로 점수가 높을수록 다문화 사회에 대해 부정적인 태도를 나타냄.

도를 보이고 있다. 예를 들어 '외국인 노동자들이 가족들을 데려올 권리'에 대한 답변에서 긍정(19%), 보통(27.5%), 부정(53.3%) 등으로 여전히 부정적인 생각이 우세한 것으로 드러났다. 일반적으로 비교적 진보적이라 여겨지는 대학생들도 아직까지 순혈주의에 집착하는 성향이 우세한 것으로 나타났다. '단일민족 혈통유지'의 중요성에 대해 응답자들은 보통이다(39%), 그렇다(36%), 그렇지 않다(25%)라고 답했다.

최근 한국의 경제가 악화되면서 외국인 노동자에 대한 부정적 시각이 서서히 대두되고 있다. 그리고 직장에서의 차별과 인종적으로 모멸감을 느끼게 하는 표현이 증가하고 있으며, 최근 외국인 범죄자가 증가하면서 이들에 대한 한국인의 적대적 감정이 증가하고 있다. 한국인은 유럽인에 비하여 다문화에 대한 찬성의 정도가 높게 나타났지만, 다문화 이주자들의 송환정책에 대해서는 관용적이지 못한 태도를 보였다. 이는 고용계약이 끝난 이주자들은 본국으로 돌아가야 한다고 생각하고 있으며, 이러한 외국인에 대한 태도는 이들이 한국국민이 아니라 일시 체류자로 보고 있다는 것이다.[44]

---

44) 황정미 외(2007). 법무부에서 2008년 11월에 조사한 한 설문조사에서 '불법체류자 단속을 강화해야 한다'는 응답이 91.8%에 이르렀다. 나머지 항목에 대한 응답비율은 외국 우수인력 유치를 위한 비자제도 개선 2.98%, 결혼이민자 등에 대한 사회통합지원 2.86%, 출입국 심사서비스 개선 2.38%로 나타났다.

V. 결 론

지구화와 세계화는 전통적인 균열구조인 이념과 계급을 대신하여 인종과 종교, 그리고 문화에 근거한 새로운 갈등구조를 발생시키면서 국민국가 내부의 국민적 단일성을 위협하고 있다. 외국 이주민이 100만 명을 넘어섬에 따라 한국도 더 이상 단일민족 국가의 신화를 유지하기 힘든 상황에 직면해 있다. 이 연구는 2008년 5월에 실시한 부산지역 대학생 1,000여 명을 대상으로 한 "다민족, 다문화 사회에 대한 의식조사" 자료를 이용하여 한국인들의 국민정체성과 다문화사회에 대한 지향성에 대해 살펴보았다.

예상과는 달리 부산지역 대학생들 스스로가 규정하고 있는 한국인 정체성의 기준은 전적으로 혈통이나 민족에만 근거하고 있는 것이 아니라, 상당히 신축적이고 실용적인 근거에 의해 한국인을 규정하고 있다는 것을 알 수 있었다. 이러한 국민정체성은 다문화 지향성과 연관이 매우 깊은 개념이다. 본 연구에서 시민적 요인을 중시하는 사람이 다문화사회에 개방적일 것이라는 가설은 통계적으로 유의성을 발견할 수 없었다. 이러한 결과는 외국인 이주자에 대한 판단이 여전히 복합적이라는 것으로 해석할 수 있는데, 실제적인 접촉과 노동시장에서의 경쟁이 외국인에 대한 부정적 이미지를 강화함으로써 개방성을 약화시키는 경향이 있는 것으로 추론된다.

외국인 노동자가 늘어나고 국제결혼이 급속히 증가하면서 문화적-인종적 다양성을 수용하기 위해서는 혈통중심의 국민정체성이 아닌 공화주의적-정치적 국민정체성이 보다 확산될 필요가 있다. 킴리카는 미래지향적이고 개방적인 시민의 상을 정립하는 과정에서 다문화 시민(intercultural citizen) 이상이 필요하다고 주장한다.[45] 즉 강대국뿐만 아니라 약소국으로부터 유입된 다양한 외국인 이주자들의 문화도 적극적으로 수용하여 세계화에 대응할 수 있는 힘을 길러야 한다는 것이다. 그와 함께 이주자들을 보호하기 위해 적극적 조치와 함께 다양한 다문화 국가(multicultural state)의 정책에 대한 논의도 시작해야 할 것이다.

---

[45] Kymlicka(2004).

이러한 인식의 변화 및 제도의 개선은 남북통일에 대한 대비와 민주주의의 공고화에도 도움이 될 것이다. 장태한은 통일문제가 단지 우리는 같은 뿌리라는 역사성, 당위성만으로 해결하기 어려우며, 인종 또는 민족이론으로 풀어야 한다고 주장한다.[46] 즉 남북한 분단의 장기화에 따른 같음보다는 다름의 증가에 따른 이질성이 확대되었음을 인지하고 '이질성'을 인정하는 것에서 출발하여야 한다는 것이다. 결국은 다민족·다문화 사회에 대한 준비는 남북통일 준비의 또 다른 이름이 될 수 있는 것이다. 그리고 다문화주의에 대한 정책은 단지 외국인을 지원하는 정책의 수준이 아니라 한국의 민주주의를 확장하는 다원 민주주의 차원에서 실행되어야 한다.

결론적으로 이 논문은 한국인들이 아직 소수 다문화 이주자들에 대한 인식과 포용의식이 부족함을 보여주고 있다. 이는 한국인이 다문화 국가를 포용하고 받아들이는 데 상당한 시간과 노력이 투자되어야 함을 의미한다. 이번 조사는 전국적인 여론조사가 아니라 부산지역의 대학생만을 대상으로 한 조사라는 한계점을 가지고 있지만, 국민정체성과 다문화에 대한 의식의 단면을 파악할 수 있었으며, 그 방향을 진단하고 추측할 수 있었다는 점에 그 의의가 있다고 하겠다.

---

[46] 장태한(2001), pp. 101-102.

참고문헌

강원택 편. 2007. 「한국인의 국가정체성과 한국정치」. 서울: 나남.

강휘원. 2006. "한국 다문화사회의 형성 요인과 통합 정책." 국가정책연구 20(2), 5-34.

김상학. 2004. "소수자 집단에 대한 태도와 사회적 거리감." 사회연구 1, 169-206.

김현선. 2006. "국민, 반국민, 비국민: 한국 국민형성의 원리와 과정." 사회연구 12, 77-106.

박병섭. 2006. "다문화적 소수자 문제에서 한국의 특수성." 사회와 철학 12, 99-126.

박수미·정기선. 2006. "사회적 소수자에 대한 편견적 태도에 관한 연구." 여성연구 70, 5-25.

설동훈·정태석. 2002. "새로운 세대의 등장과 민족정체성의 변화." 사상 54, 28-52.

송종호. 2007. "단일민족 환상 깨고 다문화주의로의 '전환시대'." 민족연구 30, 90-125.

엄한진. 2006. "전지구적 맥락에서 본 한국의 다문화주의 이민논의." 「동북아 "다문화"시대 한국사회의 변화와 통합」. 2006년 전국사회학대회 발표논문집.

앤더슨. 1996(초판 1991). 윤형숙 역. 「민족주의의 기원과 전파」. 서울: 사회비평사.

유정석. 2003. "캐나다-다문화주의 제도화의 산실." 민족연구 11, 12-26.

이용승. 2004. "호주의 다문화주의." 동아시아연구 8, 177-205.

장태한. 2001. "한국 대학생의 인종·민족 선호도에 관하여." 당대비평 14, 99-113.

정기선. 2004. "한국인의 국가정체성 국제비교: 자격요건 평가를 중심으로." 「한국인의 국가정체성, 불평등지각, 노동지향, 가족가치: 국제사회조사(ISSP)와 한국종합사회조사(KGSS) 자료를 이용한 국제비교연구」. 성균관대학교 서베이리서치센터.

한승준. 2008. "동화주의모델의 위기론과 대안론: 프랑스 선택을 중심으로." 한국행정학회 하계학술대회 발표논문.

홍기원. 2006. 「다문화정책의 방향과 문화적 지원 방안 연구」. 한국문화정책연구원.

황정미 · 김이선 · 이명진 · 최현 · 이동주. 2007. 「한국사회의 다민족 · 다문화 지향성에 대한 조사연구」. 한국여성정책연구원.

최현. 2006. "한국 시티즌십(Citizenship): 1987년 이후 시민권 제도의 변화와 시민의식." 민주주의와 인권 6(1), 171-205.

Anderson, Benedict. 1983. *Imagined Communities: Reflections on the Origin and Spread of Nationalism*. London: Verso.

Barth, Fredric(ed.). 1969. *Ethnic Group and Boundaries: The Social Organization of Cultural Differences*. Oslo: Universitets Forlaget.

Brown, David. 2000. *Contemporary Nationalism: Civic, ethnocultural and multicultural politics*. Lodon: Routledge.

Brubaker, Rogers. 1992. *Citizenship and Nationhood in France and Germany*. Cambridge, MA: Harvard University Press.

Castles, Steven and Mark J. Miller. 1998. *The Age of Migration: International Population Movements in the Modern World*. New York: Builford Press.

EUMC. 2005. Majorities' Attitude toward Minorities: Key Findings from the Eurobarometer and the European Social Survey.

Gellner, Ernest. 1983. *Nations and Nationalism*. Oxford: Basil Blackwell.

Hobsbawm, Eric J. 1992. *Nations and Nationalism Since 1780: Programme, Myth, Reality*. Cambridge: Cambridge University Press.

Hyerm, Mikael. 2005. What the Future May Bring: Xenophobia among Swedish Adolescents. *Acta Sociologica*, 48(4): 292-307.

Kymlicka, Will. 1995. Multiculturalism Citizenship: A Liberal Theory of Minority Rights. *Oxford Political Theory*. Oxford, New York: Clarendon Press, Oxford University Press.

Kymlicka, Will. 2004. Multiculturalism States and Intercultural Citizens. *Theory and Research in Education*, 1(2): 147-169.

Shweder, Richard, Minow, Martha and Hazel Rose Markus. 2002. *Engaging Cultural Differences: The Multicultural Challenge in Liberal Democracies*. NY: Russell Sage Foundation.

Smith, Anthony D. 1991. The Nation in History: Historiographical Debates About Ethnicity and Nationalism, The Menahem Stern Jerusalem Lectures. Hanover, NH: University Press of New England.

Taylor, Charles. 1992. *Multiculturalism and 'The Politics of Recognition'*. Princeton: Princeton University Press.

부록: 다민족·다문화 사회에 대한 대학생들의 의식조사

안녕하십니까? 이번에 저희 동아대 정치외교학과에서는 학부수업의 일환으로 '다민족·다문화'라는 주제에 대해 부산지역 대학생 여러분들의 의견을 조사하고 있습니다. 통계청의 조사결과에 따르면 한국 내 거주 중인 외국인은 점차적으로 증가하고 있으며, 여러 가지 사유로 미등록된 이들을 포함하면 100만 명에 가까울 것으로 추정됩니다. 본 조사는 이러한 변화에 발맞춰 외국인들과 그들의 문화에 관한 대학생 여러분들의 생각을 통해 다민족, 다문화 사회로의 변화에 대한 미래상을 추측해보고자 합니다. 본 조사의 결과는 오로지 학부생들의 통계연구에만 사용되며 철저히 비밀이 보장됩니다. 바쁘시더라도 성실하고 솔직한 답변 부탁드립니다.

아래의 설문지 문항에 순서대로 해당되거나 동의하는 사항에 간단히
표시해주시기 바랍니다.

1. 귀하의 해외 방문횟수를 적어주십시오. (   )

2. 귀하는 외국인을 가까운 이웃으로 받아들이는 데 대하여 어떻게 생각하십니까?
   ① 매우 긍정적 ② 대체로 긍정적 ③ 보통 ④ 대체로 부정적 ⑤ 매우 부정적

3. 귀하는 한국이 다민족 국가라고 생각하십니까?
   ① 매우 그렇다   ② 대체로 그렇다   ③ 보통이다   ④ 별로 그렇지 않다
   ⑤ 전혀 그렇지 않다

4. 귀하는 국제결혼에 대하여 어떻게 생각하십니까?
   ① 매우 긍정적 ② 대체로 긍정적 ③ 보통 ④ 대체로 부정적 ⑤ 매우 부정적

5. 귀하께서 국제결혼을 한다면 어느 나라 사람과 하고 싶습니까? (선호 순으로)
 · 유럽 (   )   · 북아메리카 국가 (   )
 · 남아메리카 국가 (   )   · 아랍 국가 (   )
 · 아시아 국가 (   )   · 아프리카 국가 (   )

6. 대상 국가를 아시아로 한정한다면 어느 나라 사람과 하고 싶습니까? (선호 순으로)
 · 일본인 (   )   · 중국인 (   )
 · 새터민(탈북주민) (   )   · 동남아인(베트남, 필리핀 등) (   )
 · 몽골인 (   )   · 조선족(중국동포) (   )
 · 남아시아인(파키스탄, 방글라데시 등) (   )   · 기 타 (   )

7. 국제결혼에 있어서 가장 걸림돌이 되는 것은 무엇이라고 생각합니까?
 ① 의사소통   ② 문화차이   ③ 자녀문제(혼혈아)   ④ 거주지변화
 ⑤ 부모님반대

8. 국제결혼한 남녀는 배우자의 언어와 문화를 배워야 한다고 생각하십니까?
 ① 매우 그렇다   ② 대체로 그렇다   ③ 보통이다   ④ 별로 그렇지 않다
 ⑤ 전혀 그렇지 않다

9. 외국인 자녀 입양에 대해서 어떻게 생각하십니까?
 ① 매우 긍정적   ② 대체로 긍정적   ③ 보통   ④ 대체로 부정적
 ⑤ 매우 부정적

10. 현재 한국에는 외국인 노동자들이 많이 거주하고 있습니다. 어떻게 생각하십니까?
 ① 매우 긍정적 ② 대체로 긍정적 ③ 보통 ④ 대체로 부정적 ⑤ 매우 부정적

11. 외국인 노동자가 한국인 노동자의 일자리를 빼앗아 간다고 생각하십니까?
 ① 매우 그렇다   ② 대체로 그렇다   ③ 보통이다   ④ 별로 그렇지 않다
 ⑤ 전혀 그렇지 않다

12. 합법적 외국인 근로자에게는 우리나라 근로자와 같은 노동법적 권리(ex: 노동쟁의, 단체 교섭권)가 주어져야 한다고 생각하십니까?
① 매우 그렇다   ② 대체로 그렇다   ③ 보통이다   ④ 별로 그렇지 않다
⑤ 전혀 그렇지 않다

13. 현행법상 외국인 근로자는 가족들을 데려올 권리가 없습니다. 어떻게 생각하십니까?
① 매우 긍정적 ② 대체로 긍정적 ③ 보통 ④ 대체로 부정적 ⑤ 매우 부정적

14. 합법적인 외국인 근로자가 국적을 쉽게 취득할 수 있도록 해줘야 한다고 생각하십니까?
① 매우 그렇다   ② 대체로 그렇다   ③ 보통이다   ④ 별로 그렇지 않다
⑤ 전혀 그렇지 않다

15. 국가 고위 관료직에 외국인을 채용하는 것에 대해 어떻게 생각하십니까?
① 찬성   ② 반대

16. 우리나라에 외국인 투자유치를 확대해서 외국 기업인이 국내에서 활동하는 것에 대해 어떻게 생각하십니까?
① 매우 긍정적 ② 대체로 긍정적 ③ 보통 ④ 대체로 부정적 ⑤ 매우 부정적

17. 국내에 거주하는 외국인들이 한국인과 동등한 대우를 받고 있다고 보십니까?
① 매우 그렇다   ② 대체로 그렇다   ③ 보통이다   ④ 별로 그렇지 않다
⑤ 전혀 그렇지 않다

18. 궁극적으로 외국 이주민이 증가할수록 한국사회의 갈등이 증가할 것이라고 보십니까?
① 매우 그렇다   ② 대체로 그렇다   ③ 보통이다   ④ 별로 그렇지 않다
⑤ 전혀 그렇지 않다

19. 국내 거주 외국인 증가로 인해 벌어질 가장 큰 문제는 무엇이라고 생각하십니까?
① 일자리 부족   ② 종교적 갈등   ③ 인종으로 인한 갈등   ④ 외국인 범죄
⑤ 기타

20. 외국인 이민자의 계속되는 증가를 조절하기 위한 정부의 대책이 필요하다고 보십니까?
    ① 매우 그렇다   ② 대체로 그렇다   ③ 보통이다   ④ 별로 그렇지 않다
    ⑤ 전혀 그렇지 않다

21. 해외 동포들에게 한국 참정권을 부여하는 것에 대해 어떻게 생각하십니까?
    ① 매우 긍정적 ② 대체로 긍정적 ③ 보통 ④ 대체로 부정적 ⑤ 매우 부정적

22. 2005년부터 영주권을 취득한 외국인에게 지방자치단체 선거에 한하여 제한적인 참정
    권을 부여하는 법률이 제정되었습니다. 이에 대해 어떻게 생각하십니까?
    ① 전국선거로 참정권을 확대하여야 한다.
    ② 현행 법률이 적당한 수준이다.
    ③ 참정권을 부여해서는 안 된다.

23. 북한 주민에 대해 민족적 동질감을 가지고 계십니까?
    ① 매우 그렇다   ② 대체로 그렇다   ③ 보통이다   ④ 별로 그렇지 않다
    ⑤ 전혀 그렇지 않다

24. 단일민족 혈통을 유지하는 것에 대해 얼마나 동의하십니까?
    ① 매우 그렇다   ② 대체로 그렇다   ③ 보통이다   ④ 별로 그렇지 않다
    ⑤ 전혀 그렇지 않다

25. 한국인으로 인정받기 위해 중요한 것은 무엇이라고 생각하십니까?
    ① 한국에서 출생   ② 부모님이 한국인   ③ 한국문화에 대한 이해
    ④ 한국 국적의 취득   ⑤ 한국어 구사능력   ⑥ 한국의 발전에 대한 기여도
    ⑦ 외모, 피부색   ⑧ 민족적 자긍심

26. 귀하의 정치적 성향이 어떻다고 생각하십니까?
    ① 진보적 ② 다소 진보적 ③ 중도적 ④ 다소 보수적 ⑤ 보수적

27. 귀하는 이번 2008년 4월 총선에서 투표에 참여하셨습니까?
  ① 네 〈☞ 문 28로〉   ② 아니오 〈☞ 문 29로〉

28. (정당투표의 경우) 어느 정당을 찍으셨습니까?
  ① 통합민주당   ② 한나라당   ③ 친박연대   ④ 자유선진당
  ⑤ 민주노동당   ⑥ 창조한국당   ⑦ 진보신당   ⑧ 기타

◆ 인구통계학적 질문

29. 귀하의 성별은?
  ① 남   ② 여

30. 귀하의 전공은?
  ① 인문계열 ② 사회계열 ③ 자연계열 ④ 공학계열 ⑤ 예체능계열 ⑥ 기타

31. 귀하의 출생지역은?
  ① 부산   ② 울산·경남   ③ 대구·경북   ④ 호남
  ⑤ 서울·인천·경기 ⑥ 기타

32. 귀하의 나이는? 만 (   )세

33. 귀하의 종교는?
  ① 기독교   ② 불교   ③ 천주교   ④ 무교   ⑤ 기타

34. 부모님의 교육수준은? (아버지와 어머니 중 높은 분으로)
  ① 중졸이하   ② 고졸   ③ 대졸   ④ 대학원졸 이상

35. 가족 구성원의 월평균 총소득은 어느 정도 됩니까?
  ① 200만원 이하   ② 201 - 300만원   ③ 301 - 400만원   ④ 401 - 500만원
  ⑤ 501 - 600만원   ⑥ 601만원 이상

제4장
국민정체성과 다문화태도의 관계:
한·중·일 대학생을 중심으로

김현숙·최송식·김희재

국민정체성과 다문화태도의 관계: 한·중·일 대학생을 중심으로*

Ⅰ. 서 론

세계화의 진전은 상품과 사람들의 이동을 가속화시키며 국가의 다문화를 촉진시키고 있다. 특히 이러한 사회경제적 환경의 변화는 동북아시아 세 국가에서 더욱 두드러진다. 한국, 중국, 일본은 급속한 경제성장을 이루었거나 이루면서 인근 주변 지역으로부터 외국인 유입이 활발하게 이루어지고 있다. 일본과 한국의 경우 외국인이 유입된 상황과 시기는 각각 다르지만, 대체로 국내 노동력 부족이나 인구감소에 대처하기 위해 외국인 유입이 이루어진 경우이다. 2008년 현재 일본은 약 221만 명의 외국인이 체류하고 있으며(Japan Statistics Bureau and Statistical Center, 2010), 같은 기간 한국은 약 115만 명의 외국인이 체류하고 있다 (법무부, 2010). 다민족국가인 중국은 최근 새로운 전환기를 맞이하고 있다. 외부 노동력이 유입되어 다문화적 상황을 맞이한 한국과 일본과는 달리, 중국은 노동력의 유출과 유입이 동시에 진행되었다. 중국은 현재 자국의 노동력을 가장 많이 해외로 보내는 국가 중 하나이고(IOM, 2010), 또한 국내 노동력이 풍부하기 때문에 외국 인력 수요가 거의 없다. 그러나 중국은 1980년대 초 개혁개방정책으로 해외 자본의 유치가 활발하게 이루어지면서 중국으로 들어오는 외국 인력들이 대거 증가했다. 2007년을 기준으로 전 세계 다국적 기업 500개 중 480개가 중국에서 경영활동을 하고 있으며, 이들 기업과 관련하여 직·간접적으로 중국에 입국하여 장·단기로 거주하는 외국인이 약 200만을 초과하였다(이래호, 2009). 이와 같이

* 이 연구는 한국연구재단의 지원을 받아 수행된 과제임(KRF-2007-411-J01101).

한국, 중국, 일본에서 외국인이 유입되는 형태는 다르지만, 이들 3국은 빠른 경제 성장으로 외국으로 이민을 보내는 송출국에서 외국인을 받아들이는 유입국으로 차츰 변하고 있으며, 다문화적 상황에 직면하여 이민자를 위한 다양한 정책과 법적 기반을 마련하기 위한 노력을 시도하고 있다.

외국 이주민의 증대는 단순히 문화 다양성의 확대에 그치는 것이 아니기 때문에 이들을 받아들이기 위해서는 우선 국민들이 외국인에 대해 어떠한 태도를 가지는지를 살펴보는 것이 필요하다. 서구의 경험에서 소수 인종 집단에 대한 태도는 이중적 태도를 보인다고 한다. 즉, 한편으로는 소수 인종 집단을 평등한 가치를 가진 집단으로 인정하면서도, 다른 한편 여전히 소수 인종에 대한 사회적, 경제적 기회를 체계적으로 제한하는 현실을 방치하고 있다. 이것은 오늘날 이민자를 받아들이는 모든 사회의 딜레마이다(Jones, 1997). 그동안 외국 이민자에 대한 배제 태도는 주로 현실 갈등 이론(Realistic Group Conflict Theory)으로 설명되어 왔다. 자원을 둘러싼 갈등이 타 집단에 대한 배제 태도로 나타난다는 것이다. 이 이론은 많은 학자들에 의해 이민자 태도를 형성하는 주요한 요인임이 확인되어 왔다(Esses et al., 2001; Bilal et al., 2006). 그런데 현실에서 타 집단에 대한 적대적 태도는 현실적 갈등상황이 발생하지 않을 때에도 발생할 수 있다. 사회 정체성 이론(Social Identity Theory)에 의하면(Taifel et al., 1979), 사람들은 자신의 사회적 환경을 집단으로 사회 범주화하면서 이해하며, 이때 내집단에 대한 의식뿐만 아니라 외집단에 대한 배제 태도를 가지게 된다. 다문화 사회에서 내집단과 외집단을 구분하는 중요한 기준은 국적, 피부색, 언어, 소속감 등과 같은 국민정체성의 요소들이다. 이러한 국민정체성은 오랜 기간의 역사적 경험을 통해 형성되기 때문에 각 국가의 국민정체성은 비교적 단일하고, 독특한 특성을 갖는 것으로 여겨져 왔다. 예들 들어 혈통적-문화적 정체성이 강하게 나타나는 국가가 있는 반면, 시민적-정치적 정체성이 발달한 국가가 있다(Brubaker, 1992).

그동안 국민정체성과 다문화태도의 관계에 대한 선행연구는 국민정체성 수준이나 특성에 따라 외국 이주민에 대한 태도가 다르게 나타나고 있음을 지적한다. 시몬과 그의 동료들(Simon et al., 1999)은 7개국 비교연구에서 강한 국민정체성을 지닌 개인일수록 이민자 유입에 대해 부정적인 태도를 취한다고 하였다. 또한 존스와 그의 동료들(Johnes et al., 2001)은 국민정체성을 혈통적 정체성과 시민적 정체성으로 나누어 다문화태도에 미치는 영향을 살펴보았는데, 이 연구에 의하면 혈통적 정체성이 강한 국가는 외국 이민자에 대해 배타적인 태도를 보이는 반면, 시민적 정체성이 강한 국가는 외국 이민자에 대해 보다 포용적인 태도를 보인다고 하였다. 즉, 국민정체성 수준이 높을수록, 시민적 정체성이 강하게 나타날수록 외국 이주민에 대해 긍정적 태도를 보인다는 것이다. 하지만 현실에서 국민정체성과 다문화태도의 관계는 위에서 지적한 것처럼 단순하지 않다. 현재의 국민정체성 개념이 주로 서구 중심의 역사적 요소에 맞춘 규범적 이론이라는 점에서 아시아의 현실과 맞지 않을 수 있다. 또한 국민정체성의 하위 요소들 간의 경계가 뚜렷하게 구분되지 않는 사례들도 발견되고 있기 때문에(정기선, 2004), 국민정체성을 혈통적 정체성과 시민적 정체성으로 이분법적으로 범주화하는 것 자체가 문제일 수도 있다.

   이러한 배경에서 본 연구는 한국, 중국, 일본 대학생을 중심으로 국민정체성과 다문화태도의 관계를 살펴보고자 한다. 우선 한국, 중국, 일본 대학생의 국민정체성과 다문화태도 각각이 이들 세 국가 대학생들에게 어떻게 나타나는지를 살펴볼 것이다. 또한 국민정체성의 하위 요소들 간의 관계에 유의하면서 이 요인들이 다문화태도에 어떠한 영향을 미치는지 그리고 국가별 차이는 어떠한지를 살펴볼 것이다.

II. 이론적 배경

1. 국민정체성

   국민은 근대 국가의 형성과 함께 탄생한 근대적인 산물의 하나이다(Hobsbawm, 1990). 근대국가 형성 이전에 국민은 존재하지 않는 개념이며, 국민이 아닌 종족 내지 민족 집단의 경계만이 있었다. 서구는 근대국가를 형성하는 과정에서 여러 종족 집단의 정치적 통합을 이루어냈고, 이 과정에서 정치적 통합의 목적으로 국민을 창출하였다. 오늘날 대부분의 국가는 국민이라는 용어를 사용하지만, 몇몇 국가에서 국민과 민족은 혼용되어 사용되기도 한다. 근대국가를 형성하는 과정에서 기존의 '민족'에 기반하여 정치체제를 이룬 국가는 혈연적 민족이 자연스럽게 정치적 국민으로 계승되었고, 이러한 국가에서 국민과 민족은 동일한 개념이다. 본 연구에서 한국, 중국, 일본 세 국가의 정체성을 비교하기 위해 비교적 명확한 경계를 가지고 있는 국민이라는 개념을 사용한다.

　브루베이커(Brubaker, 1992)는 국민정체성을 한 국가의 국민이 자기 국민에 대해 내리는 자기 나름의 규정으로 정의하였다. 한국인, 미국인, 일본인 등과 같은 국민정체성은 특정 국가의 국민으로서 갖는 감정과 태도를 말하며, 이는 국민 됨의 자격을 통해 형성된다. 스미스(Smith, 1991)는 국민정체성을 형성하는 요건으로 "역사적 영토, 공통의 신화 및 역사적 기억, 공통의 대중문화, 모든 구성원들에게 공통적으로 적용되는 법적 권리 및 의무, 공간적 이동성이 보장되는 공동 경제 등을 핵심요소로 갖는다"고 하였다. 즉, 국민정체성에는 공동생활과 문화적 동질성 같은 오랜 기간 동안에 형성된 문화적 공통성과 법, 제도와 같은 비교적 최근에 발전된 정치사회적 요소들이 있다. 그러나 이러한 요건들을 모든 국민들이 다 갖추는 것은 아니고, 국민정체성의 내용이나 형식은 해당 국민집단이 처한 사회, 정치, 경제적 상황 속에서 특정의 것들이 선택적으로 강조되거나 재구성, 재해석된다는 것이다. 앤더슨(Anderson, 1991)이 말했듯이 국가는 상상된 공동체(imagined communities)이며, 이는 국사, 국어 등을 통해 만들어진 공동체이기 때문에, 국민정체성은 국가의 사회적 표현에 의존할 가능성이 크다.

　브루베이커(Brubaker, 1992)에 의하면, 대부분의 국가에서 국민정체성은 독특한 방식으로 발전되어 왔다고 한다. 국가마다 근대 국민국가를 형성하는 시기와 과정이 다르며, 또한 국민, 민족에 대한 집단적 자기이해가 다르기 때문이다. 브루베이커는 이러한 국민정체성을 혈통 중심의 국민정체성과 시민 중심의 국민정체성으로 구분하였다. 전자는 정치적 공동체인 국민과 혈연적-문화적 공동체인 민족을 동일시하는 방식으로 국민을 통합시켰으며 독일, 일본, 한국 등이 이러한 국가에 해당된다. 이러한 국가에서 국민들은 집단적 공통성 즉, 혈연적 문화, 언어적 기원과 동질성을 강조하는 국민정체성이 발달하였다. 반면 후자는 혈연적-

문화적 공동체와는 상관 없이 정치적 목표를 공유하는 정치적 공동체로서 국민을 규정하며, 미국, 프랑스, 중국 등 다민족국가나 혁명을 통해 형성된 국가에서 나타난다. 이러한 국가에서 국민들은 구성원 간의 평등한 정치적·시민적 권리 및 동일성을 중시하는 국민적 태도를 가지고 있다고 한다.

오늘날 국민정체성은 매우 유동적인 개념이 되고 있다. 예를 들어 설동훈(2002)은 한국인의 국민정체성이 1950년대 이후 한국사회가 경험한 50년간의 공업화, 민주화 과정이 여러 세대에 걸쳐 매우 상이한 국민의 이미지를 심어 놓았다고 한다. 즉, 동시대를 살아가는 세대라도 세대에 따라 역사적 경험으로부터 영향을 받는 내용과 정도가 다르기 때문에 세대마다 국민정체성의 특성이 다를 수 있다. 또한 존스와 그의 동료들(Johnes et al., 2001)의 연구에 따르면, 후기산업화 수준이 높은 국가일수록 혈통적-문화적 요소보다는 보다 개방적이고 포용적인 국민정체성을 가진다고 하였다. 산업화가 진전될수록 더 많은 자본의 교류가 이루어지고, 따라서 이러한 경제적 환경의 변화에 따라 외부 집단과의 교류가 불가피하기 때문이다. 이러한 논의로 볼 때 국민정체성은 개별 국가의 특수한 정치, 사회, 경제의 환경에 영향을 받는 그리고 또한 개인이 처한 사회적 상황에 의해 만들어지는 선택적 개념이라고 할 수 있다.

1) 한국 국민정체성의 구조적 조건

한국의 국민정체성은 혈통적-문화적 특성이 강하게 나타나는 것으로 인식되어 왔다. 오랫동안 한반도라는 동일한 지역에서 단일민족으로 살아왔으며, 이로 인해 강한 민족주의적 성향을 가지게 되었다(신용하, 1985)는 것이다. 또한 19세기말 외세의 침략으로 대외 저항적 민족주의를 형성하였고(윤인진, 2007), 이 저항적 민족주의는 국민의 의식에 뿌리 깊게 남아 있다는 것이다. 이러한 혈통적-문화적 기원에 대한 해석에는 수많은 반론이 있으나, 오늘날 많은 학자들은 한반도에 거주한 조상과 주민을 모두 한민족으로 생각하지 않는 경향이 지배적이다(임지현, 2004; 권혁범, 2009).

한편 민족의 기원에 대한 논쟁과는 별도로 한국의 근대적 법 체제는 혈통적-문화적 의식을 강화하는 방향으로 발전해 왔다. 한국은 1948년 건국으로 서구의 근대적 질서를 확립해 나갔고, 이 과정에서 '국민'도 탄생하였다. 건국 당시 제정된 대한민국 제정헌법에는 부계혈통주의, 속인주의, 단일국적주의를 골자로 하는 대한민국 국민의 요건을 규정하고 있다. 즉, 한국인이 되기 위해서는 한국인 아버지를 두어야 하고, 한국에서 태어나야 한다. 이후 1998년 국적법 개정으로 부계혈통이 양계혈통으로 바뀌었으나 제헌 당시의 국민의 요건은 그대로 유지되고 있다.

한편 국적법은 아니지만 국민 규정과 관련된 법률이 제정되었는데, 1997년 이후 제정된 재외동포 관련법들이다. 그런데 이들 법은 제정되기 전부터 그리고 제정된 후에도 혈통주의니 민족중심주의니 재외동포 내의 차별이니 하는 많은 논란이 있었다(정인섭, 2007; 이종훈, 2002). 혈통을 기준으로 하면 재외동포는 한국인이 되지만, 국적을 기준으로 하면 재외동포는 한국인과 외국인 모두에 포함된다. 이것은 한국사회가 그동안 재외국인의 권리를 극도로 제한하여 오는 등 거주지를 중시해 온 것에 비하여 포용적이고 개방적으로 된 것처럼 보일 수 있지만, 원리적으로는 한민족의 혈통중심주의를 더욱 강화하는 방향이라고 할 수 있다(김현선, 2006).

이상과 같은 국민 요건 형성과정을 볼 때, 한국의 법제도는 혈통주의를 강화하는 방향으로 발전하였고, 이러한 법적 태도는 한국인의 국민정체성 역시 이것을 의식하는 방향으로 강화되었을 것으로 여겨진다.

2) 일본 국민정체성의 구조적 조건

일본 역시 한국과 마찬가지로 국민정체성이 혈통적 요소를 강하게 갖는 것으로 인식되고 있다. 이것은 일본의 독특한 정치체제와 관련이 있으며, 이것은 국민의 요건을 규정한 제도에도 나타난다. 우선 일본은 근대국가를 형성하는 과정에서 과거의 천황과 쇼군의 이중적 권력체계를 천황 중심의 권력체제로 단일화하였으며 과거의 사농공상의 신분제에 기초한 사회구조를 폐지하였다. 하지만, 천황중심의 국가는 근대 서구사회가 추구하는 만민평등, 선거를 통한 정부와 의회의 구성, 합리적 사회제도, 언론의 자유 등과는 다소 거리가 있으며(구견서, 2004), 또한 천황주권체제에서 전(全)사회 구성원은 신민(臣民)으로 규정됨으로써(박명규, 1994), 서구의 시민과는 다른 개념이다. 신민은 유교적인 '신하' 개념을 근대적 형

태로 바꾼 것이며, 봉건체제하의 영주와 신하 간의 충성관계를 천황에게 집중시
킴으로써 일본 국민 전체를 동일한 천황의 신하로서 재규정하였다. 즉, 서구의 국
가체제를 모방한 일본은 천황을 중심으로 한 독특한 정치체를 구성하고, 또한 이
를 통해 일본은 대내외적 위기에 대응해 나가게 된다.

한편 일본 역시 한국과 마찬가지로 국민형성 원리에 부계혈통주의와 속인주
의를 적용해 왔다. 1950년 국적법 제정 당시 일본인의 요건은 출생 시에 아버지가
일본국민이고, 일본에서 태어난 사람만이 일본인이 될 수 있었다(김경득, 2003).
하지만 1984년 일본 국적법은 남녀평등을 실현하는 것을 목표로 하여 부계혈통제
에서 양계혈통제로 바꾸었다. 또한 그 때 호적법도 동시에 개정되었다. 이전에는
호적의 성을 외국인 배우자의 성으로 바꾸는 것이 허용되지 않는 즉, 일본 국민은
일본식 성명을 사용해야 한다는 단일민족의식을 호적에 고수하였으나, 개정 후
외국인과 결혼한 일본 국민은 호적의 성을 외국인 배우자의 성으로 변경하는 것
이 인정되었다.

이와 같이 최근 일본은 외국인의 실체를 인정하는 방식으로 약간의 변화가 나
타나고 있다. 그럼에도 불구하고 일본은 천황 중심의 국민국가를 실현하고 있으
며, 또한 국민으로 하여금 '일언어, 일인종, 일국가'라는 '상상된 공동체'를 체험하
게 함으로써 '국민'의식 형성과 그 실체화를 이루고 있다.

3) 중국 국민정체성의 구조적 조건

중국은 다양한 민족이 하나의 국가를 이룬 경우이다. 전근대시기 중국에는 한
족을 비롯하여 56개의 소수민족이 있었지만, 지금은 하나의 중화민족으로 불리어
지고 있다. 그러나 다양한 소수민족으로 구성된 중국이 지금의 중국이 되기까지
는 부단한 정치적 통합과정이 있었다. 근대 이전 중국의 역대 왕조는 한족을 중심
으로 주변 이민족을 흡수해 왔으며(박병구, 2007), 중국 공산당 집권 이후에도 중
국은 강력한 국민-국가를 건설하기 위해 다양한 민족의 통합이 요청되었다. 이
과정에서 중화민족(中華民族)이라는 사상은 통일된 중국을 구성하기 위한 강력한
수단으로 사용되었다(최현, 2003). 중화민족은 민족의 집합체를 일컫는 용어로(김
정호, 2008), 이후 항일투쟁의 과정에서 점점 구체화되어 여러 가지 의미가 첨가되

면서 중화민족은 중국 영토 내에 존재했던 고금의 모든 민족을 가리키는 용어로 의미가 확장되었다. 최근에는 자본주의와 결합하여 형태를 달리한 민족주의의 개념이 되고 있다(조경란, 2006).

　　이러한 배경에서 중국은 민족주의에 기반하여 근대 국가를 형성했지만, 중국이라는 정치적 공동체를 혈통적 혹은 문화적 공동체의 한계 안에 가두지 않는 정체성이 발전했다. 이미 근대 국가를 수립하기 이전부터 중국은 인근의 다양한 민족을 통합하기 위해 귀화를 허용해 왔으며, 또한 근대국가를 수립한 이후에도 이러한 태도는 유지되었다(권영준, 2003). 우선 1949년 중화인민공화국의 성립과 더불어 중국공산당 정부는 중국헌법을 제정하였는데, 중국지방 거주와 상관 없이 중국에 귀화하는 자는 중국 국적을 부여받을 수 있고, 또한 부계혈통이 아닌 양계제를 허용하여 부모 어느 한쪽이 중국인이면 그 자녀도 중국국적을 취득할 수 있도록 하였다. 이러한 법적 태도는 중국의 소수민족정책에도 그대로 적용되었다. 다민족국가 중국을 통치하기 위해 중국은 「중화인민공화국헌법」(1954)에 중국 경내의 각 민족은 일률적으로 평등하며, 국가는 각 소수민족의 합법적인 권리와 이익을 보장하고, 각 민족의 평등, 단결과 상부상조의 관계를 보호하고 발전시킨다고 명시하고 있다(이희옥 역, 1993). 그리고 1984년 제정된 「중화인민공화국민족지역자치법」에 의해 민족지역의 자치를 법적으로 보장받고 있으며, 또한 소수민족의 언어와 문자를 존중하고 발전시키며, 풍습과 종교의 자유를 존중한다고 명시하고 있다(이규태, 2001). 그러나 1990년대 중반 이후에는 이러한 소수민족정책이 하나의 중국을 강조하는 방식으로 전환하고 있다. 예를 들어, 중화민족사상이나 다원일체화교육 등이 대표적인데, 다원일체화교육은 한족과 소수민족은 각기 자기 민족의 문화를 학습하는 동시에 상대 민족의 문화도 함께 학습하여 다민족국가 내에서 서로 다른 민족의 문화가 공존하도록 하여 한족의 문화도 소수민족의 문화도 아닌 하나의 새로운 문화인 중화민족문화를 만들어내자는 것이다. 즉, 중국의 다원일체교육은 소수민족문화의 다원성을 존중하되, 국가와의 일체를 강조하는 교육이다. 따라서 중국은 비록 다민족국가이기는 하지만 내부의 일체성을 중요시한다는 점에서 중국인의 국민정체성은 혈통적-종족적 특성을 발전하는 방향으로 강화되어 가고 있다.

2. 다문화태도

세계화로 자본과 노동의 이동이 활발하게 이루어지면서 거의 대부분의 국가가 다문화사회로 전환하고 있다. 2009년 현재 전 세계 69억의 인구 중 3%에 해당되는 2억 1천 명이 자신의 모국을 떠나 다른 국가로 이주하였다(UNDESA, 2009). 국내외적으로 자본의 환경 변화와 인구학적 변화로 그동안 단일한 혈통적-종족적 배경을 유지해 왔던 국가들조차 외국 이주민을 받아들이지 않을 수 없는 상황에 이르렀다.

이와 같은 상황이 되면서 각 국가들은 다문화사회로의 전환을 위한 다양한 시도를 하고 있으나, 각 국가의 정치적, 경제적, 문화적, 혹은 인구학적 특성으로 인해 다문화사회로의 전환이 쉽지 않다. 트로퍼(Troper, 1998)는 다문화사회가 되기 위한 조건으로 첫째, 인종, 민족, 문화적으로 다원화된 인구학적 현상, 둘째, 사회문화적 다양성을 긍정적으로 인식하고 가치 있게 여기고 존중하려는 사회적 이념, 셋째, 사회문화적 다양성을 보호하고 인종, 민족, 국적에 따른 차별과 배제 없이 모든 개인이 평등한 기회에 접근할 수 있도록 보장하는 정부의 정책과 프로그램이 존재해야 한다고 하였다. 즉, 다문화사회가 되기 위해서는 인구의 다원화뿐만 아니라, 다문화사회를 이끌 다문화주의 가치가 사회적으로 확산되어야 하고, 나아가 이러한 가치를 실현할 수 있는 구체적인 정책이 뒷받침되어야 한다는 것이다.

다문화정책이 시민으로부터 정당성을 인정받기 위해서는 국민 대다수가 갖는 다문화태도가 무엇인지를 밝히는 것이 중요하다. 그동안 다문화태도 연구는 주류 집단의 소수 인종 집단에 대한 태도 연구의 연장선에서 이루어져 왔다. 하지만 엄밀히 말해서 소수 인종 집단에 대한 연구는 다민족국가에서 주류 집단의 소수 인종 집단에 대한 태도를 살펴보는 연구이고, 이러한 연구들은 주로 소수 인종 집단에 대한 편견과 차별, 사회적 거리 등 인종 간 관계를 다루고 있다. 이에 비해 다문화태도 연구는 최근 유입되는 이민자로 인한 사회의 다문화 현상에 대한 태도를 살펴보는 연구로, 다문화사회에 대한 저항, 다문화사회의 한계, 그리고 이민자 권리, 이민자 정책에 대한 태도 등을 다룬다는 점에서 과거의 인종관계를 다룬 연구들과 차이가 있다.

유럽인종차별감시센터(EUMC: European Monitoring Centre on Racism and Xenophobia)는 유럽사회의 관용의 수준을 살펴보기 위해 주류집단의 외국 이주민에 대한 태도를 종족적 배제주의 척도를 사용하여 측정하였다(EUMC, 2006). 이 종족적 배제주의 척도를 조사하기 위해 유럽인종차별감시센터는 유럽조사(Euro-barometer survey)와 유럽사회조사(European Social Survey)에서 일련의 항목을 사용하였다. 유럽조사에는 다문화사회에 대한 저항, 다문화사회의 한계, 합법 이민자의 시민적 권리에 대한 반대, 합법 이민자에 대한 송환 정책 등이 포함되어 있고, 유럽사회조사에는 다양성에 대한 저항, 이민자에 대한 저항, 난민에 대한 저항, 종족적 거리감, 인식된 집합적 침입, 범죄 이민자에 대한 송환 정책 등이 포함되어 있다. 이 종족적 배제주의 개념은 유럽연합(EU) 회원국과 후보국을 포함하여 경제, 역사, 문화적으로 이질적인 국가를 대상으로 분석하기 위해 구성된 개념으로 본 연구의 한국, 중국, 일본의 다문화태도를 비교하는 데도 유용하게 적용될 수 있을 것으로 생각된다.

3. 국민정체성과 다문화태도의 관계

그동안 국민정체성과 다문화태도의 관계를 다룬 연구는 그렇게 많지 않은 편이다. 몇몇 연구들은 성, 연령, 교육수준과 같은 사회·인구학적 변수들이 다문화태도의 배경적 변수가 될 수 있는지 탐색하였으나(Breugelmans et al., 2004; Ho, 1990), 이것의 영향력은 일관적이지 않다. 하지만 지식, 삶의 만족, 삶의 기회, 다문화주의에 대한 규범에 대한 인식, 사회적 바람직함 등과 같은 사회심리학적 변수들은 다문화태도에 영향을 미치는 것으로 확인되고 있다(Breugelmans et al., 2004).

최근 전 지구적 다문화사회로의 전환으로 개별 국가 차원에서 다문화 수용성에 대한 문제제기가 이루어지면서 국가의 특성이나 상황, 그리고 국민정체성과 관련지어 다문화태도를 다룬 연구들이 발표되고 있다. 예를 들어 시몬과 그의 동료들(Simon et al., 1999)은 서구 7개국의 비교연구를 통해 강한 국민정체성을 지닌 개인들은 이민자 유입이 국민정체성에 혼란을 야기한다고 생각하여 이들에 대하여 부정적 태도를 지니고 있다고 한다. 또한 존스와 그의 동료들(Johnes et al., 2001)은 1995년 국제사회조사(International Social Survey)의 국민정체성 모듈을 사용하여 경제수준과 다문화태도의 관계를 고찰하였는데, 경제적으로 발전된 국가일수록 보다 개방적이고 포용적인 국민정체성을 가지며, 이것이 긍정적 다문화태도로 이어진다고 하였다. 한편 매든과 그의 동료들(Maddens et al., 2000)은 한 국가 내에서도 지역에 따라 다문화태도가 다르게 나타나고 있음을 보고한다. 벨기에의 플랑드르인(Flemish)과 왈로니아인(Wallonia)의 국민정체성과 외국인태도 비교연구에서 지역에 따라 국민정체성의 수준이 다르며, 또한 이것이 다문화태도에 미치는 영향이 다르다고 하였다.

이상과 같이 국민정체성과 다문화태도에 관한 선행연구들은 국가의 특성, 혹은 같은 국가가 하더라도 지역에 따라 국민정체성의 특성이 다르며, 이것이 다문화태도에 미치는 영향이 다르다고 하였다(Brubaker, 1991; Smith, 1990; Johnes et al., 2001). 즉, 시민적 정체성을 중요시하는 국가나 지역의 국민일수록 다인종주의와 다문화주의를 보다 쉽게 수용하고, 반대로 종족적-혈연적 정체성을 강조하는 국가나 지역일수록 이주민에 대한 포용의 정도가 낮아지고 배타적 태도를 보인다.

하지만 개별 국가나 지역에서 국민정체성이 이 두 개의 요인으로 뚜렷하게 구분되는 것은 아니다. 정기선의 연구(2004)에서 한국의 경우 이 두 개의 요인으로 구분되지 않는다고 하였다. 그리고 많은 연구들이 이 두 개의 요인으로 분리하여 변수들의 관계를 살피고 있지만, 국민정체성의 영향력이 매우 낮은 것으로 나타나 국민정체성의 하위 변수들의 관계에 대한 고찰이 필요하다. 이와 같은 배경에서 본 연구에서는 국민정체성 하위 변수의 관계를 고려하면서 국민정체성이 다문화태도의 미치는 영향을 비교하고자 한다.

연구문제 1. 한국, 일본, 중국 대학생의 국민정체성은 어떠한 차이가 있는가?
연구문제 2. 한국, 일본, 중국 대학생의 다문화태도는 어떠한 차이가 있는가?
연구문제 3. 한국, 일본, 중국의 대학생의 국민정체성이 다문화태도에 미치는 영향은 어떠한 차이가 있는가?

Ⅲ. 연구방법

1. 자 료

본 연구에 사용된 자료는 지난 2010년 부산대학교 사회과학연구소가 조사한 「한·중·일 대학생의 다문화태도」자료이다. 이 자료는 한국의 부산, 일본의 후쿠오카, 중국의 상해 지역에 있는 대학의 사회조사연구기관에 의뢰하여 조사하였다. 각 대학 사회조사연구기관에 각각 500부씩 배포하여 해당 지역에 있는 대학을 선정하여 설문조사하였다. 한국에서는 부산대학교, 중국에서는 상해대학교, 일본에서 후쿠오카대학교 학생들을 대상으로 설문조사하였다. 자료의 표본은 각 대학의 학기가 다르고, 또한 단과대학의 성격과 규모가 달라서, 조사시점(2010년 4월 1일~30일)에 수업에 참여하는 대학생들을 대상으로 눈덩이표집(snowball sampling)을 하였다. 전체 1,500부가 배포되었고 대학별로 부산에서 443부, 상해에서 500부, 후쿠오카에서 480부가 회수되었으나, 회수된 설문지에서 부실한 응답 사례가 발견되어 이를 제외하였고, 실제 연구에 사용된 사례는 부산이 433부, 후쿠오카 479부, 상해 499부였다.

2. 측 정

1) 국민정체성

국민정체성은 한국종합사회조사(KGSS : Korean General Social Survey)에서 사용하였던 국민정체성 문항을 활용하였다. 한국종합사회조사의 국민정체성 문항에는 언어, 제도, 소속감, 거주, 출생, 전통, 국적 등으로 구성되어 있으며, 본 연구에서는 전통을 조상 문항으로 수정하여 사용하였다. 각 문항은 전혀 그렇지 않다(1)부터 매우 그렇다(5)까지 5점 척도로 구성되어 있으며, Cronbach's α값은 한국, 중국, 일본이 각각 .70, .85, .78이었다.

〈표 4-1〉 국민정체성 요인분석 결과

	전체(n=1,415)		한국(n=439)		중국(n=499)	일본(n=477)	
	혈통적 정체성	시민적 정체성	시민적 정체성	혈통적 정체성	분류되지 않음	시민적 정체성	혈통적 정체성
소속감		.80	.65		.69	.77	
언어		.71	.78		.78	.71	
법존중		.75	.74		.72	.67	
거주		.61	.61		.78	.65	
출생	.86			.84	.73		.90
국적	.75			.71	.77		.83
조상	.68			.70	.58		.53
아이겐값	3.07	1.04	2.56	1.25	3.67	3.02	1.02
설명변량	43.87	14.91	36.57	17.90	52.49	43.07	14.67
누적변량	43.87	58.78	36.57	54.47	52.49	43.07	57.74
KMO	.80		.75		.84	.76	
Bartlett χ^2	2433.01		513.49		1316.40	833.51	
df	21		21		21	21	
p	.000		.000		.000	.000	

　　그리고 앞서 이론적 논의에서 살펴보았듯이 개별 국가의 국민정체성은 독특한 특성을 갖는 것으로 논의되어 왔는데, 본 연구에서도 한국, 중국, 일본 대학생들의 국민정체성의 특성을 살펴보기 위해 탐색적 요인분석을 실시하였으며, 요인 추출방법은 최대우도법, 회전방식은 사각회전(Direct Oblimin)을 사용하였다. 요인 추출 결과 한국과 일본 대학생이 2개의 요인으로 분리되고, 제1요인으로 시민적 정체성이, 제2요인으로 혈통적 정체성으로 분리되는 것으로 나타났다. 또한 시민적 정체성 요인에는 소속감, 언어, 법 존중, 거주가, 혈통적 정체성 요인에는 출생, 국적, 조상이 포함되었다. 반면 중국 대학생의 경우 한국과 일본과 다르게 국민정체성이 뚜렷하게 분리되지 않는 것으로 나타났다. 비록 한국, 중국, 일본 대학생들에게 국민정체성의 개별 항목들이 묶이는 방식이 약간씩 차이가 있고, 중국의 경우 두 요인으로 나누어지지 않지만, 선행연구에서(Smith, 1991; Johnes et al., 2001; 정기선, 2004) 국민정체성이 출생, 국적, 조상 등 장기간에 걸쳐 형성되는 것을 혈통적 정체성으로 다루고 있으며, 제도와 법과 제도의 존중, 소속감, 언어, 거주 등 비교적 쉽게 획득될 수 있는 것을 시민적 정체성으로 다루어 왔기 때문에 본 연구에서도 이러한 이론적 논의를 감안하여 국민정체성의 하위 요인을 이 두

요인으로 구분하여 살펴볼 것이다.

2) 다문화태도

다문화태도는 외국 이주민 집단에 대한 인지된 위협을 측정하였다. 인지된 위협은 유럽사회조사의 인지된 인종 위협(perceived ethnic threat) 문항으로, 일자리 위협, 세금 및 서비스 증가, 자국 문화 위협, 거주 환경 위협, 범죄 증가 등 6개 문항으로 구성되어 있으며, 여기에 아시아 지역의 특성을 고려하여 혈통 훼손 문항을 추가하였다. 각 항목은 5점 리커트 척도로 구성하고, 점수가 높을수록 위협을 크게 느끼는 것으로 하였다. 인지된 위협의 Cronbach's α계수는 한국, 중국, 일본 각각이 .85, .91, .90이었다.

3) 통제변수

국민정체성과 다문화태도의 관계에 영향을 미치는 추가적 변수를 평가하기 위해 사회·인구학적 변수 즉, 성별, 학년, 종교유무 등을 통제변수로 사용하였다. 성별은 남성=0, 여성=1로, 학년은 1,2학년=0, 3,4학년=1, 종교유무는 종교 없다=0, 종교 있다=1로 하여 연구모형에 투입하였다.

3. 분 석

본 연구에서 한국, 중국, 일본 대학생의 국민정체성은 요인분석을 통해 각 국가에서 국민정체성이 어떠한 특성을 갖는지 살펴보았다. 요인분석에서 요인추출 방법은 최대우도법, 회전방식은 사각회전(Direct Oblimin)을 사용하였다. 그리고 한국, 중국, 일본 대학생의 국민정체성과 다문화태도는 일원배치분산분석(ANOVA), Sheffe 사후검증을 통해 국가 간 차이가 어떻게 나타나는지를 살펴보았다. Scheffe 사후검증은 전집 분포의 엄격한 정상성이나 동변량성(同變量性)의 가정을 요구하지 않으며 또한 집단의 사례수가 다르더라도 그 적용이 다른 방법보다 비교적 간편한 장점을 갖고 있다. 마지막으로 한국, 중국, 일본 대학생의 국민정체성과 다문화태도의 관계는 구조방정식 모델링을 이용하여 평가하였다. 비교연구에서 가장 중요한 것은 잠재변수의 등가성을 평가하는 일이기 때문에, 우선 한·중·일 대학생의 국민정체성과 다문화태도의 관계 모델에서 잠재변수로 사용한 변수들이 모델에 부합하는지를 비교하였다. 비교를 위해 전체 표본을 한국, 중국, 일본 세 국가로 나누었다. 전체 측정 모델의 평가에는 전체 표본을 사용하여 평가하였고 모델의 적합성은 x^2, d.f., p-value, TLI(대체로 0.90 이상이면 우수), RMSEA(대체로 0.08 이하면 적합도가 좋음)로 평가하였다. 확정된 모델에서 다시 국가별로 나누어 국민정체성과 다문화태도의 관계를 살펴보았다. 그리고 국가별 차이는 다집단분석(multi-group analysis)을 통해 분석하였다. 분석방법은 첫째, 국민정체성과 다문화태도의 관계가 국가에 따라 달라진다는 것에 제약을 가하지 않는 비제약모델(unconstrained model)을 추정하고, 둘째, 국민정체성과 다문화태도의 관계가 국가에 대해 동일한 제약을 가한 등가제약모델(equality constrained model)의 적합도를 평가하였다. 마지막으로 채택된 모델에서 성별, 학년, 종교유무를 통제한 상태에서 모델을 평가하였다.

Ⅳ. 결과 및 해석

1. 조사대상자의 일반적 특성

〈표 4-2〉는 한국, 중국, 일본 대학생의 일반적 특성을 조사한 결과이다. 학년별 분포를 살펴보면, 한국의 경우 1, 2학년이 276명(63.7%), 3, 4학년이 157명(36.3%)으로 1, 2학년이 3, 4학년보다 약 1.8배 더 많았다. 중국의 경우 1, 2학년 250명(50.5%), 3, 4학년 245명(49.5%)으로 1, 2학년과 3, 4학년의 비중이 거의 동일하였고, 일본의 경우 1, 2학년 300명(62.9%), 3, 4학년 179명(37.1%)으로 1, 2학년이 3, 4학년보다 약 1.7배 더 많았다. 성별로는 한국의 경우 남학생이 205명(47.3%), 여학생이 228명(52.7%), 중국의 경우 남학생 228명(46.1%), 여학생 267명(53.9%)으로 두 국가 모두 남학생보다 여학생이 약간 더 많았다. 일본의 경우에는 남학생이 329명(69.0%), 여학생 148명(31.0%)으로 남학생이 여학생보다 약 2배 이상 더 많

았다.

종교의 경우, 한국 대학생들은 종교 없음이 227명(52.4%)으로 가장 많았고, 그 다음이 불교 86명(19.9%), 기독교 74명(17.1%), 천주교 30명(6.9%), 기타 9명(2.1%) 순으로 나타났으며, 종교가 없는 경우가 종교가 있는 경우보다 약간 더 많았다. 중국 대학생들은 기타 종교가 428명(86.5%)으로 가장 많았고, 그 다음이 불교 35명(7.1%), 천주교 20명(4.0%), 이슬람교 10명(2.0%) 순으로 나타났으며, 조사에 참여한 모든 대학생들이 종교를 가지고 있다고 하였다. 일본 대학생들은 종교 없음이 262명(54.9%)으로 가장 많았고, 그 다음이 불교 160명(33.5%), 천주교 8명(1.7%), 기타 6명(1.3%) 순으로 나타나, 종교가 없는 경우가 종교가 있는 경우보다 약간 더 많았다.

외국 방문 경험에서 한국의 경우 외국 방문 경험이 없다가 198명(47.8%), 있다가 214명(49.4%)으로 외국을 방문한 경험이 그렇지 않은 경우보다 약간 더 많았다. 중국의 경우 외국 방문 경험이 없다가 446명(90.1%), 외국을 방문한 경험이 있다가 47명(9.5%)으로 나타나, 중국 대학생의 경우 거의 외국 방문 경험이 없는 것으로 나타났다. 일본 대학생의 경우 외국을 방문한 경험이 없다 241명(50.5%), 외국을 방문한 경험이 있다가 179명(37.5%)으로 나타나 외국을 방문한 경험이 없

〈표 4-2〉 조사대상자의 일반적 특성

배경변인		한국(N=433)	중국(N=495)	일본(N=477)
학년	1,2학년	276(63.7)	250(50.5)	300(62.9)
	3,4학년	157(36.3)	245(49.5)	179(37.1)
성별	남학생	205(47.3)	228(46.1)	329(69.0)
	여학생	228(52.7)	267(53.9)	148(31.0)
외국방문 경험	없다	198(47.8)	446(90.1)	241(50.5)
	있다	214(49.4)	47(9.5)	179(37.5)
	결측값	21(4.8)	2(0.4)	57(11.9)
종교	천주교	30(6.9)	20(4.0)	8(1.7)
	기독교	74(17.1)	−	1(0.2)
	불교	86(19.9)	35(7.1)	160(33.5)
	이슬람교	1(0.2)	10(2.0)	−
	기타	9(2.1)	428(86.5)	6(1.3)
	종교없음	227(52.4)	−	262(54.9)
	결측값	6(1.4)	2(0.4)	40(8.4)

다는 응답이 그렇지 않은 경우보다 약 1.3배 더 많았다. 한국, 중국, 일본 대학생의 외국 방문 경험은 한국 대학생이 가장 높았고, 그 다음이 일본이고, 중국 대학생들이 거의 해외에 나간 경험이 없는 것으로 나타났다.

2. 한·중·일 대학생의 국민정체성

한·중·일 대학생의 국민정체성은 어떠한 차이가 나타나는가? 〈표 4-3〉에 의하면, 한국, 중국, 일본 대학생들은 국민이 되기 위한 조건 중에서 '소속감'을 가장 중요한 항목으로 평가하였다(전체 평균: 4.30). 반면 '조상'을 가장 덜 중요하다고 평가하였다(전체 평균: 3.16). 이와 같은 결과는 1995년 국제사회조사(ISSP) 국민정체성 조사 결과와 동일하게 나타나, 전반적으로 그 나라 사람임을 느끼는 것과 같은 시민적 정체성을 중요하게 여기며, 조상과 같은 혈통적 정체성을 덜 중요하게 여기고 있음을 의미한다.

한편 각 항목별 국민정체성 요인을 살펴보았을 때, 우선 혈통적 정체성에서 출생의 경우 한국과 중국 대학생 집단이 차이가 있는 것으로 나타나고 있으며, 한국 대학생(평균: 3.42)보다는 중국 대학생(평균: 3.64)이 출생과 같은 자격요건을 더 중요시하고 있는 것으로 나타났다. 국적의 경우 한국과 중국 대학생 집단과 중국과 일본 대학생 집단 간에 차이가 있는 것으로 나타났는데, 중국 대학생(평균: 3.98)이 한국 대학생(평균: 3.82)이나, 일본 대학생(평균: 3.78)보다 국적을 더 중요하게 여기는 것으로 나타났지만, 한국과 일본 대학생 집단 간에는 차이가 나타나지 않았다. 조상의 경우 세 국가 대학생들 간에 차이가 있는 것으로 나타났으며, 중국 대학생(평균: 3.37)이 가장 높았고, 그 다음이 일본 대학생(평균: 3.12)이, 마지막으로 한국 대학생(평균: 2.95)이 가장 낮은 것으로 나타났다. 전반적으로 혈통적 정체성에서 한·중·일 대학생은 국적을 가장 중요하게 여기고, 조상을 덜 중요하게 여기는 것으로 나타났다.

시민적 정체성에서 거주의 경우 중국과 일본 대학생 집단 간의 차이가 유의미한 것으로 나타났는데, 즉, 중국 대학생(평균: 3.73)은 일본 대학생(평균: 3.54)보다 거주와 같은 자격 요건을 더 중요하게 여긴다고 할 수 있다. 언어의 경우 한국과

<표 4-3> 한국, 중국, 일본 대학생의 국민정체성 평균분석

		한국 (n=433) M(S.D)	중국 (n=495) M(S.D)	일본 (n=477) M(S.D)	전체 (n=1405) M(S.D)	Scheffe 사후검증	한	중	일	F값
혈통적 정체성	출생	3.42(1.05)	3.62(1.00)	3.51(1.08)	3.52(1.05)	한		*		3.95*
						중	*			
						일				
	국적	3.82(0.93)	3.98(0.91)	3.78(1.03)	3.86(0.96)	한		*		5.96**
						중	*		*	
						일			*	
	조상	2.95(1.12)	3.37(1.00)	3.12(1.05)	3.16(1.07)	한		*	*	18.92***
						중	*		*	
						일	*	*		
시민적 정체성	거주	3.61(1.01)	3.73(0.97)	3.54(1.04)	3.63(1.01)	한				4.63*
						중			*	
						일		*		
	언어	4.00(0.91)	3.83(0.96)	3.88(1.01)	3.90(0.96)	한		*		3.86*
						중	*			
						일				
	법존중	3.74(0.97)	4.15(0.87)	3.32(1.06)	3.74(1.03)	한		*	*	89.26***
						중	*		*	
						일	*	*		
	소속감	4.45(0.80)	4.32(0.83)	4.13(0.88)	4.30(0.85)	한			*	16.12***
						중			*	
						일	*	*		

*p<.05, **<.01, ***p<.001

중국 대학생 집단 간에 차이가 있는 것으로 나타났으며, 한국 대학생(평균: 4.00)이 중국 대학생(평균: 3.83)보다 언어 요인을 더 중요하게 여기는 것으로 나타났다. 법 존중의 경우 세 국가 대학생 집단이 모두 차이가 있는 것으로 나타났으며, 중국 대학생(평균: 4.15)이 가장 높았으며, 그 다음이 한국 대학생(평균: 3.74), 마지막으로 일본 대학생(평균: 3.32)이 가장 낮은 것으로 나타났다. 소속감의 경우 한국과 일본 대학생 집단과 중국과 일본 대학생 집단 간에 차이가 있는 것으로 나타났는데, 한국 대학생(평균: 4.45)이 중국 대학생(평균: 4.32)보다, 중국 대학생이 일본 대학생(평균: 4.13)보다 소속감을 더 중요하게 여기는 것으로 나타났다. 전반적으로 시민적 정체성은 한·중·일 대학생은 소속감을 가장 중요하게 여기고, 거주를 덜 중요하게 여기는 것으로 나타났다.

3. 한·중·일 대학생의 다문화태도

〈표 4-4〉는 한국, 중국, 일본 대학생의 외국 이주민 집단에 대한 인지된 위협을 비교한 결과이다. 전체적으로 한국 대학생들은 외국 이주민 집단 유입에 따른 자국 문화의 훼손을 가장 큰 위협 요인으로 인지하고 있었으며(평균: 3.85), 외국 이주민이 많이 거주하는 지역이 위험하다고 생각하는 태도가 가장 낮은 것으로 나타났다(평균: 3.23). 중국 대학생의 경우 외국 이주민 유입에 따라 자국의 순수 혈통 훼손을 가장 큰 위협으로 인지하고 있었고(평균: 3.78), 외국 이주민이 자국에 기여하는 것보다 가져가는 것이 더 많다는 것에 대해 가장 덜 우려하는 것으로 나타났다(평균: 3.08). 일본 대학생의 경우 중국 대학생과 마찬가지로 외국 이주민 유입에 따른 순수 혈통 훼손 문제를 가장 우려하는 것으로 나타났고(평균: 3.93), 사회문제나 범죄의 증가를 가장 덜 우려하는 것으로 나타났다(평균: 2.98). 전반적으로 한국, 중국, 일본 대학생은 외국 이주민 유입에 따라 혈통이나 문화 훼손에 대해 가장 많이 우려하는 것으로 보이며, 외국인 증가에 따른 외국 집단 거주지 증가나 사회문제 증가에 대해서는 상대적으로 덜 우려하는 것으로 나타났다. 이와 같은 결과는 한국, 중국, 일본에서 아직까지 뚜렷한 외국인 집단 거주지가 형성되지 않았고, 또한 현재 기존의 외국인 집단 거주지가 자국 사회와 잘 융합되어 왔다고 여기는 태도가 반영된 것으로 여겨진다.

한편 각 문항별로 한국, 중국, 일본 대학생 집단 간 차이를 살펴보면, 우선 "자국민의 일자리를 빼앗아간다"의 경우, 한국과 중국, 일본 대학생 집단에서 차이가 있는 것으로 나타났는데, 한국 대학생(평균: 3.59)이 가장 높았고, 그 다음이 중국 대학생(평균: 3.39)이고, 마지막으로 일본 대학생(평균: 3.28)이 가장 낮은 것으로 나타나, 한국 대학생 집단이 외국 이주민 유입에 따른 일자리 위협을 가장 크게 느끼는 것으로 나타났다. "자국에 기여하는 것보다 가져가는 것이 많다"의 경우, 한국과 중국 대학생 집단과 중국과 일본 대학생 집단 간에 차이가 있는 것으로 나타났으며, 한국 대학생(평균: 3.50)이 중국 대학생(평균: 3.08)보다, 일본 대학생(평균: 3.44)이 중국 대학생보다 외국 이주민이 자국에 기여하는 것보다 가져가는 것이 더 많다고 인식하고 있는 것으로 나타났다. "외국 이주민 집단은 자국

140 다문화 수용성과 정책

〈표 4-4〉 한국, 중국, 일본 대학생의 외국 이주민 집단에 대한 인지된 위협 평균분석

문항	한국 (n=433) M(S.D)	중국 (n=495) M(S.D)	일본 (n=477) M(S.D)	Scheffe 사후검증		한	중	일	F값
자국민의 일자리를 빼앗아간다	3.59(0.81)	3.39(0.82)	3.28(1.00)	한			*	*	13.91***
				중		*			
				일		*			
자국에 기여하는 것보다 가져가는 것이 더 많다	3.50(0.83)	3.08(0.86)	3.44(0.90)	한			*		33.34***
				중		*		*	
				일			*		
자국문화를 훼손시킨다	3.85(0.77)	3.55(0.74)	3.70(0.94)	한			*	*	14.67***
				중		*		*	
				일		*	*		
사회문제나 범죄율이 증가한다	3.40(0.88)	3.52(0.74)	2.98(1.05)	한				*	46.87***
				중				*	
				일		*	*		
자국의 순수혈통을 훼손시킨다	3.69(0.98)	3.78(0.84)	3.93(0.91)	한				*	8.02***
				중				*	
				일		*	*		
자국민의 복지자원을 빼앗아간다	3.78(0.82)	3.59(0.80)	3.73(0.90)	한			*		6.37**
				중		*		*	
				일			*		
자국민이 지불해야 할 세금을 증가시킨다	3.51(0.88)	3.32(0.85)	3.53(0.98)	한			*		8.16***
				중		*		*	
				일			*		
외국이주민이 많은 지역은 위험하다	3.23(0.97)	3.61(0.81)	3.31(1.10)	한			*		20.07***
				중		*		*	
				일			*		
현재 자국에는 외국이주민이 너무 많다	3.60(0.85)	3.42(0.79)	3.55(0.94)	한			*		5.00**
				중		*		*	
				일			*		

*p<.05, **<.01, ***p<.001

문화를 훼손한다"의 경우, 세 국가 대학생 모두 차이가 있는 것으로 나타났는데, 한국 대학생(평균: 3.85)이 가장 높고, 그 다음이 일본 대학생(평균: 3.70)이고, 중국 대학생(평균: 3.08)이 가장 낮은 것으로 나타나, 외국 이주민 유입에 따른 문화 훼손 우려는 한국 대학생이 가장 높은 것으로 나타났다. "외국 이주민으로 사회문제나 범죄율이 증가한다"의 경우, 한국과 일본 대학생 집단과 일본과 중국 대학생 집단이 차이가 있는 것으로 나타났으며, 일본 대학생(평균: 2.98)이 한국 대학생

(평균: 3.40)이나 중국 대학생(평균: 3.52)보다 외국 이주민 유입에 따른 사회문제나 범죄율 증가에 대해 덜 우려하는 것으로 나타났다.

"외국 이주민은 자국의 순수혈통을 훼손한다"의 경우, 한국과 일본 대학생 집단과 중국과 일본 대학생 집단에서 차이가 있는 것으로 나타났으며, 일본 대학생(평균: 3.93)이 한국 대학생(평균: 3.69)이나 중국 대학생(평균: 3.78)보다 외국 이주민 유입에 따른 혈통 훼손 문제를 더 많이 우려하는 것으로 나타났다. "외국 이주민은 자국민의 복지자원을 빼앗아간다"의 경우 한국과 중국 대학생 집단과, 중국과 일본 대학생 집단 간에 차이가 있는 것으로 나타나, 중국 대학생(평균: 3.59)이 한국 대학생(평균: 3.78)이나 일본 대학생(평균: 3.73)보다 외국 이주민 유입에 따른 복지자원 감소의 문제를 덜 우려하고 있는 것으로 나타났다. "외국 이주민은 자국민이 지불해야 할 세금을 증가시킨다"의 경우, 한국과 중국 대학생 집단과 중국과 일본 대학생 집단이 차이가 있는 것으로 나타나, 중국 대학생(평균: 3.32)이, 한국 대학생(평균: 3.51)이나 일본 대학생(평균: 3.53)보다 외국 이주민 유입에 따른 세금 부담 문제에 대해 덜 우려하고 있는 것으로 나타났다. "외국 이주민이 많은 지역은 위험하다"의 경우 한국과 중국 대학생 집단과 중국과 일본 대학생 집단 간에 차이가 있는 것으로 나타났으며, 중국 대학생(평균: 3.61)이 한국 대학생(평균: 3.23)이나 일본 대학생(평균: 3.31)보다 외국 이주민 유입에 따른 지역의 슬럼화 문제에 대해 더 많이 우려하고 있는 것으로 나타났다. 마지막으로 "현재의 자국에 외국 이주민이 너무 많다"의 경우, 한국과 중국 집단과 일본과 중국 집단 간에 차이가 있는 것으로 나타났으며, 중국 대학생(평균: 3.42)이 한국 대학생(평균: 3.60)이나 일본 대학생(평균: 3.55)보다 현재 외국인 규모에 대해 덜 우려하는 것으로 나타났다. 이상과 같이 한·중·일 대학생의 외국 이주민에 대한 인지된 위협 수준은 전반적으로 자국 문화나 혈통 훼손에 대해 가장 우려하고 있다는 점에서 공통적이다.

4. 국민정체성과 다문화태도의 관계

1) 국민정체성과 다문화태도의 상관관계

〈표 4-5〉는 각 잠재변수 간의 관련성 및 방향성을 파악하기 위해 잠재변수 간 상관관계를 살펴보았다. 한국의 경우 혈통적 정체성은 시민적 정체성과 정적으로(.347, p<.01), 다문화태도와는 부적으로(-.177, p<.01) 유의미한 상관관계가 있는 것으로 나타났으나, 시민적 정체성과 다문화태도는 상관관계가 없는 것으로 나타났다. 일본의 경우 혈통적 정체성은 시민적 정체성과 정적으로(.520, p<.01), 다문화태도와는 부적으로(-.217, p<.01) 유의미한 상관관계가 있는 것으로 나타났으며, 시민적 정체성과 다문화태도는 부적으로(-.177, p<.01) 유의미한 상관관계가 있는 것으로 나타났다. 중국의 경우 혈통적 정체성과 시민적 정체성만 정적으로 유의미한 상관관계가 있는 것으로 나타났고(.652, p<.01), 혈통적 정체성과 시민적 정체성은 모두 다문화태도와 상관관계가 없는 것으로 나타났다.

이상과 같이 한국, 중국, 일본 대학생의 국민정체성과 다문화태도의 상관관계는 한국의 경우에는 혈통적 정체성만이, 일본의 경우 혈통적 정체성과 시민적 정체성 모두, 그리고 중국의 경우에는 국민정체성과 다문화태도가 상관관계가 없는 것으로 나타났다. 또한 한국과 일본의 국민정체성 중 혈통적 정체성은 다문화태도와 부적으로 상관관계가 있는 것으로 나타나 기존의 논의에 부합하나, 시민적 정체성의 경우 다문화태도와 부적으로 상관관계가 있는 것으로 나타나 기존의 논의와 다른 결과이다. 즉, 혈통적 정체성이 높을수록 다문화태도에 부정적 태도를 보이며, 시민적 정체성이 높을수록 다문화태도에 긍정적 태도를 보일 것이라는

〈표 4-5〉 잠재변수 간의 상관관계

상관관계	한국	일본	중국
혈통적 정체성↔시민적 정체성	.347**	.520**	.652**
다문화태도↔혈통적 정체성	-.177**	-.217**	-.078
다문화태도↔시민적 정체성	-.051	-.177**	.022

*p<.05, **p<.01, ***p<.001

결과와는 다르다. 이상과 같은 결과로 볼 때 향후 국민정체성의 하위변수들과 다문화태도와의 관계에 대해 새로운 접근이 이루어져야 할 것으로 판단된다.

2) 연구모델의 평가

연구모델을 평가하기 전에 본 연구에서 잠재변수로 사용된 2가지 변수의 지표들이 이론적 개념틀을 잘 반영하고 있는지 확인하기 위해 측정모형을 분석하였다. 잠재변인의 측정도구는 내적일관성 조사를 거친 후 확인요인분석을 통해 적합도를 충족하는 항목만을 선정하고, 또한 측정도구의 수정을 위해 수정지수를 통해 표준화된 잔차(residuals)의 절대값이 4보다 큰 항목을 제거하는 방식으로 하여 측정모형을 수정, 확정하였다. 또한 국민정체성 변수는 국가별 차이가 있기 때문에, 최적의 적합도를 찾기 위해 잠재변인의 측정도구를 평가한 후, 다시 형태 동일성 검증을 실시하였다. 형태 동일성 검증은 경쟁모형을 설정한 후 연구모형과 비교 후 적합도가 더 높은 모형을 선정하는 방식으로 검증하였다. 이러한 과정을 거친 결과 국민정체성 변수는 요인이 1개인 모형보다 요인이 2개인 모형이 더 적합한 것으로 나타났고, 그 결과 혈통적 정체성에는 국적, 출생이, 시민적 정체성에는 언어, 법 존중만이 남게 되었다(x^2=4.490, d.f.=1, p=.034, RMSEA=.050, TLI=.970). 다문화태도는 복지비용증가, 고용경쟁, 자문화훼손, 사회문제만이 남게 되었다(x^2=3.302, d.f.=2, p=.192, TLI=.995, RMSEA=.022). 마지막으로 개별 잠재요

〈표 4-6〉 국가별 전체 측정 모형의 표준화된 요인부하량

		한국	일본	중국
혈통적 정체성	출생	.539***	.769***	.706***
	국적	.940***	.829***	.834***
시민적 정체성	언어	.652***	.654***	.701***
	소속감	.651***	.513***	.670***
다문화 태도	복지비용증가	.696***	.688***	.713***
	사회문제증가	.577***	.661***	.801***
	고용경쟁	.537***	.562***	.719***
	자문화위협	.746***	.801***	.816***

*p<.05, **p<.01, ***p<.001

인의 측정모형의 타당성 평가를 거친 후 전체 잠재변인의 측정모형의 타당성 평
가를 실시하였다. 〈표 4-6〉에서 보는 것과 같이 요인적재량은 모두 유의수준 .001
에서 유의하였으며, 전체 측정모형의 적합도는 x^2=62.254, d.f.=17, p=.000,
TLI=.964, RMSEA=.044로, 적합도 조건을 충족하는 것으로 나타났다.

3) 국민정체성이 다문화태도에 미치는 효과

연구모형 분석은 선행연구에서 혈통적 정체성, 시민적 정체성 그리고 다문화
태도의 영향관계를 토대로 이루어졌다. 이를 위해 우선 혈통적 정체성과 시민적
정체성이 직접적으로 다문화태도에 영향을 미치는지를 살펴보았다.

연구모형에서 경로분석결과, 〈그림 4-1〉과 같이 경로계수의 추정치가 제시되
었다. 혈통적 정체성과 다문화태도의 경로계수는 -.15로 .001 수준에서 유의한 것
으로 나타나, 혈통적 정체성이 높을수록 다문화태도가 낮다고 할 수 있다. 그런데
시민적 정체성과 다문화태도 경로계수는 .05로 경로계수가 매우 낮을 뿐만 아니
라 유의미하지도 않았다. 따라서 혈통적 정체성은 다문화태도에 독립적으로 영향
을 미친다고 할 수 있지만, 시민적 정체성은 다문화태도에 직접적으로 영향을 미
친다고 할 수 없다.

4) 모형의 발견과 국가별 차이

〈그림 4-1〉에서 혈통적 정체성은 다문화태도에 부적으로 유의미한 영향을
미치고, 시민적 정체성은 다문화태도에 유의미한 영향을 미치지 않는 것으로 나

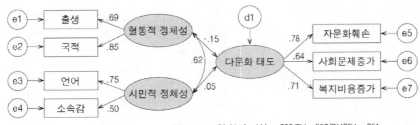

chi-square=51.1/d.f.=11/p=.000/TLI=.952/RMSEA=.051

〈그림 4-1〉 혈통적 정체성과 시민적 정체성이 다문화태도에 미치는 효과

〈표 4-7〉 한국, 중국, 일본 대학생의 혈통적 정체성과 시민적 정체성이 다문화태도에 미치는 효과

Models	χ^2	d.f.	p-value	TLI	RMSEA	회귀계수 한국	회귀계수 일본	회귀계수 중국
Model 1 : b11≠b12≠b13	81.115	36	.000	.955	.039	−.071	−.233***	−.013
Model 2 : b11=b12=b13	89.935	38	.000	.950	.040	−.112**	−.093**	−.112**

*p<.05, **p<.01, ***p<.001

타나, 연구모형의 국가별 차이 검증에서는 시민적 정체성과 다문화태도의 직접적인 경로를 삭제한 후 이루어졌다(표 4-7). Model 1(비제약모델)에서 χ^2=81.115, d.f.=36, p-value=.000, TLI=.955, RMSEA=.039로 p값이 유의미하지 않은 것으로 나타났지만, 다른 적합도에서 기준을 충족하였기 때문에, 적합한 모형이라고 할 수 있다. Model 2(제약모델)는 혈통적 정체성과 다문화태도의 관계를 한·중·일 세 집단이 모두 같다고 제약한 경우이다(χ^2=89.935, d.f.=38, p-value=.000, TLI=.950, RMSEA=.040). 집단 간 차이는 Model 1과 Model 2의 χ^2의 차이를 통해 확인할 수 있는데, χ^2의 차이가 임계치 절대값 ±1.96보다 크면 집단 간 차이는 유의미하다고 할 수 있다. 따라서 본 연구에서 모수의 임계치가 8.82로 나타나, 한·중·일 세 집단의 혈통적 정체성이 다문화태도에 미치는 영향은 차이가 있다고 할 수 있다. 즉, 일본 대학생의 혈통적 정체성이 다문화태도에 미치는 영향은 한국이나 중국 대학생보다 부적으로 높다고 할 수 있다.

5) 사회·인구학적 변수의 영향력

선행연구에서 국민정체성과 다문화태도 두 변수 모두 성, 학년과 같은 사회·인구학적 변수가 영향을 미치는 것을 확인하고 있다. 즉, 교육수준이 높을수록 그리고 젊을수록, 여성일수록 다문화태도에 긍정적 영향을 미친다고 한다(Billiet et al., 1998). 따라서 본 연구에서는 학년과 성별을 추가로 투입하였을 때 국민정체성이 다문화태도에 미치는 영향이 어떠한지를 검증하였다. 〈표 4-8〉은 앞서 더 적합한 모델로 확인된 Model 1(비제약모델)에서 학년과 성별을 추가로 투입했을 때의 경로계수값을 보여준다. 한국의 경우 학년과 성별을 추가로 투입했을 때, 혈통적 정체성이 다문화태도에 미치는 영향은 −.040으로 학년과 성별을 투입하지

〈표 4-8〉 잠재변인 간의 표준화된 경로계수

	한국	일본	중국
다문화태도←혈통적 정체성	−.040	−.230***	−.045
다문화태도←학년	.089	−.138**	.075
다문화태도←성별	.060	.143**	.122***

**p<.01, ***p<.001

않았을 때보다 0.031 더 높아졌으나, 유의하지 않았다. 즉, 학년과 성별은 다문화 태도에 영향을 미치지 않는 것으로 나타났다. 일본의 경우 학년과 성별의 경로를 추가했을 때 혈통적 정체성이 다문화태도에 미치는 영향은 0.03만큼 높아졌으며, .001수준에서 유의하였다. 일본의 경우 학년은 다문화태도에 부적으로, 성별은 다 문화태도에 정적으로 유의미한 영향을 미치는 것으로 나타났다. 즉, 학년이 높을 수록 다문화태도가 낮아지며, 여성일수록 다문화태도가 높아지는 것으로 확인되 었다. 중국의 경우 학년과 성별의 경로를 추가했을 때 혈통적 정체성이 다문화태 도에 미치는 영향은 오히려 더 낮아졌으며, 유의미하지 않았다. 중국의 경우 학년 이 다문화태도에 미치는 영향은 유의미하지는 않았지만, 성별은 다문화태도에 정 적으로 유의미한 영향을 미치는 것으로 나타났다. 이상과 같이 학년과 성별을 추 가로 투입했을 때, 한국 대학생 집단에서 학년이나 성별 모두 유의미한 영향을 미 치지 않는 것으로 나타났다. 그러나 일본 대학생 집단에서는 학년이나 성별 모두 유의미한 영향을 미치는 것으로 나타났으며, 중국 대학생 집단에서는 성별만이 유의미한 영향을 미치는 것으로 나타났다.

V. 결 론

한국, 중국, 일본이 서구에 비해 아직 다문화적 상황이라 할 만큼 많은 규모의 외국인이 유입된 것은 아니다. 그러나 한국이나 일본의 경우 이미 외국인 규모가 전체 인구의 약 2~2.5% 점유하고 있으며, 또한 중국의 경우 경제발전 속도를 볼 때 향후 외국인 유입 규모는 확대될 전망이다. 이와 같이 한국, 중국, 일본이 외국인을 받아들인 시기와 상황이 다르지만, 세계화의 흐름 속에 이들 국가들은 외국인 수용을 불가피한 현실로 인식하고 있으며, 이에 따라 이들의 통합을 위한 새로운 정책을 모색하고 있다. 특히 세계화 이후 지역의 블록화가 강화되고 있기 때문에 현재 외국인에 대한 태도는 새로운 아시아를 구상하는 데 있어서도 중요한 과제라 여겨진다.

이러한 배경에서 본 연구는 한국, 중국, 일본 대학생들을 중심으로 이들의 국민정체성과 다문화태도의 관계를 살펴보았다. 한국, 중국, 일본 대학생의 국민정체성과 다문화태도의 관계 연구가 비교연구인 만큼 국민정체성과 다문화태도 모형이 각 지역에 공통적으로 적용될 수 있는 최적의 모형을 찾는 방식으로 이루어졌다. 연구를 통해 발견한 것은 다음과 같다.

우선 한국, 중국, 일본 대학생의 국민정체성은 서로 다른 특성을 보이는 것으로 나타났다. 혈통적 정체성의 경우 한국과 일본보다는 중국이 더 높은 것으로 나타나, 다민족국가일수록 혈통적 정체성보다는 시민적 정체성이 강하게 나타날 것이라는 예상과 다른 결과였다. 이는 중국이 비록 여러 민족을 통합한 다민족국가이기는 하지만, 중국이 사회주의 국가였다는 점과 그리고 민족 통합의 과정에서 강한 중화민족사상을 고취시켜 왔던 것이 한국이나 일본에 비해 혈통적 정체성을 더 강하게 유지할 수 있었을 것으로 판단된다. 한편 시민적 정체성의 경우 한국과 중국보다 일본이 더 낮은 것으로 나타나, 발전된 나라일수록 보다 포용적인 국민정체성을 가질 것이라는 선행연구와 다른 결과였다. 일본 역시 비록 한국이나 중국에 비해 경제수준이 더 높지만, 천왕 중심의 국가체제, 단일 민족, 단일 언어 고수라는 국가 특성이 국민들에게 시민적 정체성을 덜 강조하는 국민감정을 갖게 되었던 것으로 판단된다.

그럼에도 불구하고 한국, 중국, 일본 대학생의 국민정체성이 모두 혈통적 정체성보다는 시민적 정체성을 더 중요하게 여기고 있는 것으로 나타나, 이는 최근 국민정체성이 혈통적 요소보다는 시민적 요소로 바뀌고 있다는 최근의 연구들(정기선, 2004)과 동일한 결과이며, 특히 이 연구가 대학생을 대상으로 한 연구라는 점에서 이러한 경향이 더 강하게 나타났을 것으로 판단된다. 결국 국민정체성은 최근으로 올수록 특히 젊은 세대에게 혈통적 정체성보다는 시민적 정체성을 더 중요하게 여긴다고 할 수 있지만, 한국, 중국, 일본 세 국가를 비교할 때 한국이나 일본보다는 중국이 더 혈통적 정체성을 강조하고, 일본보다는 한국이나 중국이 더 시민적 정체성을 더 중요하게 여기고 있다고 할 수 있다.

둘째, 한국, 중국, 일본 대학생의 다문화태도를 살펴보기 위해 외국 이주민 집단에 대한 인지된 위협을 측정하였다. 국가별로 외국 이주민 유입에 따른 인지된 위협 요인들은 살펴보면, 한국 대학생이 자국문화 훼손을 가장 우려하고, 외국 이주민의 집단 거주에 대해 가장 덜 우려하는 것으로 나타났다. 반면, 중국이나 일본 대학생은 혈통 훼손을 가장 우려하고, 외국 이주민 유입에 따른 자국 경제의 기여 문제나 사회문제의 증가에 대해 덜 우려하고 있는 것으로 나타났다. 전반적으로 한국, 중국, 일본 대학생들이 자국 문화나 혈통의 훼손을 우려한다는 점에서 공통적이라 할 수 있으며, 각각의 국민 국가를 형성해 온 역사적 배경이 다르지만, 서구에 비해 비교적 동질적인 문화적, 혈통적 전통을 강조해 왔던 국가의 특성이 반영된 결과가 이들의 외국 이주민 집단에 대한 태도에도 영향을 미쳤던 것으로 판단된다.

또한 항목별 결과에서는 한국 대학생이 일자리 위협, 경제 기여 문제, 자국문화 훼손, 자국민 복지자원 훼손, 현재 외국인 규모 면에서, 중국 대학생이 사회문제 증가, 외국인 집단 거주지 문제 면에서, 일본 대학생이 혈통 훼손, 세금 증대 면에서 비교국가 대학생들보다 인지된 위협 수준이 더 높은 것으로 나타났다. 이와 같은 결과를 볼 때 한국 대학생들이 중국이나 일본 대학생들보다 외국 이주민 유입에 따른 위협 요인을 보다 다양하게 인식하고 있으며, 특히 중국이나 일본 대학생에 비해 경제적 이해 관계에 더 많은 관심을 가지고 있는 것으로 나타났다. 반면, 중국 대학생은 사회문제나 지역 슬럼화, 일본 대학생들은 혈통 훼손이나 세금 문제에 대해 더 우려하는 것으로 나타나, 이들 국가의 대학생들은 외국 이주민 집단에 대한 위협 범위가 한정적이며, 또한 외국인 집단을 자신과 분리된 존재로서 여기며, 아직까지는 이들이 자신과 실질적 경쟁을 할 집단으로 인식하지 않고 있는 것으로 판단된다.

셋째, 국민정체성과 다문화태도의 관계를 살펴본 결과, 혈통적 정체성과 시민적 정체성은 독립적으로 다문화태도에 영향을 미치기보다는 상호의존 관계 속에서 영향을 미치는 것으로 나타났다. 그동안 선행연구에서는 시민적 정체성과 혈통적 정체성을 분리하여 이 두 요인과 다문화태도와의 관련성을 탐구해 왔으나, 본 연구에서 국민정체성 중 시민적 정체성은 다문화태도에 직접적으로 영향을 미치지 못하고, 혈통적 정체성과의 상호 영향 관계에서만 다문화태도에 영향을 미치는 것으로 나타났다. 이러한 연구결과는 국민정체성의 하위 요인들을 각각 분리하여, 시민적 정체성이 높을수록 다문화태도에 긍정적 태도를 보이고, 혈통적 정체성이 높을수록 다문화태도에 부정적 태도를 보일 것이라는 선행연구와는 다른 결과이다. 세 국가를 비교한 연구가 보다 정밀한 분석과정을 요구하기 때문에 본 연구와 같은 결과가 나타날 수도 있으나, 향후 국민정체성의 하위 도구들의 관계에 대한 면밀한 분석이 필요한 부분이다.

한편 국민정체성과 다문화태도의 관계는 비제약모델과 등가모델을 비교하였으며, 비교한 결과 비제약모델이 더 우수한 것으로 나타나, 한국, 중국, 일본 대학생 집단 간에 차이가 있는 것으로 나타났다. 하지만 국민정체성이 다문화태도에 미치는 영향은 일본 대학생 집단만이 부적으로 유의미한 영향을 미치는 것으로 나타났다.

이상과 같이 한국, 중국, 일본 대학생의 국민정체성과 다문화태도의 관계를 살펴보았다. 본 연구에서 발견된 것을 중심으로 논문의 의의 및 한계를 제안하면 다음과 같다. 우선 국민정체성 개념에 대한 재논의가 필요함을 확인하였다. 선행연구에서 국민정체성은 서로 다른 역사적 배경 속에서 형성되어 왔기 때문에 개별 국가는 독특한 국민정체성을 형성하고, 특히 민족, 혈통에 기반한 국가, 주로 단일민족국가는 혈통적 정체성을, 시민, 정치에 기반한 국가, 주로 다민족국가는 시민적 정체성을 갖는 것으로 여겨져 왔으나, 본 연구에서 발견된 것처럼 다민족국가 중국이 한국과 일본보다 혈통적 정체성이 더 강하게 나타나, 기존의 논의와 다른 결과였다. 이는 중국이 비록 다민족국가이긴 하지만, 혈통적으로 완전히 다른 민족을 통합하기보다는 비교적 인종적, 문화적으로 유사한 주변 민족을 통합하는 방식으로 국가를 형성해 왔기 때문에 나타난 결과이기도 하지만, 기존의 국민정체성의 이분법적 구조가 현재의 국민정체성을 설명하는 데 적합하지 않을 수도 있음을 의미한다.

둘째, 다문화태도에 대한 각 국가 대학생 태도에서도 나타나듯이, 외국 이주민 유입에 따른 인지된 위협 수준이 다를 뿐 아니라 위협 요인이 다르게 나타나, 각 국에서 다문화정책을 전개하는 데 있어서 이러한 공공의 태도를 반영할 필요가 있다. 특히 대학생들은 향후 다문화사회를 이끌어 갈 주역이라는 점에서 이들이 우려하는 것을 세심하게 고려하여 정책을 펼치는 것이 요구된다. 또한 한국, 중국, 일본 대학생의 외국 이주민 집단에 대한 인지된 위협이 공통적으로 자국 문화나 혈통의 훼손을 가장 우려하고 있는 것으로 나타나, 동북아시아에서 다문화 논의를 전개하기 위해서는 자칫 자민족중심주의나 종족적 배제주의로 나타날 수 있는 이러한 인식에 대한 전환이 이루어져야 할 것이다.

마지막으로 이 연구는 한국, 중국, 일본 대학생의 국민정체성과 다문화태도의 관계를 다루고자 하였으나, 현지 조사의 어려움으로 학년이나 성별의 특성을 고루 반영하지 못한 한계가 있다. 하지만 이 연구는 최근 급속하게 다민족사회로 전환하고 있는 한국, 중국, 일본 사회에서 대학생들의 국민정체성과 다문화태도를 비교함으로써 동북아시아에서의 국민정체성과 다문화태도의 특성을 파악하는 데 기여할 뿐만 아니라 나아가 향후 통합된 아시아 공동체를 구상하는 데 유용한 기초자료로 활용될 수 있다.

참 고 문 헌

구견서. 2004. "일본민족주의의 행방." 일본학보 58, 377-394.

권영준. 2003. "근대 중국의 국적법과 조선인 귀화정책." 한일민족문제연구 5, 37-71.

권혁범. 2009. 「민족주의는 죄악인가」. 생각의 나무.

김경득. 2003. "'재외동포법'과 재일조선인의 법적 지위: 재일조선인이 본 '재외동포법'과 향후의 과제." 한일민족문제연구 5, 131-162.

김정호. 2008. "중국의 소수민족교육과 다문화교육: 중국 초등사회과의 다문화교육 내용 탐색." 사회과교육 47(1), 103-131.

김현선. 2006. "국민, 半국민, 非국민－국민형성의 원리와 과정." 사회연구 12(2). 77-106.

박명규. 1994. "19세기 후반 일본의 국가와 사회." 아시아문화 10, 233-259.

박병구. 2007. "현대의 민족문제와 다문화주의: 중국 다문화주의의 실태와 문제점." 민족연구 30, 196-211.

법무부. 2010. 2010년도 출입국 통계연보.

설동훈·정태석. 2002. "새로운 세대의 등장과 민족정체성의 변화." 계간 사상 가을호, 28-52.

성균관대 리서치센터. 2004. 「한국인의 가치지향: 국제비교」. 제1차 KGSS 심포지엄.

신용하. 1985. 「민족이론」. 문학과 지성사.

윤인진. 2007. "한국 민족주의 담론의 전개와 대안적 민족주의의 모색." 한국사회 8, 5-29.

이규태. 2001. "중국조선족 사회의 형성과정." 재외한인연구 10(1).

이래호. 2009. "중국의 외국인 관리제도와 한국인 장기체류자의 적응양태분석." 한양대 국제학대학원 박사학위청구논문.

이종훈. 2002. "재외동포개정론과 폐지론의 합리성 검토." 정인섭 편. 「재외동포법」.

사람 생각.

이희옥(역). 1993. 자료 : 중화인민공화국헌법.

임지현. 2004. "민족담론의 스펙트럼: 안과 밖." 영미문학연구회.

정기선. 2004. "한국인의 국가정체성 국제비교: 자격요건 평가를 중심으로."「한국인
　　　의 가치지향: 국제비교」. 제1차 KGSS 심포지엄.

정인섭. 2007. "1991-92년도 국적법(國籍法) 개정작업." 서울국제법연구 14(2), 85-117.

조경란. 2006. "현대 중국의 소수민족에 대한 '국민화' 이데올로기: 중화민족론을 중심
　　　으로." 시대와 철학 17(3), 65-85.

최현. 2003. "대한민국과 중화인민공화국의 국민정체성과 시민권제도." 한국사회학
　　　37(4), 143-173.

Benedict Anderson. 1991. *Imagined Communities : Reflections on the Origin and Spread of
　　　Nationalism*. London: Verso.

Bilal, Sanoussi, Jean-Marie Grether, & Jaime de Melo. 2003. Attitudes towards
　　　Immigration : A Trade-Theoretic Approach. *Review of International Economics*, 11(2):
　　　253-267.

Breugelmans, Seger M. & Fons J. R. van de Vijver. 2004. Antecedents and components
　　　of Majority Attitudes toward Multiculturalism in the Netherlands. *Applied psychol-
　　　ogy: an international review*, 53 (3): 400‒422.

Brubaker, R. 1992. *Citizenship and Nationhood in France and Germany*. Cambridge, Mass:
　　　Harvard University Press.

Esses, John, Lynne & Tamara. 2001. The Immigration Dilemma : The Role of Perceived
　　　Group Competition, Ethnic Prejudice, and National Identity. *Journal of Social Issues*,
　　　57(3), 389-412.

EUMC. 2006. Attitude Toward Minorities: Key Finding from the Eurobarometer and the
　　　European Social Survey.

Harold Martin Troper & Morton Weinfeld. 1998. *Ethnicity, politics, and public policy: case
　　　studies in Canadian diversity*. Toronto ; Buffalo : University of Toronto Press, 1998.

Ho, R. 1990. Multiculturalism in Australia: A survey of attitudes. *Human Relations*, 43: 259‒
　　　272.

Hobsbawm, E. J. 1990. *Nations and nationalism since 1780: programme, myth, reality*. Cambridge University Press.

IOM. 2010. World migration report 2010.

Japan Statistics Bureau and Statistical Center, 2010. Japan statistical yearbook 2010.

Jones & Smith. 2001. Individual and Societal Bases of National Identity. A Comparative Multi-Level Analysis. *European Sociological Review*, 17: 103-118.

Jones, F. L. and Philip Smith. 2001. Individual and Societal Bases of National Identity. A Comparative Multi-Level Analysis. *European Sociological Review*, 17(2): 103-118.

Jones, J. M. 1997. *Prejudice and racism*(2nd ed.). New York: McGraw-Hill.

Maddens, B., Billiet, J. & Beerten, R.. 2000. National identity and the attitude toward foreigners in multinational states : The case of belgium. *Journal of Ethnic and Migration Studies*, 26: 45-60.

Smith, A. 1991. *National Identity*. London: Penguin Books.

Smith, A. 2000. *The nation in history: historiographical debates about ethnicity and nationalism*. Hanover Univ. Press of New England.

Taifel, H. & Turner, J. C. 1979. An integrative theory of intergroup conflict. In W. G. Austin & S. Worchel(Eds.). *The social psychology of intergroup relations*(33-48). Monterey, CA: Brooks/Cole.

UNDESA. 2009. World Population Prospects : The 2008 Revision. Highlights, Working Paper No. ESA/P/WP.210.

제 5 장
국내 이주 외국인에 대한
부산·울산·경남지역 대학생 의식조사

인 태 정·김 희 재

국내 이주 외국인에 대한 부산·울산·경남지역 대학생 의식조사

Ⅰ. 서 론

현재 한국 사회는 국제결혼 이주 여성, 이주 노동자들의 급증으로[1] 급속하게 다민족 사회로 변하고 있으며 2008년 당시 전체 인구수 약 48,607,000명 중에 외국인 거주자가 854,007명으로(www.nso.go.kr) 한국 전체 인구의 2%에 근접하고 있다. 이렇게 외국인 이주의 증가세가 두드러지면서 외국인 노동자의 열악한 노동조건과 인권 침해의 문제, 결혼 이주 여성들의 사회문화적 적응 문제들이 불거져나오고 외국인 보호와 새로운 사회통합의 필요성이 증대되고 있다.

국내로 외국인 이주민들이 유입되고, 그럼으로써 인구구성이 민족·인종·문화적으로 다양하게 변화한다는 것은 거시적인 사회경제적 토대의 변화와 아울러 다원적 민주주의의 가치와 다문화적 가치로의 변화 필요성이 제기된다는 것을 의미한다. 그러나 다른 국가에 비해 다양한 민족과의 접촉 및 공존 경험이 적고 혈통에 의한 단일 민족의식이 강한 한국사회가 다양한 인종 및 민족들의 문화적 차이와 제반 권리들에 대해 관용과 포용력을 가질 것인가에 대해 그다지 낙관적이

---

[1] 1995년부터 2008년까지 국내의 외국인 거주자들의 추이를 살펴보면 아래의 〈표 5-1〉과 같다.

〈표 5-1〉 외국인 거주자의 추이(단위: 명)

연도	외국인 거주자의 수
1995	123,881
2000	244,172
2005	485,477
2008	854,007

* 자료: Kosis 통계자료를 참조해서 재작성.

지는 않다. 외국인 이주민의 유입은 앞으로도 계속 진행될 것이고 그에 따라 이주민들의 인권, 타 민족과의 공존 또는 갈등의 문제 등은 사회적인 쟁점으로 부각될 것이며 이는 단순히 이주자들만의 문제에 국한되는 것이 아니라 다수집단으로서 이주자들을 바라보는 한국인들의 태도나 수용 태세에 따라 한국사회의 통합 정도가 크게 좌우될 것이다.

또한 세계화로 인해 탈 국가적 이주의 증가와 문화적 개방과 다양성이 확대됨으로써 비교적 동질적인 정치적·문화적 공동체로서의 근대 민족국가에 대한 신념은 붕괴되어 가고 있다. 다양한 민족과 문화적 집단이 서로 공존할 수 있는 정치적 다원주의와 다문화주의가 새로운 정치적 이념으로 대두되고 있는 이 시점에 다양한 민족과 문화의 공존에 대해 한국인들이 어떤 태도와 가치관을 견지하고 있는가를 진단하는 것은 매우 중요한 연구과제일 것이다. 게다가 기성세대보다 비교적 젊은 세대인 대학생 집단을 대상으로 조사를 해보는 것은 앞으로 우리 사회의 가치관 변화 추이에 대해 예측할 수 있는 단서가 될 것이며 더 나아가 이들을 대상으로 다문화 정책을 입안하는 데 기초적인 시안이 될 수 있을 것이다.

그리고 외국인 이주자 집단이 동질적인 집단이 아니듯이 이들 집단을 바라보는 한국인들의 시각도 불법 노동자와 합법 노동자, 선한 이민자와 부정적인 이민자,[2] 고소득 전문직에 종사하는 '데니즌'(denizen)[3]과 경제적으로 취약한 약자이자 해당 사회에서 주변화 된 범주인 '마지즌'(margizen)[4]으로 분리해서 바라보는 경향이 나타나고 있다. 또한 이주자 집단들의 다양한 측면, 예를 들면 이주자의 경제적·정치적 권리, 또는 이주자 송환 정책 등에 대해서도 다양한 차이를 드러낸다.

---

[2] 엄한진(2006: 35)은 한국 사회에서 '선한 이민'과 '부정적인 이민'의 구별짓기가 나타나고 있다고 지적했다. 즉 결혼 이주 여성은 결혼하기 힘든 한국 남성과 결혼해서 한국 가족제도를 유지시켜주는 고마운 존재인 반면 남성 이주노동자는 불법체류까지 하면서 내국인의 일자리를 빼앗고 한국에서 번 돈을 본국으로 빼돌리는 존재로 인식되게 된다는 것이다.

[3] '데니즌'은 출신 국가의 시민권을 포기하지 않으며 체류하는 국가에 영주하거나 영주권을 얻으려 하지 않는다. 다국적 기업과 같은 거대 기업이 체류하는 국가의 복지 시스템을 이용할 수 있는 권리를 확보해 주기 때문에 체류 국가에서 특권을 누리는 외국인을 말한다(Cohen, 1997: 168[김현미(2005: 23)에서 재인용]).

[4] 마르키니엘로가 유럽의 이주노동자처럼 주변적 존재로 살아가는 사람을 가리키는 용어로 사용하기 시작했다(Martiniello, 1994[김현미(2005: 24)에서 재인용]).

 따라서 본 논문은 우선 다양한 이주 집단, 예를 들면 국제결혼 이주 여성, 생산기능직 근로자, 탈북 새터민, 전문 기술직 근로자, 외국인 유학생, 외국인 사업가 및 투자자들의 증가에 대한 지지도를 조사함으로써 각 집단에 대한 태도 편차를 알아보고자 한다. 그리고 최근에 이슈가 되고 있는 국제결혼 및 다문화 가정에 대한 태도를 알아보기 위해 국제결혼 이주 여성의 모국 문화 수용 태도를 조사하였다. 이는 한국에서 국제결혼이 한국인 남성과 외국인 여성의 결혼이 주를 이루기 때문에 국제결혼 이주 여성에 초점을 두었다. 마지막으로 유럽 국가들의 인종적 편견을 분석하는 문항들을 수정, 활용해서 민족적 배타성에 대한 태도를 조사하였다. 이러한 조사들이 국내 이주 외국인에 대한 태도를 전체적으로 반영하는 것은 아니지만 이주자들을 사회적 성원으로 수용하는 데 있어 보다 핵심적인 사항들을 반영해줄 것으로 여겨진다.[5] 또한 이러한 조사들은 한국 사회가 당면한 사회적 변화에 대응해서 갈등을 조정하고 사회적 통합을 이루어 나가는 데 필요한 기초자료가 될 것이며 특히 대학생 집단을 중심으로 이루어진 연구는 다민족·다문화 사회로 진입하는 한국 사회의 한계와 미래의 향방을 예측하는 데 필수적인 작업이 될 것이다.

---

[5] 이 세 가지 주제의 관련성과 일관성은 이주자 증가에 대한 태도, 국제결혼 이주 여성의 문화 수용태도, 종족적 배제주의 태도의 높은 상관성에서도 확인할 수 있다.

〈표 5-2〉 이주에 대한 각 태도 간의 상관분석

		이주자 증가에 대한 태도	국제결혼 이주 여성의 문화 수용 태도	민족적 배타성 태도
이주자 증가에 대한 태도	Pearson 상관계수	1	.298(**)	.336(**)
	유의확률 (양쪽)		.000	.000
국제결혼 이주 여성의 문화 수용 태도	Pearson 상관계수	.298(**)	1	.389(**)
	유의확률 (양쪽)	.000		.000
민족적 배타성 태도	Pearson 상관계수	.336(**)	.389(**)	1
	유의확률 (양쪽)	.000	.000	

* 상관계수는 0.01 수준(양쪽)에서 유의.

Ⅱ. 선행연구 검토

서구에서 이주의 역사는 식민 지배와 관련되어 19세기 말로 길게 거슬러 올라
갈 수 있다. 특히 2차 세계대전 이후 경제 호황의 시기에 서유럽과 미국, 캐나다
등지에서 노동력 부족으로 인해 비숙련 및 미숙련 외국 이주민들을 많이 받아들
이면서 다민족·다문화 사회의 경험과 정책적 시도들이 축적되었다. 그러나 한국
사회에서 외국인 이주민들에 대해 관심이 증가하게 되고 다민족·다문화 사회에
대한 논의들이 시작된 것은 1990년대 후반 시장 개방과 국내 노동력 구조의 변화
로 인해 많은 수의 외국인 노동자가 유입되면서부터이며 비교적 최근에 이루어진
것이다. 게다가 2000년대 들어서면서 이주민의 존재에 대해 한국사회의 관심이
더욱 부각되게 된 것은 한국인 남성과 외국인 여성의 결혼이 주를 이루는 국제결
혼의 증가가 중요한 계기가 되었다.

이러한 사회적 변화에 따라 국내 학계에서도 국제결혼 이주자 및 국제결혼가
정 자녀(김이선·김민정·한건수, 2007; 김재우, 2006; 김재원, 2007; 김현미, 2006;
김현희, 2007; 문경희, 2006; 설동훈, 2006; 이혜경, 2005), 이주 노동 및 외국인 근
로자의 실태(국가인권위원회, 2002; 권기철·김홍구·김희재, 2005; 박경태, 2005;
박수진·이지나, 2002; 석현호 외, 2003; 설동훈, 1998, 2002; 신기동 외, 2006; 심보
선, 2006), 다문화주의(강대근, 2007; 김남국, 2005; 김이선·황정미·이진영, 2007;
동북아시대위원회, 2007; 박병섭, 2006; 오경석 외, 2007; 엄한진, 2006; 윤인진,
2008; 최현, 2007; 황정미 외, 2007) 등에 대한 논의가 활발해졌다. 이들 연구 대부
분은 이주자들의 출입국 실태, 노동 및 생활 조건, 인종차별, 국제결혼에 이르게
되는 과정 및 결혼 중개업 실태, 외국인 노동자 인권 실태, 국제결혼 가족의 자녀
양육 문제, 다민족·다문화 사회에 대응하는 정책 필요성 및 제언 등에 대해 이루
어졌다. 하지만 이러한 변화에 이주민뿐만 아니라 또 하나의 중요한 축이 될 수
있는 이주민에 대한 한국인들의 태도나 수용성 정도에 대한 논의들이 상대적으로
적었다. 본 연구와 관련된 연구로는 이민자 집단 및 소수자 집단에 대한 편견이나
태도(김상학, 2004; 박수미·정기선, 2006; 설동훈, 2006), 다민족·문화적 다양성

에 대한 태도(황정미 외, 2007), 한국 대학생의 인종·민족 선호도(장태한, 2001)에 관한 연구들이 있다. 박수미·정기선(2006)의 연구는 사회적 소수자(장애인, 여성, 외국인 노동자, 동성애자, 나이 많은 사람)에 대한 한국인들의 편견적 태도를 조사한 것이었으며 보편주의 가치, 권력 가치, 자기 고양적인 자기 지도 및 성취 가치에 따른 편견적 태도의 차이를 분석하였다. 설동훈(2006)의 연구는 국제결혼 이민자와 그 자녀들의 국민, 민족 정체성에 대한 태도를 조사한 것으로 일반인, 대학생, 결혼 이민자 부모들을 대상으로 그 결과를 비교·분석하였다. 그리고 사회적 거리(social distance), 국민 정체성과 시티즌십(citizenship), 문화적 다양성에 대한 태도, 민족적 배타성 등의 네 가지 차원으로 19세 이상의 전 국민을 대상으로 다민족·문화적 다양성 태도를 조사한 연구가 있다(황정미 외, 2007). 그리고 대학생만을 대상으로 연구한 논문은 장태한(2001) 논문과 김상학(2004) 논문이 있다. 장태한(2001)은 대학생을 대상으로 민족, 인종에 따른 사회적 거리감을 조사하였는데 한국 대학생들의 인종 민족의식에서 '백인 선호' 의식이 두드러지게 나타나고 있으며 서구화 현상이 가속화된다는 점을 지적하였다. 그리고 남학생보다는 여학생이 민족주의 성향은 낮은 반면 서구화 현상이 강하고 지역별로는 부산 지역 대학생이 외국인에 대해 가장 개방적이고 대구나 광주 지역에서는 외국인에 대한 거부감이 높았다고 한다. 김상학(2004) 역시 대학생을 대상으로 네 가지 사회적 소수자 집단(북한 이탈 주민, 장애인, 외국인 노동자, 동성애자)에 대한 사회적 거리감을 측정·분석하였다. 연구 결과에 의하면 대학생들이 느끼는 사회적 거리감은 장애인, 북한 이탈 주민, 외국인 노동자, 동성애자의 순으로 나타났으며 사회적 소수자 집단의 특정 집단에 대해 사회적 거리감이 클수록 다른 집단들에 대한 사회적 거리감도 크게 나타남으로써 사회적 거리감이 일관되게 나타난다는 것을 제시하였다. 하지만 이러한 연구들은 특정 대상에 대한 한국인들의 태도나 가치관의 양상이 어떻게 나타나는지를 보여줄 뿐이고 어떠한 요인들이 이러한 태도에 영향을 미치는지에 대한 연구는 비교적 부족한 편이었다. 따라서 본 연구는 외국인의 국내 이주에 대한 대학생들의 태도의 차이가 대학생들의 개인적 특성에서 기인한 것인지, 아니면 대학생들의 아버지의 사회 경제적 지위에서 온 것인지 또는 대학생들의 보수 및 진보적 가치관이나 대학생들의 외국 문화 접촉 경험에서 온 것인지를 독립 변인으로 분류하고 이러한 독립 변인들이 외국인의 국내 이주에 대한 태도에 얼마나 영향을 미치는지를 분석하고자 한다.

Ⅲ. 연구내용 및 연구방법

1. 연구내용 및 변수 설명

　　본 연구는 부산·경남 지역의 대학생들을 중심으로 외국인의 국내 이주에 대한 태도를 조사하고자 한다. 외국인의 국내 이주에 대한 태도를 알아보기 위해서 다양한 목적을 가진 이주자들의 증가에 대한 각각의 지지도, 국제결혼 이주 여성의 문화 수용 의식, 그리고 이주자의 제반 권리, 이주자 송환 정책, 이주자에 대한 위협 인지 등을 포괄한 민족적 배타성에 대한 의식들을 조사하였다. 본 연구의 내용은 크게 두 가지 부분으로 나누어져 있는데 첫째는 외국인의 국내 이주에 대한 대학생들의 태도가 어떠한지, 그 특징은 무엇인지를 알아보는 것이다. 둘째는 필자가 설정한 독립 변인들이 외국인의 국내 이주에 대한 태도에 어떠한 영향을 미치는지, 그리고 어떠한 요인이 가장 영향을 미치는지를 분석하는 것이다.

　　외국인의 이주에 대한 대학생들의 태도를 조사함에 있어서 대학생들은 아직 사회 예비생이기 때문에 자신의 사회 경제적 지위를 측정할 수가 없다. 그래서 이들의 태도에 영향을 미쳤을 것으로 추정되는 요인을 크게 다음의 네 가지, 부산·경남지역 대학생들의 개인적 특성, 아버지의 사회 경제적 지위, 대학생들의 가치관과 외국 문화 접촉 경험으로 필자는 분류하였다. 대학생들의 개인적 특성으로는 성별, 학년, 전공의 차이를 살펴보았고, 아버지의 사회 경제적 지위는 아버지의 교육, 직업, 그리고 가구 총소득의 차이를 살펴보았다. 대학생들의 가치관은 자신들이 보수적이라고 생각하는지 아니면 진보적이라고 생각하는지에 대해 5점 척도로 평가하도록 측정하였다. 그리고 외국 문화 접촉 경험은 외국 방문 경험, 외국인 접촉 경험, 국내외 외국인 친구 유무로 살펴보았다.

2. 연구방법 및 응답자 특성

이 연구에서는 부산 · 경남 지역의 대학생 485명을 대상으로 구조화된 설문지에 의한 면접 조사를 실시하였고 결측값, 무응답 등의 응답지를 제외하고 450개의 응답지를 대상으로 분석하였다. 이 조사는 2008년 6월 1일부터 6월 20일까지 실시되었으며 부산대학교, 부경대학교, 신라대학교, 창원대학교, 경남대학교 등 출강한 대학교의 수강생을 대상으로 이루어졌기 때문에 표본의 대표성을 보장하기가 힘들다는 점을 밝힌다.[6]

본 연구의 분석 방법은 먼저 부산 · 울산 · 경남지역 대학생들의 개인적 특성, 아버지의 사회 경제적 지위, 보수 및 진보적 가치관, 외국 문화 접촉 경험 등의 특성과 분포를 살펴보고 이주자 증가에 대한 태도, 국제결혼 이주 여성의 모국 문화 수용 태도, 민족적 배타성 등의 특성과 분포를 살펴보면서 이들 간의 관계를 분석할 것이다. 이를 위해 각 집단 간 차이와 차이의 유의성을 검증하기 위해 변량 분석을 실시할 것이다. 마지막으로 위에서 언급한 요인들의 이주에 대한 태도에 미치는 영향력을 검증하기 위해서 회귀분석을 실시할 것이다.

우선 아래의 〈표 5-3〉을 통해 부산 · 경남지역 대학생들의 개인적 특성(성별, 학년, 전공), 아버지의 사회 경제적 지위(교육, 직업, 가구 총소득), 보수 및 진보적 가치관, 외국 문화 접촉 경험 등에 대한 특성과 분포를 제시하였다.

〈표 5-3〉에 의하면 응답자 성별의 분포는 남학생이 48.9%, 여학생이 51.1%로서 대체로 성비의 균형이 맞았다. 학년별로는 교양 강좌 수강생으로 이루어져서 1학년이 36.4%로 가장 많았고 4학년이 27.3%, 3학년이 24.4%, 2학년이 11.3%의 순위로 나타났다. 전공별로는 사회학과에서 실시하는 교양 강좌였기 때문에 사회과학계열의 학생들이 38.7%로 가장 많았고 인문과학계열이 26.9%, 상경계열이 17.8%, 자연과학계열이 10.4%, 예술계열이 6.2%의 순위로 나타났다. 아버지의 직업은 사무직 종사자가 29.1%로 가장 많았고 자영업이 28.4%, 기능 숙련직 11.8%, 경영 관리직 7.6%, 일반 노무직이 6.4%, 판매 서비스직 5.1%, 농 · 수 · 축산업이

---

6) 응답자의 학교 분포는 다음과 같다. 창원대학교 70명, 경남대학교 88명, 부산대학교 83명, 부경대학교 68명, 동아대학교 96명, 울산대학교 80명이었다.

〈표 5-3〉 응답자의 특성

구분			사례수	%
전체			450	100
성별		남성	220	48.9
		여성	230	51.1
학년별		1학년	164	36.4
		2학년	51	11.3
		3학년	110	24.4
		4학년	123	27.3
전공별		인문과학	121	26.9
		사회과학	174	38.7
		자연과학	47	10.4
		예술계열	28	6.2
		상경계열	80	17.8
부의 직업		농·수·축산업	16	3.6
		일반 노무직	29	6.4
		기능 숙련직	53	11.8
		판매서비스직	23	5.1
		사무직	131	29.1
		자영업	128	28.4
		경영 관리직	34	7.6
		전문 자유직	11	2.4
부의 교육 수준		초졸 이하	25	5.6
		중졸 이하	45	10.0
		고졸 이하	235	52.2
		대졸 이하	121	26.9
		대학원 이상	24	5.3
가구 소득 수준		100만 원 이하	17	3.8
		101－300만 원 이하	178	39.6
		301－500만 원 이하	173	38.4
		501－700만 원 이하	42	9.3
		701－900만 원 이하	22	4.9
		901만 원 이상	18	4.0
보수 및 진보적 가치관		매우 보수적이다	27	6.0
		다소 보수적이다	181	40.2
		보통이다	123	27.3
		다소 진보적이다	109	24.2
		매우 진보적이다	10	2.2
외국 문화 접촉 경험	외국 방문 경험	유	166	36.9
		무	283	62.9
	외국인 접촉 경험	유	394	87.6
		무	55	12.2
	국내 외국인 친구	유	139	30.9
		무	309	68.7
	국외 외국인 친구	유	107	23.8
		무	340	75.6

3.6%, 전문 자유직 종사자가 2.4%의 순위로 나타났다. 아버지의 교육 수준은 고졸 이하가 52.2%로 가장 많았고 대졸 이하가 26.9%, 중졸 이하가 10%, 초등학교 졸업 이하가 5.6%, 대학원 이상이 5.3%의 순위로 나타났다. 가구 소득 수준은 101만 원에서 300만 원 이하가 39.6%, 301만 원에서 500만 원 이하가 38.4%, 501만 원에서 700만 원 이하는 9.3%, 701만 원에서 900만 원 이하는 4.9%, 901만 원 이상은 4.0%, 100만 원 이하는 3.8%의 순위로 나타났다. 이를 통해 대학생들의 아버지의 직업적 위계, 교육 수준, 가구 소득 수준은 대체로 중간층에 집중적으로 많이 분포되어 있고 따라서 비교적 동질적인 집단임을 확인할 수 있었다. 응답자의 보수 및 진보적 가치관은 다소 보수적이라는 응답이 40.2%로서 가장 많았고 보통이다의 응답이 27.3%, 다소 진보적이라는 응답이 24.2%, 매우 보수적이라는 응답이 6%, 매우 진보적이라는 응답이 2.2%의 순위로 나타났다. 외국 문화 접촉 경험 여부의 질문에서 응답자 중 외국 방문 경험이 있는 사람이 36.9%, 외국인 접촉 경험이 있는 사람이 87.6%, 국내의 외국인 친구가 있는 사람이 30.9%, 국외 외국인 친구가 있는 사람이 23.8%였다. 1987년 이후로 여행 자율화가 허용되고 외국어 연수, 배낭여행이 보다 활발해지는 가운데에도 외국 방문 경험이 대학생들에게 그다지 대중화되지 않았음을 확인할 수 있다. 그러나 국내의 학원이나 학교에서 원어민 영어 회화 수업이 많아지고 또 외국인 이주자들이 많아지면서 외국인을 접촉한 경험은 상대적으로 많은 것으로 나타났다.

Ⅳ. 분석결과

1. 이주자 증가에 대한 태도

이주자 증가에 대한 태도는 국제결혼 이주 여성, 생산 기능직 근로자, 탈북자 새터민, 전문 기술직 근로자, 외국인 유학생, 외국인 사업가 및 투자자 등의 다양한 목적을 가진 이주자의 수가 증가하는 것에 대한 의견을 조사한 것이다. 다음의 〈표 5-4〉는 이주자의 증가에 대한 태도의 평균을 나타낸 도표이다.

〈표 5-4〉 이주자의 증가에 대한 태도의 평균

	평 균
국제결혼 이주 여성	2.99
생산 기능직 근로자	2.91
탈북자 새터민	2.78
전문 기술직 근로자	2.75
외국인 유학생	2.03
외국인 사업가 및 투자자	1.94
각 이주자 증가에 대한 총점의 평균	2.56

* 주: '다양한 이주목적을 가진 이주자들의 수가 앞으로 늘어야 한다고 생각하십니까?'에 대해 5점 척
도로 측정했으며 점수가 높을수록 이주자 증가에 대해 부정적인 태도를 나타낸다. 1점: 많이 늘어야
한다, 2점: 약간 늘어야 한다, 3점: 현재 수준 유지, 4점: 약간 줄어야 한다, 5점: 많이 줄어야 한다.

〈표 5-4〉에 의하면 5점 척도에서 각 이주자 증가에 대한 총점의 평균이 2.56
점으로 이것은 현재 수준을 유지해야 한다는 3점 척도보다 더 낮은 점수로서 약간
늘어야 한다는 개방적인 태도를 보이고 있다. 또한 6개 이주민 집단 중에서 국제
결혼 이주 여성 수와 생산 기능직 근로자 수의 증가에 대해 각각 평균 2.99점과
2.91점(5점 척도)으로 비교적 부정적인 태도를 보였다. 반면 외국인 유학생의 수
와 외국인 사업가 및 투자자의 수에 대해서는 각각 평균 2.03점, 평균 1.94점으로
긍정적인 태도를 보였다. 이는 학생이기 때문에 외국인 유학생의 증가에 대해 긍
정적인 태도를 보인 것 같고, 결혼 이주 여성이나 생산직 근로자의 증가보다는 자
신의 취업 기회 확대 가능성을 보장할 수 있는 외국인 사업가 및 투자자에 대한
선호도가 나타난 것으로 보인다.

이러한 연구를 통해 알 수 있는 것은 외국인 이주자들이 동질적인 집단이 아
니며, 또한 다양한 이주 집단에 대해 대학생들의 태도가 매우 다양하게 나타난다
는 것이다. 따라서 외국인 이주자에 대한 편견을 극복하기 위한 방안들 중 하나로
서 가장 편견의 정도가 높은 집단들에 대한 이해와 교육이 필요할 것이다.

다음으로 부산·경남 지역 대학생들의 개인적 특성, 아버지의 사회 경제적 지
위, 보수 및 진보적 가치관, 외국 문화 접촉 경험 등의 특성과 분포를 살펴보고
대학생들의 이주자 증가에 대한 태도에서 나타난 각 집단 간 차이와 차이의 유의
성을 검증하기 위해 변량 분석을 실시하였다. 그 결과는 〈표 5-5〉와 같다.

〈표 5-5〉이주자 증가 태도의 집단별 차이

변인		이주자 증가에 대한 태도 평균	f값
성별	남성	2.49	6.352*
	여성	2.64	
전공	인문과학	2.54	1.173
	사회과학	2.50	
	자연과학	2.61	
	예술계열	2.67	
	상경계열	2.67	
학년	1학년	2.68	3.763*
	2학년	2.54	
	3학년	2.58	
	4학년	2.42	
부의 교육	초졸 이하	2.59	1.364
	중졸 이하	2.50	
	고졸 이하	2.63	
	대졸 이하	2.48	
	대학원 이상	2.43	
부의 직업	농·수축·산업	2.69	.534
	일반 노무직	2.58	
	기능 숙련직	2.60	
	판매 서비스직	2.25	
	사무직	2.61	
	자영업	2.50	
	전문 자유직	2.44	
	경영 관리직	2.54	
가구 총소득	100만 원 이하	2.55	1.129
	101-300만 원 이하	2.61	
	301-500만 원 이하	2.55	
	501-700만 원 이하	2.39	
	701-900만 원 이하	2.50	
	901만 원 이상	2.76	
보수 및 진보적 가치관	매우 보수적이다	2.70	2.516*
	다소 보수적이다	2.65	
	보통이다	2.56	
	다소 진보적이다	2.41	
	매우 진보적이다	2.45	
외국 문화 접촉 경험	외국 방문 경험 유	2.45	7.624**
	무	2.63	
	외국인 접촉 경험 유	2.55	.861
	무	2.64	
	국내 외국인 친구 유	2.52	1.140
	무	2.59	
	국외 외국인 친구 유	2.43	5.570*
	무	2.61	

* 주: *p<.05, **p<.01, ***p<.001

이주자 증가에 대해 남학생보다는 여학생이 전반적으로 부정적인 태도를 보였으며 통계적으로도 유의미한 차이를 보였다. 이주자 증가에 대한 지지도를 나타내는 여러 항목 중에서 성별로 크게 차이를 보인 항목은 국제결혼 이주 여성의 수에 대한 태도였다. 국제결혼 이주 여성의 수가 증가하는 것에 대해 남학생보다는 여학생이 훨씬 더 부정적인 태도를 보였는데 이는 여학생들이 국제결혼 이주 여성의 수가 증가함으로써 결혼 배우자 선택에 있어 약간의 경쟁의식이 있는 것으로 추측된다. 장태한(2001)의 연구에서처럼 탈북자 새터민 증가에 대해 여학생이 남학생보다는 약간 부정적인 태도를 보임으로써 민족주의 성향을 낮게 나타내지만 외국인 유학생과 외국인 사업가 및 투자자의 증가에 대해서는 남학생과 그다지 큰 차이를 보이지 않았다. 전공별로는 사회과학, 인문과학, 자연과학, 예술계열과 상경계열의 순위로 긍정적인 태도를 보였지만 통계적으로 의미 있는 결과는 나타나지 않았다. 반면 학년과 이주자 증가에 대한 태도는 통계적으로 유의미한 결과가 도출되었는데 전반적으로 학년이 높을수록 이주자 증가에 대해 긍정적인 태도를 보였고 특히 1학년과 4학년의 태도에는 많은 격차를 드러냈다. 이는 대학교육의 연수가 증가함에 따라 이주자에 대해 개방적 태도가 증가함을 알 수 있고 따라서 이주자 증가에 대한 개방적 태도에 교육의 효과가 나타남을 간접적으로 추측할 수 있다.

아버지의 교육 수준에 따른 이주자 증가에 대한 태도는 대체로 고졸 이하를 제외하고서는 교육 수준이 높을수록 긍정적인 태도를 나타냈지만 통계적으로 의미 있는 결과가 나타나지는 않았다. 아버지의 직업에 따른 이주자 증가에 대한 태도는 판매 서비스직, 전문 자유직, 자영업, 경영 관리직, 일반 노무직, 기능 숙련직, 사무 기술직, 농·수·축산업의 순위로 긍정적인 태도를 보였다. 일반적인 직업적 위계에 기초해서 농·수·축산업, 일반 노무직, 기능 숙련직을 범주 1로, 판매 서비스직, 사무직은 범주 2, 자영업, 경영 관리직, 전문 자유직을 범주 3으로 위계화했을 때 대체로 범주 3에 포함된 직업에 종사하는 사람들이 이주자 증가에 대해 긍정적인 태도를 보였지만 대체로 분산되어 있었다. 이는 아버지의 직업이 대학생들의 태도에 그다지 영향을 미치지 못한 것으로 여겨진다. 그리고 가구 총소득에 따른 이주자 증가에 대한 태도는 소득이 증가할수록 긍정적인 태도를 보였으나 701만 원 이상의 고소득 가구인 경우는 다시 부정적인 태도가 나타났고 특히 901만 원 이상의 고소득 가구가 가장 부정적인 태도를 나타냈다. 따라서 전반적으로 부의 사회 경제적 지위는 이주자 증가에 대한 대학생들의 태도에 의미 있는 영향을 미치지 않는 것으로 나타났다.

한편, 보수 및 진보적 가치관에 따른 이주자 증가에 대한 태도 조사는 통계적으로 유의미한 결과가 나타났는데 스스로 진보적이라고 생각하는 응답자일수록 이주자 증가에 대해 긍정적인 태도를 보였다. 외국 문화 접촉 경험으로서 외국 방문 경험, 외국인 접촉 경험, 국내외 친구의 유무에 따른 이주자 증가에 대한 태도를 조사했는데 외국 문화 접촉 경험이 있는 집단일수록 긍정적으로 나타났으며 특히 외국 방문 경험과 국외 외국인 친구가 있는 집단이 이주자 증가에 대해 긍정적인 태도를 보였으며 이는 통계적으로도 의미 있는 것으로 나타났다.

2. 국제결혼 이주 여성의 모국 문화 수용 태도

대학생들의 국제결혼 이주 여성의 모국 문화 수용 태도를 조사하기 위해 아래의 〈표 5-6〉과 같은 문항을 작성하였고 신뢰도 분석을 한 결과를 토대로 분석을 진행하였다.

〈표 5-6〉 국제결혼 이주 여성의 모국 문화 수용 측정 항목

조사 항목	Cronbach's @
한국 남성과 결혼한 외국인 여성이라면 당연히 한국 요리를 잘 해야 한다	.619
외국인 배우자를 맞이한 한국 남성은 아내의 모국어를 배워야 한다	
국제결혼 이주 여성의 자녀는 한국어와 함께 어머니의 모국어도 배워야 한다	
국제결혼 가정에서는 한국 명절과 함께 이주 여성 모국의 명절과 풍습을 챙겨야 한다	
국제결혼 이주 여성이 한국의 가족뿐만 아니라 모국의 부모나 가족을 챙겨야 한다	

〈표 5-7〉 국제결혼 이주 여성의 모국 문화 수용에 대한 태도의 평균

	평균
한국 요리 잘해야 한다	2.2
한국어와 어머니의 모국어 습득	2.0
아내의 모국어 습득	1.99
한국과 아내의 모국 명절 풍습 유지	1.97
양가 부모 친지 챙기는 것	1.66
모국 문화 수용 태도 총점의 평균	1.96

* 주: 4점 척도로 측정해서 점수가 높을수록 국제결혼 이주 여성의 모국 문화 수용에 대해 폐쇄적인 태도가 나타난다. 1점: 매우 동의한다, 2점: 동의하는 편이다, 3점: 동의하지 않는 편이다, 4점: 전혀 동의하지 않는다(단, 결혼 이주 여성은 한국 요리를 잘해야 한다는 문항에서는 응답 점수를 역 부호화하였다).

〈표 5-7〉은 국제결혼 이주 여성의 모국 문화 수용에 대한 태도의 평균을 나타낸 도표이다.

〈표 5-7〉에 의하면 국제결혼 이주 여성의 모국 문화 수용 태도의 평균이 1.96점으로서 동의하는 입장에 더 가까웠다. 따라서 국제결혼 이주 여성의 모국 문화 수용 태도에 있어서 비교적 개방적이었다. 보다 세부적인 항목을 살펴보면, 결혼 이주 여성은 한국 요리를 잘해야 한다는 문항에 동의한다는 응답이 많음으로써 이주 여성의 모국 문화 수용에 대해 상대적으로 가장 폐쇄적인 태도가 나타났다. 이는 독특한 한국 음식의 고유성을 지키고자 하는 한국인의 공통된 속성이 반영된 것으로 보이며 음식 문화에 있어서는 비교적 보수적이며 폐쇄적이었다. 한편, 부계의 부모뿐만 아니라 이주 여성의 부모와 가족을 챙기는 것도 중요하다는 문항에는 긍정적인 태도를 보였다. 이는 국적을 불문하고 양가 부모와 친지를 챙기고자 하는 한국인의 강한 가족주의 특성이 반영된 것으로 보인다.

다음으로 국제결혼 이주 여성의 모국 문화 수용태도의 집단 간 차이와 차이의 유의성을 검증하기 위해 변량 분석을 실시하였다. 그 결과는 〈표 5-8〉과 같다.

〈표 5-8〉 국제결혼 이주 여성 모국 문화 수용 태도의 집단별 차이

변인			이주 여성 모국 문화 수용 태도 평균	f값
성별	남성		2.05	17.821***
	여성		1.89	
전공	인문과학		1.97	2.947*
	사회과학		1.89	
	자연과학		2.03	
	예술계열		1.99	
	상경계열		2.07	
학년	1학년		1.99	1.300
	2학년		2.00	
	3학년		1.99	
	4학년		1.89	
부의 교육	초졸 이하		2.01	.516
	중졸 이하		1.95	
	고졸 이하		1.96	
	대졸 이하		2.00	
	대학원 이상		1.90	
부의 직업	농·수·축산업		2.00	.334
	일반 노무직		1.92	
	기능 숙련직		1.94	
	판매 서비스직		1.98	
	사무직		1.95	
	자영업		1.96	
	전문 자유직		1.98	
	경영 관리직		2.03	
가구 총소득	100만 원 이하		1.99	1.806
	101-300만 원 이하		1.98	
	301-500만 원 이하		1.95	
	501-700만 원 이하		1.84	
	701-900만 원 이하		2.11	
	901만 원 이상		2.11	
보수 및 진보적 가치관	매우 보수적이다		2.07	4.021**
	다소 보수적이다		2.01	
	보통이다		1.95	
	다소 진보적이다		1.86	
	매우 진보적이다		2.16	
외국 문화 접촉 경험	외국 방문 경험	유	1.93	1.891
		무	1.98	
	외국인 접촉 경험	유	1.96	.675
		무	1.98	
	국내 외국인 친구	유	1.95	.883
		무	1.97	
	국외 외국인 친구	유	1.93	2.117
		무	1.98	

* 주: *p<.05, **p<.01, ***p<.001

이주자 증가에 대한 태도 조사와는 달리 국제결혼 이주 여성 모국 문화 수용 태도에 관한 조사에서는 남학생보다 여학생이 개방적이었으며 통계적으로도 유의미한 차이를 보였다. 이러한 성별의 차이가 발생한 이유는 다른 국가의 이문화를 수용하는 태도의 차이보다는 한국의 가정 내에서 가부장적 문화 대 양성평등의 문화에 대한 가치관의 차이에서 기인한 것으로 추측된다. 전공별로는 사회과학, 인문과학, 예술계열, 자연과학, 상경계열의 순위로 개방적인 태도를 보였으며 이는 통계적으로도 유의미한 차이를 보였다. 이는 자연을 대상으로 연구하는 자연과학이나 경제, 경영적 현상에 주로 초점을 두는 상경계열의 전공 학생보다는 인간과 사회에 대한 폭넓은 이해에 초점을 두는 인문, 사회과학 계열의 전공 학생이 이주자 증가에 대해서도 보다 개방적인 태도를 견지한 것으로 보인다. 따라서 이는 전공 교육의 차이라고도 볼 수 있다. 또한 학년별로도 대체로 학년이 높을수록 개방적인 태도가 나타났지만 통계적으로 의미 있는 결과는 아니었다. 아버지의 사회 경제적 지위는 이주자 증가에 대한 태도에서처럼 이주 여성 모국 문화 수용 태도에 대해서도 별로 영향을 미치지 않은 것으로 나타났다. 반면 보수 및 진보적 가치관에 따른 이주 여성 모국 문화 수용 태도 조사는 통계적으로 유의미한 결과가 나타났는데 스스로 진보적이라고 생각하는 응답자일수록 개방적인 태도를 보였다. 그리고 외국 방문 경험, 외국인 접촉 경험, 국내외 친구의 유무에 따른 이주 여성 모국 문화 수용 태도는 외국 문화 접촉 경험이 있는 집단일수록 개방적인 것으로 나타났지만 통계적으로 의미 있는 결과로 나타나지는 않았다.

3. 민족적 배타성에 대한 태도

민족적 배타성에 대한 태도는 유럽 국가들의 인종적 편견을 비교 분석하는 EUMC(EU Monitoring Center for Racism and Xenophobia)의 보고서 〈Majorities' Attitude Toward Minorities: Key Findings from the eurobarmeter and the European Social Survey〉(2005)에서 사용된 문항 중에서 이주자 집단에 대한 태도와 관련된 문항만을 일부 선택해서 설문지를 작성하였다.[7] 〈표 5-10〉은 EUMC 민족적 배타

〈표 5-10〉 수정된 민족적 배타성의 차원 및 항목

조사 항목	Cronbach's @
합법적 근로자에게 노동법적 권리가 주어져야 한다	
합법적 근로자에게 가족을 데려올 권리가 주어져야 한다	
외국인 이주자의 인권 침해나 차별에 정부가 강력히 개입해야 한다	
합법적 외국인 근로자가 영주권이나 국적을 쉽게 취득하도록 해야 한다	
한국에서 태어나면 부모의 인종, 민족과 상관없이 한국 국적을 취득해야 한다	
합법적 근로자가 근로계약이 종료되면 본국으로 송환되어야 한다	.768
불법 외국인 근로자들은 즉각 본국으로 송환되어야 한다	
외국인 근로자들은 한국 경제 기여보다 가져가는 것이 더 많다	
외국인 근로자 때문에 임금이 낮은 수준에 머문다	
외국인 근로자들이 한국인의 일자리를 빼앗아간다	
외국인 근로자가 많이 사는 지역은 지저분하다	
외국인 근로자가 늘어나면 범죄율이 올라간다	

성의 하위 요소를 수정한 민족적 배타성의 항목이고, 신뢰도 분석을 한 결과를 토대로 분석을 진행하였다.

〈표 5-11〉은 민족적 배타성에 대한 태도의 평균을 나타낸 도표이다. 〈표 5-11〉에 의하면 민족적 배타성에 대한 태도 평균이 2.31점으로서 이주자 증가에 대한 태도나 국제결혼 이주 여성의 모국 문화 수용 태도보다는 폐쇄적인 입장을 보였다. 그리고 합법적 외국인 근로자들은 근로계약이 종료되면 본국으로 송환되어야 한다는 문항과 불법 외국인 근로자들은 즉각 본국으로 송환되어야 한다는 문항에 동의하는 응답을 많이 함으로써 이주자 송환 정책에 대해서 폐쇄적인 태도를 보였다. 이는 부산·경남 지역의 대학생들이 외국인 노동자를 일시적인 체류

---

7) 〈표 5-9〉 EUMC 민족적 배타성의 하위 요소

Euro Barometer	① 다문화 사회에 대한 저항(Resistance to multicultural society)
	② 다문화 사회의 한계(Limits to multicultural society)
	③ 합법적 이주자의 시민권에 대한 반대(Opposition to civil rights for legal migrants)
	④ 합법적 이주자의 송환 정책에 대한 선호(Favour repatriation policies for legal migrants)
European Social Survey	⑤ 다양성에 대한 저항
	⑥ 이주자에 대한 저항
	⑦ 난민에 대한 저항
	⑧ 민족적 거리에 대한 선호
	⑨ 집합적 민족적 위협에 대한 인지
	⑩ 범죄를 저지른 이주자의 송환 정책 선호

〈표 5-11〉 민족적 배타성에 대한 태도

	평균
근로계약 종료 시 본국 송환	3.02
불법 근로자 즉각 본국 송환	2.89
국적 취득용이	2.48
외국인 근로자 거주 지역 불결	2.47
한국 태생 한국국적 취득	2.38
범죄율 상승	2.31
외국인 근로자가 한국경제 탈취	2.24
임금상승 억제	2.21
한국인의 일자리 탈취	2.1
이주자의 인권침해에 정부 개입	2.06
가족 동반 권리	1.94
노동법적 권리	1.64
민족적 배타성 총점의 평균	2.31

주: 4점 척도로 측정해서 점수가 높을수록 이주자에 대한 폐쇄적인 태도가 나타난다. 1점: 매우 동의
한다, 2점: 동의하는 편이다, 3점: 동의하지 않는 편이다, 4점: 전혀 동의하지 않는다(단, 이주자
송환 정책[근로계약 종료 시 본국 송환, 불법 근로자 즉각 본국 송환], 이주자에 대한 위협의식에
관한 문항[외국인 근로자 거주 지역 불결, 범죄율 상승, 외국인 근로자가 한국경제 탈취, 임금상승
억제]에서는 응답 점수를 역 부호화하였다).

자로 보고 있으며, 또 한편으로 외국인 노동자를 한정적인 시기의 정주만을 허용
하고 있는 기존의 한국 정부의 정책 현실도 이러한 조사 결과에 반영된 것으로
해석된다. 이러한 폐쇄적인 태도는 한국 국적 취득과 관련한 문항에 대해서도 일
관되게 나타난다. 즉, 합법적 외국인 근로자가 한국 국적 취득을 용이하게 해야
한다는 것과 부모의 인종, 민족과 무관하게 한국에서 태어나면 한국 국적을 취득
할 수 있도록 해야 한다는 문항에 부정적인 태도를 보임으로써 외국인을 한국의
시민으로 받아들이는 데 폐쇄적인 태도를 나타낸다. 그 다음으로 폐쇄적인 입장
을 보인 항목이 외국인 근로자 거주 지역 불결, 범죄율 상승, 외국인 근로자가 한
국 경제 탈취, 임금 상승 억제 등의 이주자로 인한 위협 의식이었다. 이러한 조사
결과를 통해 추측할 수 있는 것은 외국인과의 일상적 접촉이 잦아지고 취업난이
중요한 사회문제로 대두되면서 한국 사회도 외국인 혐오증에서 인종주의로 점차

이행해 간다는 것이다.[8] 대학생들이 실제적으로 외국인 이주자들과 경쟁해야 하는 지위에 있는 집단, 즉 저학력, 저소득이라는 위신이 낮은 직업 종사자들은 아닌데도 최근 청년 실업률의 증가와 대졸자 구직난 등의 문제가 빚어지면서 취업에 대한 막연한 두려움이 영향을 미친 것으로 보인다. 반면, 합법적 외국인 근로자에게는 가족들을 데려올 권리가 주어져야 한다는 문항과 합법적 외국인 근로자에게는 우리나라 근로자와 같은 노동법적 권리가 주어져야 한다는 문항에 동의하는 응답을 보임으로써 외국인 근로자의 제반 권리에 대해 긍정적인 태도를 보였다.

이러한 연구 결과는 다양한 이주 집단에 대한 태도의 편차가 존재한다고 앞서 언급한 것과 마찬가지로 이주자들의 다양한 측면, 즉 이주자의 정치적·경제적 권리, 이주자 송환 정책, 이주자 집단에 대한 위협 의식 등에 대해 다양하고 상이한 태도 편차가 나타남을 확인시켜준다. 따라서 외국인 이주자에 대한 수용 태도를 높이기 위해서는 가장 폐쇄적인 태도를 드러냈던 항목에 대한 분석과 이에 대한 교육이 필요할 것이다.

다음은 민족적 배타성에 대한 태도에서 집단 간 차이와 차이의 유의성을 검증하기 위해 변량분석을 실시하였다. 그 결과는 〈표 5-12〉와 같다.

이주 여성 모국 문화 수용에 대한 태도 조사와는 달리 민족적 배타성에 대한 태도 조사에서 남학생보다는 여학생이 전반적으로 폐쇄적인 태도를 보였지만 통계적으로 의미 있는 결과를 보이지 않았다. 이주자 증가에 대한 태도에서 특히 국제결혼 이주 여성의 증가에 대해 여학생이 부정적인 태도를 보였고 국제결혼 이주 여성의 모국 문화 수용 태도에서는 여학생이 긍정적인 태도를 보였다. 종족적 배제주의에 대한 태도 조사에서는 남·여학생 차이가 별로 나지 않음을 확인할 수 있다. 이러한 결과는 외국인 노동자를 포함한 소수자 집단에 대해 여성이 남성보다 편견이 적었다는 연구 결과(박수미·정기선, 2006)와 비교될 수 있는데, 이는

---

[8] 엄한진(2006: 50)은 외국인 혐오증과 인종주의를 구분하는데 외국인 혐오증은 다른 민족과의 접촉 경험의 부족에서 오는 원초적인 차원의 거부감 내지 두려움이고 인종주의는 다른 민족과의 공존 경험이 충분히 길고 이 공존이 일시적인 것에서 영구적인 것이 된 상황에서 나타나는 체계적이고 구조적인 거부라는 것이다. 이런 기준에 따른다면 이제까지 한국인의 태도는 인종주의라기보다는 접촉 경험의 절대적 부족에서 오는 외국인 혐오증에 가까운 것으로 볼 수 있다고 한다.

〈표 5-12〉 민족적 배타성 태도의 집단별 차이

변인		민족적 배타성	f값
성별	남성	2.21	.516
	여성	2.24	
전공	인문과학	2.24	1.562
	사회과학	2.18	
	자연과학	2.23	
	예술계열	2.22	
	상경계열	2.29	
학년	1학년	2.25	.588
	2학년	2.23	
	3학년	2.20	
	4학년	2.21	
부의 교육	초졸 이하	2.11	1.092
	중졸 이하	2.16	
	고졸 이하	2.23	
	대졸 이하	2.25	
	대학원 이상	2.22	
부의 직업	농·수·축산업	2.26	.119
	일반 노무직	2.26	
	기능 숙련직	2.17	
	판매 서비스직	2.12	
	사무직	2.27	
	자영업	2.21	
	전문 자유직	2.09	
	경영 관리직	2.25	
가구 총소득	100만 원 이하	2.27	1.031
	101-300만 원 이하	2.24	
	301-500만 원 이하	2.22	
	501-700만 원 이하	2.11	
	701-900만 원 이하	2.27	
	901만 원 이상	2.28	
보수 및 진보적 가치관	매우 보수적이다	2.27	6.867***
	다소 보수적이다	2.30	
	보통이다	2.23	
	다소 진보적이다	2.11	
	매우 진보적이다	1.92	
외국 문화 접촉 경험	외국 방문 경험 유	2.19	1.672
	무	2.24	
	외국인 접촉 경험 유	2.22	1.825
	무	2.29	
	국내 외국인 친구 유	2.23	.004
	무	2.22	
	국외 외국인 친구 유	2.21	.221
	무	2.23	

* 주: *p<.05, **p<.01, ***p<.001

성별에 따라 가치관에 원초적인 차이가 있는 것이 아니라 성별 이해관계나 입장의 다름에서 발생하는 차이로 여겨진다. 다시 말해서 여성과 남성의 성별로 인한 차이가 전체적으로 일관되게 나타나는 것이 아니라 질문 항목과, 그와 연관된 입장 및 이해관계가 달라짐에 따라 차이가 나타남을 확인할 수 있다. 전공별로는 사회과학, 예술계열, 자연과학, 인문과학, 상경계열의 순위로 긍정적인 태도를 보였는데 집단 간 차이는 미미하였다. 또한 학년과 이주자에 대한 태도조사의 관계에서 전반적으로 학년이 높을수록 개방적인 태도를 보였지만 앞의 조사와는 달리 그다지 많은 격차를 드러내지는 않았다. 아버지의 교육, 직업, 가구 총소득에 따른 이주자에 대한 태도는 전체적으로 분산되어 있어서 그다지 의미 있는 차이를 보이지 않았다. 즉 민족적 배타성 태도 조사에 있어서도 아버지의 사회 경제적 지위는 그다지 의미 있는 영향을 미치지 못했다. 반면, 보수 및 진보적 가치관에 따른 이주자 증가에 대한 태도 조사는 통계적으로 유의미한 결과가 나타났는데 스스로 진보적이라고 생각하는 응답자일수록 이주자에 대한 태도는 긍정적으로 나타났다. 외국 문화 접촉경험으로서 외국 방문 경험, 외국인 접촉 경험, 국내외 친구의 유무에 따른 이주자에 대한 태도를 조사했는데 외국 문화 접촉 경험이 있는 집단일수록 긍정적으로 나타났지만 이것 역시 통계적으로 의미 있는 결과를 나타내지는 못했다.

4. 이주에 대한 태도의 영향 요인

이주에 대한 태도에 영향을 미치는 요인을 검증하기 위해 개인적 특성, 대학생들의 아버지의 사회 경제적 지위, 대학생들의 보수 및 진보적 가치관, 대학생들의 외국 문화 접촉 경험 등의 요인들을 모두 투입하여 중다회귀분석(multiple regression)을 실시하였다. 그 다음 단계로 단계선택(stepwise) 방법을 통해 각 종속변수에 미치는 주요 변수들을 탐색하였다.

분석결과는 〈표 5-13〉과 같으며, 분석모델 1, 2, 3은 다양한 목적의 이주자 증가에 대한 태도, 국제결혼 이주 여성의 모국 문화 수용 태도, 민족적 배타성에 대한 태도의 평균값이다.

〈표 5-13〉 이주에 대한 태도의 회귀분석

			분석모델 1		분석모델 2		분석모델 3	
			β	t	β	t	β	t
개인적 특성	성별(남성=1, 여성=0)		−.136	−2.812**	.218	4.512***	−.013	−.266
	학년		−.142	−2.578**	−.069	−1.251	.011	.201
	전공	사회과학	−	−	−	−	−	−
		인문과학	−.082	−1.423	.039	.674	.064	1.104
		자연계열	.054	1.054	.082	1.594	.036	.690
		예술계열	.043	.867	.071	1.429	.013	.257
		상경계열	.046	.813	.117	2.074*	.116	2.013*
아버지의 사회경제적 지위	직업		−.027	−.531	.052	1.016	−.017	−.316
	교육		−.061	−1.191	−.024	−.476	.102	1.949
	가구소득		.056	1.112	.050	.998	−.028	−.538
가치관	보수 및 진보적 가치관		−.140	−2.952**	−.136	−2.858**	−.190	−3.934***
외국 문화 접촉 경험	외국 방문(유=1, 무=0)		−.049	−.912	.006	.109	−.039	−.720
	외국인 접촉 (유=1, 무=0)		−.036	−.725	−.018	−.361	−.053	−1.039
	국내 외국인 친구 (유=1, 무=0)		.001	.015	−.013	−.247	.058	1.086
	국외 외국인 친구 (유=1, 무=0)		−.075	−1.367	−.031	−.573	.014	.244
상수			15.364***		14.871***		19.289***	
R²			.096		.098		.066	
Adjusted R²			.065		.067		.034	
			F=3.107***		F=3.169***		F=2.081**	

*p<.05, **p<.01, ***p<.001

먼저 '모델 1'은 이주자 증가에 대한 태도의 영향력을 검증한 것이다. 응답자의 개인적 특성인 성, 학년, 전공 중에서 성과 학년이 이주자 증가에 대한 태도에 유의미한 영향을 미쳤다. 남성일수록, 그리고 학년이 높을수록 이주자 증가에 대해 덜 폐쇄적인 태도를 가졌다. 아버지의 사회 경제적 지위는 직업,[9] 교육, 가구 소득으로 분류해서 살펴보았지만 세 변수 모두 통계적으로 의미 있는 효과를 나타내지 못했다. 가치관에 따른 이주자 증가에 대한 태도는 진보적일수록 덜 폐쇄적인 태도를 나타냈으며 통계적으로도 중요한 효과를 나타냈다. 외국 방문 경험,

---

[9] 직업은 농·수·축산업, 일반 노무직, 기능 숙련직은 1점 부여, 판매 서비스직, 사무직은 2점, 자영업, 경영 관리직, 전문 자유직은 3점을 부여함으로써 위계화하였다.

외국인 접촉 경험, 국내외 외국인 친구 유무에 따른 이주자 증가에 대한 태도는 경험이 있을수록 덜 폐쇄적인 태도를 나타냈지만 통계적으로 그다지 의미 있는 효과를 나타내지 못했다. 이 연구의 단계선택 방법에 따른 이주자 증가에 대한 태도에 가장 영향을 미치는 요인들은 학년, 가치관, 성의 순위로 나타났다.

두 번째로 '모델 2'는 이주 여성의 모국 문화 수용 태도에 대한 영향력을 검증한 것이다. 응답자의 개인적 특성인 성, 학년, 전공 중에서 특히, 성이 이주 여성의 모국 문화 수용 태도에 유의미한 영향을 미쳤다. 여성일수록 이주 여성의 모국 문화 수용에 있어서 개방적인 태도를 가졌는데 이는 앞에서 언급한 것처럼 가부장적, 남성 중심적 문화에 대한 남성과 여성의 가치관의 차이에서 기인한 것으로 여겨진다. 그리고 전공은 사회과학과 상경계열의 차이가 통계적으로도 유의미한 차이를 드러냈다. 이는 앞에서도 언급하였지만 경제, 경영적 현상에 주로 초점을 두는 상경계열의 전공학생보다는 인간과 사회에 대한 폭넓은 이해에 초점을 두는 사회과학 계열의 전공학생이 이주 여성의 모국 문화 수용 태도에 대해서도 보다 개방적인 태도를 견지한 것으로 보인다. 따라서 이는 전공 교육의 차이라고도 볼 수 있다. 아버지의 사회 경제적 지위는 이주 여성의 모국 문화 수용 태도에 통계적으로 의미 있는 효과를 나타내지 못했다. 가치관에 따른 이주자 증가에 대한 태도는 진보적일수록 덜 폐쇄적인 태도를 나타냈으며 통계적으로도 중요한 효과를 나타냈다. 외국 방문 경험, 외국인 접촉 경험, 국내외 외국인 친구 유무에 전반적으로 경험이 있을수록 이주 여성의 모국 문화 수용 태도는 덜 폐쇄적인 태도를 나타냈지만 통계적으로 그다지 의미 있는 효과를 나타내지 못했다. 이 연구의 단계선택 방법에 따른 이주자 증가에 대한 태도에 가장 영향을 미치는 요인들로는 성, 가치관, 전공의 순위로 나타났다.

세 번째로 모델 3은 민족적 배타성 태도에 영향을 미치는 변인들을 검증한 것이다. 응답자의 개인적 특성 중에서 전공이라는 요인만이 영향을 미친 것으로 나타났으며 사회과학과 상경계열의 차이가 통계적으로도 유의미한 차이를 드러냈다. 아버지의 사회 경제적 지위는 민족적 배타성 태도에 있어서도 역시 영향을 미치지 못했다. 가치관에 따른 이주자 증가에 대한 태도는 진보적일수록 덜 폐쇄적인 태도를 나타냈으며 통계적으로도 중요한 효과를 나타냈다. 외국 방문 경험,

외국인 접촉 경험, 국내외 외국인 친구 유무에 따른 이주자에 대한 태도는 외국 방문 경험, 외국인 접촉 경험이 있을수록 덜 폐쇄적인 태도를 나타냈지만 국내외의 친구 유무에 따른 이주자에 대한 태도는 오히려 더 폐쇄적으로 나타났다. 이연구의 단계선택 방법에 따른 이주자에 대한 태도에 가장 영향을 미치는 요인들은 가치관과 전공의 순위로 나타났다. 즉 자신이 진보적인 가치관을 가졌다고 생각할수록, 사회과학을 전공하는 학생일수록 이주자에 대한 태도가 개방적인 것으로 나타났다.

　　요컨대, 이주자 증가에 대한 태도, 국제결혼 이주 여성의 문화 수용 태도, 민족적 배타성 태도에 주요하게 영향을 미쳤던 요인들은 응답자의 개인적 특성인성, 학년, 전공, 가치관 등이었으며 특히 세 가지 태도에 가장 일관되게 영향을 미쳤던 것은 응답자의 가치관이었다. 아버지의 직업, 교육, 가구 소득 등의 가족적 배경은 응답자의 태도에 거의 영향을 주지 않았으며 이는 두 가지 요인에서 기인한 것으로 추측된다. 첫째, 대학생들의 아버지의 사회 경제적 지위가 중간층에 집중적으로 분포되어 있어 다양한 계층적 지위가 표본에 충분히 반영되지 못하고 비교적 동질적인 집단으로 나타났기 때문에 집단 간의 차이나, 변수의 영향력을 발견할 수 없었던 것으로 보인다. 둘째, 대학생들은 이미 초보 성인으로서 자신의 가치관이 어느 정도 형성되었기 때문에 부모의 사회 경제적 지위가 그다지 영향을 끼치지 못하는 것으로 여겨진다. 또한 외국 문화 접촉 경험도 경험 유무에 따라 집단 간 차이가 있었지만 그다지 두드러진 차이는 아니었다. 이는 외국 문화 접촉 경험이 이주자에 대한 의식과 태도를 보다 개방적으로 변화시키는 데 조금은 기여하지만 이미 형성된 자신의 가치관을 변화시키는 데 결정적인 기여는 하지 못함을 의미한다. 응답자의 개인적 특성인 성, 학년, 전공의 차이에서 기인된 효과 역시도 엄밀하게 말하면 성별 가치관과 교육의 효과라고 할 수 있겠다.

　　이제까지 본 논문은 국내의 이주 외국인에 대한 대학생들의 의식을 살펴보았다. 기존의 연구들은 외국인 노동자를 포함한 소수자 집단의 편견(박수미·정기선, 2006; 김혜숙, 2002), 사회적 거리감(김상학, 2004), 인종에 대한 거리감 연구(장태한, 2001) 등의 양상만을 살펴보는 데 그쳤다. 그러나 본 연구는 다양한 이주 집단에 대한 다양한 태도, 이주자의 다양한 측면에 대한 다양한 태도 등을 살펴볼 수 있었다. 또한 연구 대상인 대학생들의 집단적 특성과 연관지어 어떠한 요인들이 이주자에 대한 의식에 영향을 많이 미치는가를 분석적으로 연구한 데서 연구의 의의를 찾을 수 있다.

V. 결 론

  본 연구는 부산 · 경남지역의 대학생들을 중심으로 외국인의 국내 이주에 대한 태도를 조사하였다. 대학생들의 개인적 특성(성별, 학년, 전공), 대학생들의 아버지의 사회 경제적 지위(교육, 직업, 가구 총소득), 대학생들의 보수 및 진보적 가치관, 대학생들의 외국 문화 접촉 경험 등의 분포를 살펴보고 이러한 요인들이 이주에 대한 의식들에 어떠한 영향을 미치는지, 그리고 어떠한 요인이 가장 크게 영향을 미치는지를 분석하였다. 외국인의 국내 이주에 대한 태도는 다양한 목적을 가진 이주자들의 증가에 대한 지지도, 국제결혼 이주 여성의 문화 수용 의식, 그리고 이주자의 제반 권리, 이주자 송환 정책, 이주자에 대한 위협 인지 등을 포괄한 민족적 배타성에 대한 태도 조사를 통해 이루어졌다. 구체적인 분석 결과를 요약하면 다음과 같다.

  첫째, 다양한 목적을 가진 이주자 증가에 대한 태도에 통계적으로 의미 있는 영향을 미쳤던 요인은 학년, 가치관, 성의 순위로 나타났다. 즉 학년이 높을수록, 자신이 진보적인 가치관을 가졌다고 생각할수록, 남성일수록 이주자 증가에 대해 개방적인 태도를 보였다.

  둘째, 국제결혼 이주여성의 문화 수용 태도에 대해서 통계적으로 의미 있는 영향을 미쳤던 요인이 성, 가치관, 전공의 순위로 나타났다. 즉 여성일수록, 자신이 진보적인 가치관을 가졌다고 생각할수록, 그리고 사회과학을 전공으로 하는 학생일수록 보다 개방적인 태도를 견지했다.

  셋째, 이주자에 대한 태도에 대해서 통계적으로 의미 있는 영향을 미쳤던 요인들로는 가치관과 전공의 순위로 나타났다. 즉 자신이 진보적인 가치관을 가졌다고 생각할수록, 사회과학을 전공하는 학생일수록 이주자에 대한 태도가 개방적인 것으로 나타났다.

　요컨대, 이주자 증가에 대한 태도, 국제결혼 이주 여성의 문화 수용 태도, 민족적 배타성 태도에 주요하게 영향을 미쳤던 요인들은 응답자의 개인적 특성인 성, 학년, 전공, 가치관 등이었으며 특히 세 가지 태도에 가장 일관되게 영향을 미쳤던 것은 응답자의 가치관이었다. 따라서 향후 연구 과제로는 가치관에 대한 보다 세분화된 작업이 필요할 것으로 여겨진다. 예를 들면 박수미·정기선(2006)의 연구에서처럼 가치를 보편주의 가치, 권력 가치, 자기 고양적인 자기 지도 가치 등으로 세분화시켜 이러한 세분화된 가치관과 외국인의 국내 이주에 대한 태도를 조사할 필요가 있다. 그 외에도 정치적 의식 및 태도(정치 정당의 선호도 및 투표 성향), 노동이나 불평등에 대한 태도, 민족주의 혹은 민족적 정체성에 대한 태도가 외국인의 국내 이주에 대한 태도와 어떻게 관련되는지, 그에 미치는 영향력은 어떠한지에 대해 향후 지속적으로 연구되어야 할 필요가 있겠다.

　마지막으로 본 연구의 한계는 외국인의 국내 이주에 대한 태도에 영향을 미치는 보다 다양한 요인과 요인들의 상호작용의 효과를 밝혀내지 못했다는 점이다. 또한 구조화된 설문지로 조사하였기 때문에 피상적인 관찰에 그칠 위험이 있고 따라서 추후로 질적인 면접 조사를 통해 보완될 필요가 있다. 그리고 앞으로 다른 지역의 대학생들, 전 국민 의식 조사, 다른 나라의 국민 의식 조사와의 비교 연구도 필요할 것이다.

참 고 문 헌

강대근. 2007. "다인종 다문화사회와 교육." 교육정책포럼 149, 4-7.

국가인권위원회. 2002. 「국내 거주 외국인노동자 인권실태조사」.

김남국. 2005. "다문화 시대의 시민: 한국사회에 대한 시론." 국제정치논총 45(4), 97-121.

김상학. 2004. "소수자 집단에 대한 태도와 사회적 거리감." 사회연구 1, 169-206.

김이선·김민정·한건수. 2007. "여성 결혼 이민자의 문화적 갈등경험과 소통증진을 위한 정책과제." 「한국여성개발원 연구보고서」.

김이선·황정미·이진영. 2007. 「다민족·다문화 사회로의 이행을 위한 정책 패러다임 구축(Ⅰ): 한국사회의 수용 현실과 정책과제」. 한국여성정책연구원.

김재우. 2006. "다문화 사회로의 전환: 국제결혼가정자녀의 교육지원 방안." 「오늘의 청소년」 22(6), 10-15.

김재원. 2007. "현대의 다문화가족: 인터뷰: 여성결혼이민자의 생활실태; 부산지역 이민여성을 찾아서." 민족연구 31.

김현미. 2006. "국제결혼의 전지구적 젠더 정치학 – 한국 남성과 베트남 여성의 사례를 중심으로." 경제와 사회 70(여름호).

김현희. 2007. "현대의 다문화가족: 한국의 결혼이민 배경과 현황." 민족연구.

권기철·김홍구·김희재. 2005. 「동아시아의 이주노동자: 현실과 정책」. 부산외국어대학교.

동북아시대위원회. 2007. 「한국적 "다문화주의"의 이론화: 최종보고서」.

문경희. 2006. "국제결혼 이주여성을 계기로 살펴보는 다문화주의(multiculturalism)와 한국의 다문화 현상." 21세기정치학회보 16(3), 67-93.

박경태. 2005. "이주노동자를 보는 시각과 이주노동자 운동의 성격." 경제와 사회.

박병섭. 2006. "다문화적 소수자 문제에서 한국의 특수성." 사회와 철학 12, 99-126.

박수미 · 정기선. 2006. "사회적 소수자에 대한 편견적 태도에 관한 연구." 여성연구 65.

박수진 · 이지나. 2002. "일하며 기르며 송금하며: 한국사회 이주 여성노동자의 사례연구." 성평등연구 6.

석현호 외. 2003. 「외국인 노동자의 일터와 삶」. 미래인력연구원.

설동훈. 1998. 「외국인 노동자와 한국사회」. 서울대학교 출판부.

_____. 2002. 「국내거주 외국인 인권실태조사」. 서울: 국가인권위원회.

_____. 2006. 「국민, 민족, 인종: 결혼이민자 자녀의 정체성, 동북아 "다문화"시대 한국사회의 변화와 통합」. 동북아시대위원회 용역과제.

신기동 외. 2006. 「외국인근로자 정주실태 및 정책수요조사」. 경기개발연구원.

심보선. 2006. "이주노동자의 미디어 문화 활동과 정체성-정치." 「동북아 "다문화"시대 한국사회의 변화와 통합」. 대통령자문동북아시대위원회.

엄한진. 2006. "전지구적 맥락에서 본 한국의 다문화주의 이민논의." 「동북아 "다문화"시대 한국사회의 변화와 통합」. 대통령자문동북아시대위원회.

오경석 외. 2007. 「한국에서의 다문화주의: 현실과 쟁점」. 청목.

윤인진. 2008. "한국적 다문화주의의 전개와 특성: 국가와 시민사회의 관계를 중심으로." 한국사회학 42(2), 72-103.

이혜경. 2005. 「한국의 국가발전 정책과 이주정책의 상호보완 가능성: 이주여성 문제를 중심으로」. 법무부 연구 용역과제 최종결과 보고서.

장태한. 2001. "한국 대학생의 인종, 민족 선호도에 관하여." 당대비평 14, 99-113.

최현. 2007. "한국사회와 다문화 시민권." 2007 동아대학교 사회과학대학 심포지엄 자료집.

황정미. 2007. "다문화 사회에 대한 한국인의 태도와 인종적 배제주의." 한국여성정책연구원. 「다민족 · 다문화사회를 향한 한국 사회의 도전과 전망」.

황정미 · 김이선 · 이명진 · 최현 · 이동주. 2007. 「한국사회의 다민족 · 다문화 지향성에 대한 조사연구」. 한국여성정책연구원.

EUMC. 2005. Majorities' Attitude Toward Minorities: Key Findings from the euro-barometer and the European Social Survey.

색　인

집필진 약력

김현숙, 부산대학교 사회과학연구원 전임연구원
김희재, 부산대학교 사회학과 교수
김도경, 동아대학교 동아시아연구원 특별연구원
인태정, 부산대학교 사회학과 BK21 사업단 연구교수
정명주, 부산대학교 경제통상대학 공공정책학부 교수
지종화, 부산대학교 사회과학연구원 전임연구원
차창훈, 부산대학교 사회과학대학 정치외교학과 교수
최송식, 부산대학교 사회과학대학 사회복지학과 교수

부산대학교 다민족·다문화 연구 시리즈 5
다문화 수용성과 정책

초판인쇄	2012년 11월 20일
초판발행	2012년 11월 30일
지은이	부산대학교 사회과학연구원 편
펴낸이	안종만
편 집	김선민·마찬옥
표지디자인	최은정
기획/마케팅	최준규
제 작	우인도·고철민
펴낸곳	(주)**박영사**
	서울특별시 종로구 13-31번지
	등록 1959. 3. 11. 제300-1959-1호(倫)
전 화	02)733-6771
f a x	02)736-4818
e-mail	pys@pybook.co.kr
homepage	www.pybook.co.kr
I S B N	978-89-6454-342-9 94330
	978-89-6454-367-2(세트)

* 잘못된 책은 바꿔드립니다. 본서의 무단복제행위를 금합니다.
* 저자와 협의하여 인지첨부를 생략합니다.

정 가   16,000원